# As Mulheres e o Esporte Olímpico Brasileiro

As mulheres e a Esgrima
Dimitri Brunoro

Coleção Psicologia do Esporte

# As Mulheres e o Esporte Olímpico Brasileiro

*Katia Rubio (Org.)*

Confederação Brasileira de Atletismo

Casa do Psicólogo®

© 2011 Casapsi Livraria e Editora Ltda.
É proibida a reprodução total ou parcial desta publicação, para qualquer finalidade,
sem autorização por escrito dos editores.

**1ª Edição**
*2011*

**Editores**
*Ingo Bernd Güntert e Juliana de Villemor A. Güntert*

**Assistente Editorial**
*Aparecida Ferraz da Silva*

**Capa**
*Fabio Alves Melo*

**Editoração Eletrônica e Produção Gráfica**
*Najara Lopes*

**Coordenador de Revisão**
*Lucas Torrisi Gomediano*

**Preparação de Original**
*Rhamyra Toledo*

---

**Dados Internacionais de Catalogação na Publicação (CIP)**
**(Câmara Brasileira do Livro, SP, Brasil)**

---

As Mulheres e o esporte olímpico brasileiro / Katia Rubio , organi-
zadora . -- São Paulo : Casa do Psicólogo®, 2011. -- (Coleção
psicologia do esporte)

Vários autores
Bibliografia
ISBN 978-85-8040-113-4

1. Esportes olímpicos 2. Mulheres - Brasil 3. Mulheres - Condições
sociais 4. Mulheres atletas - Brasil I. Rubio, Katia. II. Série.

| | |
|---|---|
| 11-04013 | CDD-796.082 |

**Índices para catálogo sistemático:**
1. Esportes olímpicos e mulheres 796.082
2. Mulheres e esportes olímpicos 796.082

---

**Impresso no Brasil**
*Printed in Brazil*

*As opiniões expressas neste livro, bem como seu conteúdo, são de responsabilidade de seus
autores, não necessariamente correspondendo ao ponto de vista da editora.*

Reservados todos os direitos de publicação em língua portuguesa à

**Casapsi Livraria e Editora Ltda.**
Rua Santo Antônio, 1010
Jardim México • CEP 13253-400
Itatiba/SP – Brasil
Tel. Fax: (11) 4524-6997
www.casadopsicologo.com.br

# Prefácio

## Memórias olímpicas: a vez e a voz das mulheres

*Silvana Goellner*

Copenhague, 02 de outubro de 2009: a candidatura do Rio de Janeiro para sediar os Jogos Olímpicos de 2016 é anunciada como vencedora. A conquista brasileira desvela-se diante das câmeras da TV que, em tempo real, anunciam o resultado, a comemoração, o júbilo.

Sem dúvida alguma, essa é uma data que marcará a história do esporte no Brasil como, outrora, foram outros os acontecimentos, as alegrias, a euforia partilhada. Assim como foram outras as decepções, as expectativas não concretizadas e as tristezas.

Pensando especificamente na participação das mulheres no campo esportivo, muitas são as possíveis histórias a serem contadas bem como as datas elucidativas de importantes comemorações. Sobre esse tema, tornou-se lugar comum lembrar como referência primeira, a participação de Maria Lenk nos Jogos Olímpicos de 1932, em Los Angeles. Sem desmerecer seu mérito e o significado deste feito histórico, vale registrar que, para além dela, muitas mulheres também trilharam caminhos que, de um modo ou outro, contribuíram para a edificação do esporte nacional. Mulheres anônimas e desconhecidas, no entanto, não menos imprescindíveis.

O livro que ora apresento tematiza exatamente essa questão, pois, ao mesmo tempo em que nomeia e exibe as protagonistas, não deixa de registrar as inomináveis – aquelas que, como sujeito coletivo, fizeram

**As Mulheres e o Esporte Olímpico Brasileiro**

movimentar com seus corpos e subjetividades, não apenas os espaços nos quais o esporte se faz presente mas, sobretudo, representações, ideias e imagens sobre as mulheres e a prática de atividades físicas.

Nas páginas que se seguem podemos acompanhar detalhes acerca da inserção das brasileiras no vasto universo que circunda o esporte: observamos suas conquistas, desafios, investimentos, ousadias, resistências, acomodações, cordialidades, limitações, desencantos... Enfim, um sem número de situações que, ao serem aqui narradas, dizem da participação das mulheres em um território muitas vezes representado como sendo mais apropriado aos homens.

Se o tema por si só já é pertinente para justificar a importância da obra, a abordagem teórico-metodológica que ancora os textos que a integram mostra-se pertinente e fecunda. Ao focar a atuação das mulheres desde os primórdios do esporte olímpico a partir de registros documentais e orais o livro encontra seu lastro em uma perspectiva renovadora da historiografia do esporte produzida no Brasil. E, por assim ser, formula novas perguntas a temas tradicionalmente analisados em estudos dessa natureza.

Esse movimento de renovação, datado do final do século XX, possibilitou que despontassem temas, objetos, problemas, abordagens e fontes até então pouco exploradas no âmbito da pesquisa acadêmica. Muitas das análises empreendidas possibilitaram o conhecimento de questões que a historiografia tradicional não formulou e, por consequência, silenciou e invisibilizou. Dentre elas, destaco a participação das mulheres, pois muitos dos registros e das narrativas históricas que circularam e ainda circulam em diferentes espaços sociais ignoraram sua existência como se elas não estivessem presentes desde os momentos iniciais dessa prática esportiva.

E aqui quero chamar a atenção para a seguinte afirmação: silêncio não significa ausência! Ou seja, o fato de não serem nomeadas, evidenciadas, mostradas e narradas não significa, em absoluto, que as mulheres não estivessem, há muito tempo, presentes nas quadras, arenas, campos, parques, ginásios e ruas. Simplesmente a elas não

## Prefácio

se conferiu luz nem voz. Foram lançadas nas zonas de sombra e de esquecimento por razões políticas, éticas, ideológicas, religiosas, culturais, entre outras.

Em nome da moral, da preservação da família nuclear, da saúde, da maternidade e da estética, em diferentes tempos e espaços sociais, ocultaram-se histórias e trajetórias de inúmeras mulheres cujo protagonismo no campo esportivo desestabilizou representações que se queriam preservar e tornar "verdadeiras".

O livro *As mulheres e o esporte olímpico brasileiro* inverte essa lógica ao visibilizar as mulheres e desestabilizar supostas verdades. Ao folhear suas páginas nos deparamos com suas falas, opiniões, sentimentos e outras minúcias de suas vidas privadas e públicas. Ouvimos o sussurro persistente de quem, há muito tempo, está lá. E, no âmbito do esporte olímpico brasileiro, isso não é pouco. Estar lá significa romper barreiras, fissurar preconceitos, ultrapassar fronteiras, enfrentar adversidades... Significa, sobretudo, disputar espaço, projeção, visibilidade.

Essa asserção não implica posicionar atletas no lugar de vítimas. Afinal, como qualquer outra prática social, o esporte é um campo de disputa, ou melhor, é um campo genérico de disputa; em outras palavras, revela como um espaço cujo acontecer está constantemente atravessado por relações de poder. Poder este que se expressa por meio de diferentes formas: nas desigualdades de acesso e permanência no esporte, na quantidade de campeonatos realizados, no incentivo familiar e institucional, no maior ou menor espaço disponibilizado pelos diferentes artefatos midiáticos, nas premiações distintas, enfim, em uma série de situações nas quais se evidenciam distinções para homens e mulheres no entorno do próprio esporte, seja ele praticado como exercício de lazer e sociabilidade ou voltado para alta *performance* e competição.

Razão pela qual quero reafirmar a pertinência deste livro, pois as reflexões que desenvolve colocam em tensão questões como as anunciadas acima e que, não raras vezes, são tomadas como "naturais".

**As Mulheres e o Esporte Olímpico Brasileiro**

Perpassa a leitura de cada um dos textos a identificação do esporte como um território atravessado por relações de poder, grande parte delas relacionadas às questões de gênero.

Nessa perspectiva, mostra-se como absolutamente produtiva a articulação que os autores e autoras fazem entre o binômio mulher/esporte e os feminismos, os Estudos Culturais, os Estudos de Gênero, a história oral e a história de vida.

O modo como dialogam esses temas e abordagens produz um trabalho com a memória e a história que passa ao largo da tentativa de buscar a verdade sobre o que aconteceu um dia. As análises desenvolvidas fornecem elementos para que o leitor ou a leitora imagine outras narrativas, construa outros cenários, pense outros temas, sinta outras sensações. Permitem a emergência de um diálogo entre o que se lê e aquilo que neste livro não aparece. Permitem, digamos assim, fazer destas páginas algo vivo, pulsante e provocativo, mesmo quando analisa um tempo que há muito transcorreu.

São, pois, muitas as razões que fazem deste livro uma leitura necessária para quem se interessa pela história do esporte olímpico nacional. As vozes aqui manifestas conferem pluralidade e diversidade a esse importante fenômeno cultural, e é exatamente nesse ponto, que o texto expressa sua força e potência.

Por fim, não posso deixar de mencionar a lembrança primeira que aflorou em mim após o término da leitura de *As mulheres e o esporte olímpico brasileiro*. De imediato, rememorei um fragmento de Ferreira Gullar, no qual se lê:

> E a história humana não se desenrola apenas nos campos de batalha e gabinetes presidenciais. Ela se desenrola também nos quintais, entre plantas e galinhas; nas ruas do subúrbio; nas casas de jogos, nos prostíbulos, nos colégios, nas usinas, nos namoros de esquina.
> Disso eu quis fazer minha poesia. Dessa matéria humilde e humilhada, dessa vida obscura e injustiçada, porque o canto não pode ser uma traição à vida e só é justo cantar

**Prefácio**

se o nosso canto arrasta consigo as pessoas e as coisas que não tem voz. (Ferreira Gullar, 1983[1])

O livro organizado por Katia Rubio explicita esse sentimento: arrasta consigo muitas das pessoas e coisas que a historiografia tradicional do esporte olímpico não conferiu voz nem vez.

Agora ouça, você, as vozes que aqui ressoam...

*Porto Alegre, outubro de 2009*

---

[1] O texto citado consta do encarte do álbum de M. Nascimento. (1983). *Ao vivo*. São Paulo: Barclay.

# Sumário

**Prefácio**
**Memórias olímpicas: a vez e a voz das mulheres**
Silvana Goellner.................................................................5

**Introdução**
**Mulheres olímpicas brasileiras: gente é pra
brilhar, não pra morrer de fome**
Katia Rubio.....................................................................13

**As possíveis relações entre os feminismos e as
práticas esportivas**
Marcio Antonio Tralci Filho e Sergio Estevam Carlos de Araujo.............17

**Intersecções possíveis entre o consagrado jeito
de ser brasileiro e a participação de atletas
brasileiras em Jogos Olímpicos**
Paulo Nascimento.............................................................43

**A identidade da atleta brasileira:
os "pontos de apego temporários"
da mulher na vida esportiva**
Marcio Antonio Tralci Filho.................................................69

**A cordialidade feminina no esporte brasileiro**
Katia Rubio....................................................................85

**As mulheres e as práticas corporais em clubes da
cidade de São Paulo do início do século XX**
Milena Bushatsky Mathias....................................................103

## As mulheres e o esporte olímpico brasileiro entre as décadas de 1930 a 1960: as políticas públicas do esporte e da educação física
Sergio Estevam Carlos de Araujo ..........119

## "Crimes, espaçonaves, guerrilhas": uma história das brasileiras olímpicas entre as décadas de 60 e 80 do século XX
Paulo Nascimento e Tarsila Firmino Ely Tramontin Batista..........147

## A participação da mulher brasileira no esporte a partir dos anos 1980: o que de fato mudou?
Ana Mesquita e Ivarilson Silva do Nascimento..........167

## A atleta, o técnico. O atleta, a técnica. Treinadores e atletas: questões de liderança e gênero
Julio Cezar Soares da Silva Fetter e Elisa Martins da Silva..........183

## Quem pode? Quem quer poder? Quem diz que pode? Políticas de cotas para mulheres em federações e confederações esportivas brasileiras
Paulo Nascimento, Alexandre Demarchi Bellan e
Lígia Silveira Frascareli ..........201

## A Grande Mãe
Raoni Perrucci Toledo Machado..........219

## Desenvolvimento motor e cultura de movimento na formação da mulher atleta brasileira
Aline Toffoli e Thiago Arruda..........239

# Introdução

# Mulheres olímpicas brasileiras: gente é pra brilhar, não pra morrer de fome

*Katia Rubio*

Quando iniciei pesquisas a respeito dos atletas olímpicos brasileiros no início do século XXI[1], muito me inquietou o fato de constatar os diferentes tempos dos atletas homens em relação às atletas mulheres.

O fato que desencadeou essa inquietação foi o lapso entre o início da participação das mulheres em Jogos Olímpicos, com Maria Lenk em 1932, e a conquista das primeiras medalhas somente no ano de 1996. Foram 54 anos de discriminação, trabalho e empoderamento até que as heroínas olímpicas puderam, enfim, escrever seus nomes entre os medalhistas.

Como acontece desde minha tese de doutorado, busquei ancorar essa investigação na metodologia das histórias de vida, considerada uma modalidade de história oral que opera com acontecimentos registrados na memória e que não obedecem necessariamente ao fluxo ditado pela oficialidade do calendário ou aos fatos de uma verdade histórica incontestável.

---

[1] Do projeto *Do atleta à instituição esportiva: o imaginário esportivo brasileiro*, que recebeu apoio da Fapesp, resultaram dois livros: Heróis olímpicos brasileiros (Rubio, 2004) e *Medalhistas olímpicos brasileiros: memórias, histórias e imaginário* (Rubio, 2007).

## As Mulheres e o Esporte Olímpico Brasileiro

Dar voz a mulheres que em diferentes momentos do século XX protagonizaram feitos considerados deslocados de seus papéis sociais, uma vez que o esporte se construiu historicamente como um fenômeno masculino associado a elementos como força, velocidade coragem, além de exposição pública, era uma oportunidade de se fazer justiça com aquelas que enfrentaram à sua maneira e ao seu tempo o estigma, o preconceito e o descaso.

Daí surgiu o projeto Mulheres Olímpicas Brasileiras[2], o qual resgatou a trajetória do esporte olímpico feminino no Brasil a partir da perspectiva das protagonistas. O projeto iniciou em 1 de junho de 2007 e teve como objetivo cartografar a trajetória das mulheres que representaram o Brasil ao longo da história olímpica contemporânea e recuperar sua memória. Buscou-se por meio dessas histórias individuais discutir o movimento de construção e manutenção do imaginário esportivo brasileiro no que se refere à participação feminina.

Observa-se, com o transcorrer das gerações de mulheres atletas, que pouco a pouco foi-se conquistando espaço no campo competitivo, sem que isso representasse apoio institucional concreto ou políticas públicas de desenvolvimento de talentos. Essa constatação reforça a multiplicidade de fatores que contribuem para o surgimento e manutenção de ícones do esporte feminino, fatores que vão dos meios de comunicação, à indústria da moda, passando pela opção de patrocinadores por mulheres com perfis específicos relacionados à beleza, força ou outro atributo afirmativo. Todas essas questões encontram-se paralelas e próximas a tantas outras que envolvem a luta das mulheres brasileiras pelo reconhecimento de seu lugar na sociedade, principalmente em posições de destaque.

Embora as mulheres brasileiras tivessem participado de treze edições de Jogos Olímpicos elas conquistaram medalhas apenas a partir de 1996. Foram quatro medalhas em Atlanta (uma no basquetebol, uma no voleibol e duas no vôlei de areia), quatro em Sydney (repetindo as mesmas modalidades anteriores) e duas em Atenas (uma

---

[2] Esse projeto também recebeu apoio da Fapesp.

### Introdução

no futebol e uma no vôlei de praia), sendo que as primeiras medalhas em modalidades individuais foram obtidas nos Jogos de Pequim em 2008 nas modalidades atletismo, judô e *tae kwon do*. Diante do significativo número de atletas e do fato delas não se concentrarem apenas em São Paulo passamos vários meses buscando localizá-las e contatá-las. Algumas delas já não moram mais no Brasil e aproveitamos viagens a trabalho ou a passeio para poder encontrá--las e entrevistá-las, o que acarretou um significativo número de deslocamentos a outros estados e cidades, sendo que em alguns casos realizamos a entrevista no saguão do aeroporto durante o intervalo de conexão de vôo.

Essas condições nos levaram a realizar 192 entrevistas com atletas de diferentes gerações, de distintas modalidades esportivas, o que nos permite construir um panorama significativo sobre a participação feminina brasileira nos Jogos Olímpicos. Ao longo desse processo de entrevistas foi possível perceber a singularidade de cada história de vida, tanto no que se refere ao envolvimento das atletas diante dessa proposta de pesquisa como no empenho empregado na descrição, e às vezes na análise, das lembranças relacionadas à sua vida pessoal e ao esporte.

Um trabalho dessa envergadura só é possível se realizado em grupo. E essa tarefa foi realizada com empenho, dedicação e humor pelos membros do Grupo de Estudos Olímpicos, do Centro de Estudos Socioculturais do Movimento Humano e da Escola de Educação Física e Esporte da Universidade de São Paulo. O empenho se deu pela identificação de todos os membros do grupo com essa tarefa que durou dois anos e que exigiu uma dedicação acima da média de alunos de graduação e pós-graduação (bolsistas ou não). Isso implicou buscas constantes pelas fontes, estivessem onde estivessem, em qualquer lugar do país – nesse sentido, o apoio recebido por parte da Fapesp foi fundamental; incontáveis horas de entrevistas e transcrições, além das reuniões semanais nas quais os dados foram discutidos, debatidos e interpretados. Na condição de coordenadora do grupo e do projeto observo o quanto todos nós aprendemos nesse

As Mulheres e o Esporte Olímpico Brasileiro

processo tanto sobre gênero como sobre cultura brasileira – tema de um semestre de leituras e discussões, para finalmente chegarmos aos textos apresentados nessa obra.

Deixo aqui meus agradecimentos a Ana Mesquita, Elisa Martins da Silva, Flavio de Godoy Moreira, Gabriel Vinícius Morais de Andrade, Julio Cezar Soares da Silva Fetter, Ivarilson Silva do Nascimento, Lígia Silveira Frascareli, Marcio Antonio Tralci Filho, Maria de Fátima Favoretto, Milena Bushatsky Mathias, Paulo Nascimento, Raoni Perrucci Toledo Machado, Sergio Estevam Carlos de Araujo, Simone Sanchez, Tarsila Ely Tramontin Batista, Alexandre Demarchi Bellan, Aline Tofolli e Tiago Arruda, que, mais que pesquisadoras e pesquisadores, são colegas, parceiros e companheiros de descoberta.

Um agradecimento especial a Silvana Goellner, uma das maiores pesquisadoras sobre as mulheres no esporte no Brasil, pela gentileza de redigir o prefácio e sintetizar de maneira sensível e generosa o que o conteúdo do livro busca apresentar.

Entendo que o trabalho de resgate de memória é antes de tudo um trabalho de resgate humano, uma vez que muitas dessas mulheres buscam sobreviver representando outros papéis sociais, experimentando o esquecimento e a solidão. Em um momento em que o país se prepara para receber os Jogos Olímpicos de 2016, buscamos trazer a público o que essas mulheres valorosas foram capazes de realizar; afinal, como canta Caetano Veloso: "gente é pra brilhar, não pra morrer de fome".

## Referências bibliográficas

Rubio, K. (2004). *Heróis olímpicos brasileiros*. São Paulo: Zouk.

Rubio, K. (2007). *Medalhistas olímpicos brasileiros: memórias, histórias e imaginário*. São Paulo: Casa do Psicólogo.

# As possíveis relações entre os feminismos e as práticas esportivas

*Marcio Antonio Tralci Filho*
*Sergio Estevam Carlos de Araujo*

## Introdução

Definir de forma sintética e unitária o que foi e o que é o feminismo não é tarefa fácil, e fazê-lo pode ser até leviano. Mas essa afirmação não é fruto de uma postura cômoda frente a tal empreitada. Trata-se, verdadeiramente, da precaução que deve existir sempre que algum pesquisador se depara com um fenômeno tão complexo como o Feminismo.

Jane Freedman (2004), na introdução de *Feminismo ¿unidad o conflito?*, assinalou que talvez seu livro poderia se chamar "Feminismos", dada a grande diversidade de vertentes que podem ser observadas daquilo que se costuma chamar de Feminismo; vertentes essas que podem apresentar inúmeras divergências entre si, e até mesmo serem opostas em relação às outras.

Sendo assim, como seria possível lidarmos com um tema tão multifacetado como o Feminismo e ainda buscar encontrar relações com as participações femininas em Jogos Olímpicos, e especificamente o caso brasileiro?

Novamente em Freedman (2004), encontramos certo alento quando esta diz que qualquer tentativa de definir um substrato comum a todos os diversos feminismos, que surgiram e se desenvolveram ao longo dos dois últimos séculos, deve partir da declaração de que:

> Los feminismos se ocupan de la situación de inferioridad que sufren las mujeres en la sociedad y de la discriminación con que se encuentran por razón de su sexo. Además, se

podría añadir que todas las feministas exigen cambios en el orden social, económico, político o cultural para reducir y, finalmente, superar esta discriminación contra las mujeres[1]. (Freedman, 2004, p. 15)

## Os feminismos pelo mundo

Encontra-se na literatura (Pinto, 2003, p. 13) uma tendência de se contar a história do Feminismo – e assim das transformações que este sofreu – a partir de meados do século XIX. Admite-se que neste período as lutas esparsas de tantas mulheres dão lugar a uma tendência a se formarem movimentos de características mais orgânicas.

Não é nossa intenção discutir como se cunhou o termo "feminista"; entretanto, é bom lembrar que nesse referido período o termo "feminismo" nem mesmo era utilizado para designar os movimentos de lutas das mulheres como passou a ser na década de 60 e 70, e mesmo nesse momento seu uso não era consensual entre organizações que lutavam pelos direitos das mulheres. O uso quase indiscriminado do termo para se referir a todos os grupos e ações de mulheres por seus direitos é algo bastante recente, recebendo atenção dos estudiosos que buscam elaborar critérios para definir o que vem a ser, ou não, uma ação ou um grupo feminista.

A forma mais recorrente de classificar o movimento feminista é a que o divide em distintos momentos históricos, como uma série de ondas. Divide-se o feminismo, geralmente, em dois ou três momentos. Entretanto, há certo consenso com relação à primeira onda e ao momento histórico em que surgiu a segunda onda (Narvaz & Koller, 2006; Freedman, 2004; Krolokke & Sorensen, 2005).

A primeira onda refere-se aos movimentos feministas de meados e final do século XIX e princípios do XX, cujo principal objetivo era a luta por igualdade de direitos, sobretudo o sufrágio. Em relação a esta

---

[1] Os feminismos se preocupam com a situação de inferioridade que sofrem as mulheres na sociedade e da discriminação em que se encontram por razão de seu sexo. Além disso, seria possível acrescentar que todas as feministas exigem mudanças de ordem social, econômica, política e cultural para reduzir e, finalmente, superar essa discriminação contra as mulheres.

**As possíveis relações entre os feminismos e as práticas esportivas**

primeira onda, pode-se observar ainda outra divisão; de um lado, as feministas ditas liberais atuando sobretudo na Inglaterra e nos Estados Unidos e, de outro, um feminismo de orientação marxista e anarquista (Krolokke & Sorensen, 2005). Desta última vertente, Blay (2001) nos lembrou de nomes como Emma Goldman e Clara Zetkin, exemplos de mulheres anarquistas e socialistas marxistas, respectivamente, que também lutaram pelos direitos das mulheres no início do século XX nos Estados Unidos e na Alemanha, também respectivamente.

A segunda onda representa o chamado ressurgimento do movimento feminista entre as décadas de 60 e 70 do século passado, após o período das duas Guerras Mundiais e o início da Guerra Fria – no qual se diz que o movimento feminista ficou adormecido[2]. Nesse novo ciclo, além da luta pelos direitos civis, foi incluído na agenda de luta dos movimentos o combate às desigualdades no âmbito familiar, da sexualidade e do trabalho. É nesse período que o conceito de gênero é cunhado e passa a ser utilizado como uma ferramenta teórica poderosa para os movimentos feministas quando vão discutir questões como as diferenças entre homens e mulheres.

A chamada terceira onda do movimento feminista é a mais polêmica. Para Narvaz e Koller (2006), ela teria surgido na década de 80 do século passado e viria até os dias atuais. Krolokke e Sorensen (2005) consideraram que essa onda seria fruto da nova ordem mundial pós-colonial e pós-socialista de meados da década de 90 até os dias atuais, inserida no contexto da sociedade da informação e das políticas neoliberais implementadas em todo o globo (Krolokke & Sorensen, 2005). A despeito da divergência dos momentos históricos em que essa terceira onda teria se iniciado, as autoras concordam que

---

[2] Embora seja comum admitir que as mobilizações feministas foram menores e mais tímidas no período que engloba as duas Guerras Mundiais e o início da Guerra Fria, não se deve esquecer que dois livros cruciais para a desenvolvimento da chamada segunda onda feminista foram publicados nesta época. Trata-se do *A room of one's own* de Virginia Woolf, publicado em 1929, e o famoso *Le Deuxième Sexe* de Simone de Beauvoir, publicado em 1948. O primeiro introduzia um tema extremamente polêmico até os dias de hoje, a bissexualidade feminina, e o segundo, além de conter a famosa frase "a mulher não nasce, se faz", é considerado uma obra chave para o desenvolvimento do conceito de gênero, peça central nas teorias feministas a partir da segunda onda.

esta é caracterizada pela influência que sofreu do pensamento pós--estruturalista – com destaque para Michel Foucault e Jacques Derrida – e pós-moderno[3]. No campo teórico esses novos feminismos têm como ponto central a crítica à forma essencialista que o feminismo, tradicionalmente, entende homens e mulheres. A questão já não é mais discutir somente as diferenças entre homens e mulheres, mas também, o que diferencia as mulheres umas das outras. Tal luta contra as noções fixas de identidade feminina encontra maior respaldo com o surgimento dos chamados feminismos negros e terceiro mundistas que têm tratado de acrescentar as questões de etnia, raça e nacionalidade junto à tradicional problemática da opressão sofrida pelas mulheres[4]. O desafio para essa atual tendência seria descobrir como o feminismo poderia continuar a ser uma força política e de mudança poderosa, mesmo lidando com todas as diferenças existentes entre as mulheres (Freedman, 2004; Krolokke & Sorensen, 2005).

Por melhores que possam ser as intenções, tal forma de classificar o movimento feminista encerra diversos problemas, ocultando as diferenças existentes dentro de cada onda – como é bem ilustrado no caso do feminismo liberal e marxista na primeira geração. Outro equívoco é acreditar que cada novo ciclo substitui o precedente, o que não procede. Podemos encontrar militantes feministas que continuam a ser influenciadas pelas ideias dos feminismos marxista ou liberal até os dias de hoje, a despeito das críticas que recebem, alguns aspectos são negados, outros modificados e incorporados a novos corpos teóricos (Narvaz & Koller, 2006). Se esta introdução conseguiu descrever o feminismo de forma minimamente plural, ela cumpriu com seus propósitos e já apresentamos justificativa para a utilização do termo "feminismos" em vez de "feminismo".

---

[3] Embora Freedman não faça menção a uma terceira geração feminista, não deixa de comentar a respeito das vertentes enquadradas na terceira onda por Narvaz e Foller (2006) e por Krolokke e Sorensen (2005).

[4] Tais movimentos surgiram entre as décadas de 80 e 90 do século passado, portanto para Narvaz e Koller (2006) já estão inseridos dentro da terceira onda feminista, diferentemente, para Krolokke e Sorensen (2005, pp. 3-4) eles a precederam, fazendo parte, ainda, da segunda onda.

**As possíveis relações entre os feminismos e as práticas esportivas**

Quando analisamos a trajetória dos feminismos pelo mundo, notamos claramente a sobreposição de alguns temas como a busca por direitos civis, a igualdade entre homens e mulheres em tais direitos, a busca por igualdade salarial no mundo do trabalho e a luta contra a opressão dentro do lar – muitas vezes contra a violência física recorrente em diversos países.

É possível agrupar muitos deles como uma busca pela conquista do espaço público, uma luta para superar as barreiras que limitam as mulheres ao âmbito do lar, cerceando seus papéis a maternidade e ao matrimônio. No entender de Hobsbawm (2007) esses papéis não eram exclusivos, já que trabalhar fora de casa era uma realidade antes dos movimentos pró-direitos femininos se organizarem de modo mais orgânico. Isso pode ser observado principalmente entre as mulheres da classe trabalhadora desde meados do século XIX na Europa e em muitos países da América Latina, Ásia e África onde as mulheres assumiam importantes funções de mantenedoras do lar, além de cumprir com os papéis tradicionalmente impostos a elas.

A despeito disso, a associação mulher/mundo privado tem-se apresentado como um fator que dificulta a vida das mulheres a cada empreitada fora de seu tradicional reduto.

## Os feminismos brasileiros

O feminismo no Brasil, enquanto movimento social, como não poderia deixar de ser, deu-se de maneira distinta dos movimentos surgidos na Europa e EUA. Enquanto nesses lugares foi muito vultoso, desafiando constantemente as ordens instituídas, por aqui, o movimento feminista nem sempre pôde se configurar como tal, uma vez que a abrangência dos discursos e organização das mulheres em busca de melhores condições de vida e direitos ou foram abafadas por governos conservadores e/ou militares ou pelos movimentos oriundos da esquerda política, que viam no feminismo um entrave para a luta libertária.

Em nossa jornada pelos caminhos que o feminismo tomou no Brasil, encontramos, graças à interação com o Núcleo de Estudos da

Mulher e Relações Sociais de Gênero da USP, o NEMGE, com uma referência que em muito elucidou essa história. O livro de Celi Regina Jardim Pinto, *Uma história do feminismo no Brasil*, ofereceu subsídios de fundamental importância para debater as características da mobilização feminina no país, bem como analisar o quão peculiar é a sua constituição e atuação em relação aos feminismos estrangeiros. Essa obra é, portanto, nossa principal referência no resgate do desenrolar da história dos feminismos brasileiros e o texto que se segue busca destacar os itens de maior relevância em sua leitura.

Propositalmente usamos o plural quando nos referirmos ao feminismo, pois, como já descrito neste capítulo, houve uma vasta gama de acepções em relação às demandas feministas, que por vezes se tornavam conflitantes, admitindo diversas maneiras de compreender esse movimento em âmbito mundial. De certo modo, o Brasil contribui para essa discussão em uma perspectiva global, uma vez que abarca feminismos muito diversificados, tanto nos conteúdos defendidos, como nos sujeitos que os constroem. É, pois, com base no livro de Pinto (2003), que abordaremos as múltiplas facetas do feminismo brasileiro.

A autora considera três momentos ou ondas do movimento no Brasil. A primeira delas está no período entre a virada do século XIX para o XX e a conquista do sufrágio pelas mulheres no ano de 1932. A segunda percorre a época da ditadura militar, por volta dos anos de 1970, até a redemocratização. A terceira, por conseguinte, vem desde os desdobramentos desse processo até os dias atuais. Vale ressaltar que essas divisões são marcos históricos que delinearam as formas dos feminismos brasileiros, que, como veremos a seguir, seguiram caminhos paralelos entre si e entre os outros movimentos sociais.

A primeira onda do feminismo no país foi caracterizada pela pluralidade, no sentido de que as mulheres organizadas em prol das mudanças políticas e sociais abordaram suas causas de maneira distinta, não sendo um movimento unificado, como é a tônica dos feminismos brasileiros, nem desejando sê-lo, em função da disparidade entre seus objetivos e da posição social que desfrutavam.

**As possíveis relações entre os feminismos e as práticas esportivas**

Temos nessa época uma mobilização em torno dos direitos políticos das mulheres. Bertha Lutz foi a grande expoente na luta por esses direitos. Filha do cientista Adolpho Lutz, Bertha fazia parte de duas elites do Brasil à época: a econômica e a intelectual. Estudante de biologia na Sorbonne entrou em contato com as sufragistas francesas, e essa aproximação foi de suma importância para a conquista do voto pelas mulheres.

Contudo, não começa com Lutz e nem no século XX a solicitação do voto feminino. No final do século XIX, algumas mulheres exigiram o seu alistamento, porém com pouco sucesso. Temos aí duas características fundamentais do movimento sufragista e, de certo modo, uma tendência do feminismo à brasileira: o personalismo foi a tônica do processo e a organização das mulheres em torno de um movimento coletivo dividia o espaço com a influência social de mulheres que ocupavam cargos públicos.

Apesar da requisição do voto por essas mulheres e a defesa do sufrágio feminino por políticos na Constituinte republicana de 1891, que, possivelmente viam nisso uma possibilidade de atrair mais votos, às mulheres ficou negado o direito ao voto pela Constituição promulgada. O curioso é que a proibição não ficou sequer registrada no artigo que dispunha sobre quem tinha direito ao voto. Pinto (2003) afirmou que não foi um mero esquecimento, mas que a não exclusão das mulheres se deu porque elas nem ao menos eram dotadas de direitos políticos. Contudo, essa não citação foi o argumento para muitas mulheres recorrerem ao alistamento nos anos que se seguiram.

Recorrendo a Hahner (2003), percebemos que o pensamento dos políticos redatores dessa Constituição correspondiam à estrutura do direito civil do Brasil do século XIX que, sendo uma dissidência das Ordenações Filipinas, compiladas em Portugal em 1603, designavam o homem como o responsável pelo casal e pela família. A mulher tinha que se submeter às ordens do marido em relação à educação, criação e local de residência dos filhos. Do mesmo modo, à mulher casada não se permitia o envolvimento no comércio, na alienação de imóveis ou na administração da propriedade sem o consentimento do marido. Ainda no Código Civil de 1916, constavam artigos que tratam especificamente da suposta inferioridade e incapacidade da mulher:

> Art. 6º São incapazes, relativamente a certos atos (art. 147, I), ou à maneira de os exercer:
> I – os maiores de 16 (dezesseis) e os menores de 21 (vinte e um) anos (arts. 154 a 156);
> II – as mulheres casadas, enquanto subsistir a sociedade conjugal;
> III – os pródigos;
> IV – os silvícolas. (Código Civil dos Estados Unidos do Brasil, 1916)

Ao marido era garantida a anulação do casamento caso a mulher já houvesse praticado relações sexuais:

> Art. 178. Prescreve:

> § 1º Em 10 (dez) dias, contados do casamento, a ação do marido para anular o matrimônio contraído com a mulher já deflorada (arts. 218, 219, IV, e 220). (Parágrafo alterado pela Lei nº 13, de 29.1.1935 e restabelecido pelo Decreto--Lei nº 5.059, de 8.12.1942)
> . . .
> Art. 219. Considera-se erro essencial sobre a pessoa do outro cônjuge:
> . . .
> IV – o defloramento da mulher, ignorado pelo marido. (Código Civil dos Estados Unidos do Brasil, 1916)

Esse Código Civil nos mostrou o pano de fundo da sociedade brasileira do início do século XX e nos faz compreender melhor quais eram os entraves impostos à mulher e o objetivo de algumas das mobilizações feministas da época. Menos do que ditar as regras do "ser mulher" no território nacional, esse Código veio cristalizar o papel cultural feminino construído ao longo dos tempos.

**As possíveis relações entre os feminismos e as práticas esportivas**

Foi em 1918 que Bertha Lutz retornou da França com ideias para fundar o que ficou conhecido como Federação Brasileira para o Progresso Feminino (FBPF). Chegou a representar o país em congressos internacionais e organizou o Congresso Internacional Feminino no Brasil, trazendo personalidades feministas importantes para o país, demonstrando assim sua influência política e econômica.

Lutz evidenciou, então, um modo distinto de atuação em relação a outras feministas da época: ao mesmo tempo em que representava o Estado em eventos estrangeiros, criticava-o politicamente. Isso mostra, ao mesmo tempo, a posição privilegiada que tinha e a face "bem-comportada" de seu feminismo, como Celi Pinto nos apresentou. Bertha Lutz lutava unicamente pela emancipação política da mulher, principalmente pelo direito ao voto. A crítica às relações de gênero e ao papel social da mulher não estava presente nas pautas de discussão desse feminismo. Lutz logrou êxito recebendo grande apoio das elites brasileiras muito em função de não questionar as relações patriarcais.

Se, por um lado, esse feminismo bem-comportado obteve grande repercussão no cenário brasileiro do começo do século passado, outra faceta aflorou de maneira substancial: um feminismo "menos comportado" organizado por mulheres envolvidas em outras instâncias de poder, quais sejam o jornalismo, o Partido Comunista e o movimento anarquista. É interessante notar também que quanto menos personalista é o feminismo, menos comportado ele é.

O jornalismo era um meio para a expressão de grupos descontentes com as questões nacionais e buscava conquistar a opinião pública em seu favor. Entretanto, só cobria uma parte da classe média instruída, uma vez que a grande maioria da população brasileira à época era analfabeta e esse número era ainda maior quando se tratava das mulheres. Mesmo assim, a imprensa escrita era o meio de comunicação mais abrangente do Brasil no início do século XX. Havia, ainda, diferenças entre artigos circulados na grande imprensa, alguns escritos por Bertha Lutz, inclusive, e na pequena. Esta era composta por jornais de associações, sindicatos e grêmios literários. Até o final do século XIX, nenhum periódico que se dedicou às mulheres tratou da problematização das suas condições.

Os primeiros jornais desse tipo surgiram a partir da década de 1870. *O sexo feminino* e *A família* foram os primeiros a tratar das questões femininas para além do direito ao voto. Desejavam que as mulheres tivessem uma educação que permitisse sua real emancipação para lidar com as questões do casamento e da constituição familiar[5].

Essas manifestações das mulheres jornalistas não ocuparam um lugar de destaque nas classes mais influentes da sociedade, uma vez que esbarravam no conservadorismo patriarcal e na clausura das mulheres no mundo privado na maior parte do país. Francisca Senhorinha Motta Diniz, fundadora de *O sexo feminino*, via com orgulho que suas edições eram lidas por pessoas como o Imperador D. Pedro II e a Princesa Isabel, mas ao mesmo tempo, sentia-se desestimulada, pois a maioria das mulheres cariocas nunca sequer havia ouvido falar nesse periódico (Hahner, 2003). Todavia, a criação e a manutenção desses jornais por um longo tempo configuram o início de uma apropriação dos espaços públicos por uma parcela da população alijada do campo político e das atividades públicas.

Outro feminismo também ocorreu paralelamente aos dois já citados, um ainda menos comportado, formado pelo ideário anarquista

---

[5] Em 1873, o periódico *O sexo feminino* publicou, com assinatura de Francisca Senhorinha Motta Diniz, um artigo intitulado "O que queremos", com o trecho que segue:

> . . . Queremos a nossa emancipação - a regeneração dos costumes;
> Queremos reaver nossos direitos perdidos;
> Queremos a educação verdadeira que não se nos tem dado o dom de que possamos educar também nossos filhos;
> Queremos a instrução para conhecermos nossos direitos e deles usarmos em ocasião oportuna;
> Queremos conhecer os negócios de nosso casal, para bem administrá-los quando a isso formos obrigadas;
> Queremos, enfim, saber o que fazemos, o porquê e pelo quê das coisas;
> Queremos ser companheiras de nossos maridos e não escravas;
> Queremos saber como se fazem os negócios fora de casa;
> "Só o que não queremos é continuar a viver enganadas". (Diniz, 1873, apud Pinto, 2003, p. 30)

##### As possíveis relações entre os feminismos e as práticas esportivas

trazido para o Brasil pelos imigrantes europeus. Esse movimento social, que em muito contribuiu para as greves operárias do início do século passado e para o debate em relação à exploração dos trabalhadores, tinha a colaboração de inúmeras mulheres. O anarquismo, assim como o Partido Comunista, tinha considerações contraditórias a respeito das questões relativas à mulher. Enquanto essas organizações consideravam as mulheres "companheiras que caminhavam lado a lado na luta revolucionária" no espaço público, relutavam em compreender a peculiaridade das questões feministas[6].

Mesmo assim, é nesse meio paradoxal que surgem as mais radicais manifestações feministas, as quais, diferentemente das sufragistas, denunciavam sem meias palavras a opressão masculina. Um manifesto redigido pela União das Costureiras, Chapeleiras e Classes Anexas do Rio de Janeiro, no ano de 1920, possivelmente é a primeira manifestação de mulheres com ideário anarquista no Brasil. Segundo Pinto (2003), essas mulheres trabalhadoras anteciparam, com seu discurso, uma luta que só ganharia espaço no final do século: a especificidade da opressão. Para elas, as mulheres trabalhadoras eram oprimidas diferentemente dos homens, assim como qualquer outra minoria. Essas mulheres estavam chamando atenção para as diferenças entre as categorias de gênero, etnia e outras.

Percebe-se também que essas mulheres certamente não pertenciam ao mesmo extrato social das sufragistas. Enquanto estas viam na conquista do voto a solução para os problemas enfrentados pelas mulheres, as operárias anarquistas projetavam que o voto, na verdade,

---

[6] Extrapolando as fronteiras nacionais, tomando a referência dos diários de Clara Zetkin, a propositora do Dia Internacional da Mulher no II Congresso Internacional de Mulheres Socialistas em 1910, notamos que os operários da esquerda radical traziam essa incompreensão de suas terras natais, onde o movimento tomava proporções continentais e o objetivo era reunir o maior número de pessoas em torno dos ideais libertários. Nos escritos de 1920, Zetkin relatou uma conversa que teve com o companheiro Lênin. Segundo Blay, nela "Lênin lamentava o descaso pelo Dia Internacional da Mulher que ela propusera em Copenhagen, pois este teria sido um oportuno momento para se criar um movimento de 'massa', internacionalizar os propósitos da Revolução de 17, agitar mulheres e jovens" (2001, p. 605). Para o líder do Partido Comunista russo, "era necessário discutir *exclusivamente* os problemas políticos e *não perder tempo* com aquelas discussões que os jovens trabalhadores traziam para os grupos políticos, como casamento e sexo" (Blay, 2001, p. 605).

beneficiaria uma pequena parcela da população feminina. O trabalho era a questão central na vida dessas mulheres, uma vez que não lhes restava alternativa para sua subsistência e a de suas famílias. Reclamavam da dupla jornada de trabalho e do pouco tempo destinado para o aprimoramento pessoal por intermédio da educação, além da repressão sofrida em relação a seus próprios corpos. Como já foi dito, adiantavam questões que entrariam em pauta somente décadas mais tarde.

Essa primeira onda do feminismo brasileiro alcançou um resultado importante com a aprovação do sufrágio feminino em 1932, provavelmente a única vitória concreta dessa fase, acompanhada da assunção do mandato de Bertha Lutz como suplente na Câmara dos Deputados em 1936. Mas as frequentes manifestações demonstravam a insatisfação diante da situação em que se encontrava a sociedade brasileira, que, apesar das manifestações fragmentadas, revelavam princípios de organização tanto da elite como da classe trabalhadora. Contudo, percebe-se que após essa conquista das mulheres em direção aos seus direitos políticos e o golpe de Estado de 1937, arquitetado pelos integralistas, a mobilização feminina ficou abafada e só recobrou força anos mais tarde (Gomes, 2007).

Entre as décadas de 1940 e 1950, mulheres de diversas origens reuniram-se para mostrar insatisfação diante da carestia. Tanto a Federação de Mulheres do Brasil, influenciada pelo Partido Comunista, quanto a Associação das Senhoras de Santa Tereza da elite carioca partilharam da mesma causa. Contudo, um novo feminismo surgiria na época mais repressiva da nossa história recente: a ditadura militar.

Foi a partir dos anos de 1960 que o mundo entrou em efervescência. Estados Unidos e Europa passaram por situações que culminaram na eclosão de diversos movimentos que buscavam romper com os parâmetros estabelecidos. Nos EUA, o *American way of life* começou a perder sentido em função das guerras da Coreia e do Vietnã e com a intensificação dos conflitos raciais. O consumismo e a moral protestante não mais propiciavam a busca da felicidade, como escreveu Thomas Jefferson na Declaração de Independência.

**As possíveis relações entre os feminismos e as práticas esportivas**

Já no Velho Continente, a revolução socialista defendida pelos partidos comunistas era ofuscada pela revelação dos crimes do governo stalinista e a libertação do capitalismo por meio da evolução parecia cada vez mais distante. Foi nesse "caldo de cultura" que surgiram os movimentos de contracultura, tal como o movimento *hippie*. O movimento negro ganhou força com os discursos de Martin Luther King Jr. e Malcolm X (Hobsbawm, 2007b).

Esse foi o contexto no qual se discutiu o livro de Simone de Beauvoir, *O segundo sexo*, lançado dez anos antes, e que as mulheres americanas foram às ruas queimar seus sutiãs. Estavam dadas as bases para o surgimento do embrião de um novo feminismo no mundo Ocidental.

Já em terras brasileiras, a situação era outra. Na contramão das lutas internacionais, os militares deram o golpe de Estado em 1964 e instauraram um regime marcado por censura, perseguição política, violência e muitas outras atrocidades que, possivelmente, ainda não conhecemos integralmente (Ferreira, 2003; Pierucci, 2007). Enquanto Europa e EUA colhiam os frutos do "Maio de 1968", no Brasil o governo autoritário lançava o Ato Institucional n° 5 em dezembro do mesmo ano, inaugurando o que seria, pelos dez anos seguintes, o período mais fechado da ditadura militar.

O movimento feminista que aqui se desenvolveu tomou, obviamente, rumos completamente diversos dos que surgiam no exterior. O Movimento de Mulheres passou a figurar com mais força nessa época, em ações que já havia aparecido nas décadas de 1940 e 1950, e a se expandir com a luta das mulheres mais pobres por melhorias nos postos de saúde, creches e escolas dos bairros, muitas vezes apoiadas pelas Comunidades Eclesiais de Base da Igreja Católica. Apesar da aproximação entre o Movimento de Mulheres e o Movimento Feminista, o primeiro tem como especificidade o engajamento das mulheres na tomada do espaço público enquanto mães e responsáveis pelos cuidados do lar e não o questionamento da sua condição de opressão. Entretanto, nota-se que não há como delimitar, atualmente, barreiras entre esses dois movimentos, uma vez que ambos acabaram por se influenciar mutuamente, resultando em características muito próximas do que se transformou a luta das mulheres no final do século passado e início deste.

O movimento feminista, por sua vez, enfrentava um dilema: enquanto precisava lidar com sua emancipação frente à ditadura militar, era tido como um "desvio pequeno-burguês" pelos integrantes dos grupos sociais contrários a essa mesma ditadura. Esse dilema aprofundou-se quando as próprias mulheres percebem que, concomitantemente à luta pelas transformações das relações de gênero, existia no país fome, desemprego, pobreza extrema, desigualdades sociais etc. Tais problemas não poderiam ser desprezados; contudo, os partidários da esquerda política tendiam a abordar as questões específicas enquanto parte e resultado de uma desigualdade maior; nisso, as demandas particulares das mulheres eram minimizadas (Pinto, 2003).

Esse panorama configura o movimento feminista dessa época da nossa história e, ao mesmo tempo, nos ajuda a compreendê-lo: buscava a autonomia em um espaço político e, portanto, público; defendia a especificidade da condição da mulher em meio a outras desigualdades; entendia que as mulheres têm problemas diferentes entre si.

Novamente, algumas personalidades se destacam. Romy Medeiros, que em 1949 inaugurou o Conselho Nacional de Mulheres, logrando vitórias significativas quanto a mudanças legislativas e políticas, como a revisão do Código Civil com o Estatuto da Mulher Casada (Lei 4.121/62), representou uma transição do feminismo bem comportado, de Bertha Lutz, para o malcomportado, que tange a discussão de temas considerados tabus. Isso porque, enquanto Romy teve boas relações com os governos, inclusive o militar, e elaborou medidas de cunho conservador, enfrentou problemas com o DOPS, sendo intimada a depor várias vezes em função do congresso de mulheres organizado por ela. Isso demonstra o quão peculiar se tornou o feminismo brasileiro dos anos de 1970: as fronteiras políticas da esquerda e direita não eram muito evidentes quando se tratava das questões feministas.

Entretanto, Pinto (2003) observou que nem todas as manifestações do feminismo brasileiro da época foram abertas. Provavelmente

**As possíveis relações entre os feminismos e as práticas esportivas**

a maioria não era tolerada pelo regime como foram as de Romy Medeiros, em que pese suas ligações com as representantes do governo. Inúmeros grupos informais de discussão aconteciam nas residências das integrantes nas cidades de São Paulo e do Rio de Janeiro, inspiradas no feminismo do hemisfério norte. Eis aí mais uma característica específica do movimento feminista brasileiro, a dispersão.

Organizados por mulheres de esquerda de meia-idade que haviam tido experiências com os movimentos estadunidenses e europeus, esses grupos tratavam até dos problemas íntimos das mulheres, como o corpo, a sexualidade e o prazer. Com isso, e também por serem de certo modo fechados, essas mulheres sentiam-se culpadas por discutir questões desse teor enquanto havia tanta necessidade de se lutar por ações políticas. Pinto (2003) frisou que, enquanto as mulheres de todo o mundo Ocidental faziam essas mesmas discussões, as brasileiras o faziam, mas pedindo desculpas. Muitas dessas mulheres comporiam os quadros das feministas acadêmicas de décadas posteriores. Vale ressaltar que, apesar do caráter privativo e informal, foi o pioneirismo dos temas tratados que deu uma nova cara ao feminismo brasileiro, aproximando-o do que acontecia globalmente.

As mulheres exiladas ou as esposas de ativistas exilados também tiveram papel fundamental no novo feminismo que estava se formando. Esses ativistas faziam parte de partidos e grupos com uma visão marxista, e o contato com as ideias progressistas dos estrangeiros, advindas das diversas agitações sociais e culturais e ao descrédito do governo soviético, foi um choque para muitos deles. Ao contrário dos maridos e companheiros de partido, as mulheres foram ao encontro das ideias feministas, ideias essas que exploravam as questões da corporeidade e expressão das mulheres enquanto tal. O jogo havia virado.

O contato das feministas de lá com as daqui foi feito por meio do envio de material, como o boletim *Nosotras*, mantido até 1976. As mulheres pertencentes a esse círculo foram as grandes incentivadoras de um feminismo que questionava o domínio patriarcal por outras vias.

Em 1975, no Brasil, a situação começava a mudar com Geisel propondo uma abertura política lenta e gradual; nesse mesmo momento, a Organização das Nações Unidas declarava o Ano Internacional da Mulher. Com isso, as questões femininas passaram a ganhar mais destaque e *status*. Em decorrência dessa decisão da ONU, muitos eventos deram margem para as mulheres tomarem parte do espaço público, alguns organizados, inclusive, pelas mulheres dos grupos de discussão privados. A criação do Centro de Desenvolvimento da Mulher Brasileira foi um marco na história do feminismo e representou uma virada no movimento, que se tornava público e institucionalizado (Pinto, 2003).

Composto por feministas de diversas origens, desde as marxistas até as seguidoras do pensamento de Bertha Lutz, o centro obteve poucos resultados em transformar suas problemáticas em debates públicos devido às divergências entre esses grupos. Paralelamente, as acadêmicas dos grupos de São Paulo mais à esquerda no cenário político lançavam propostas na reunião anual da Sociedade Brasileira para o Progresso da Ciência, em Belo Horizonte, no ano de 1975 – um fato importante se considerarmos que esse espaço era um dos poucos que garantia discussões mais abertas nos anos de repressão. Tem-se então o embrião de uma nova ramificação do feminismo brasileiro: o acadêmico. Tal vertente ganhou espaço nos anos de 1990 com a criação dos periódicos *Revista de Estudos Feministas* e *Cadernos Pagu*, referências nacionais e internacionais acerca de pesquisas acadêmicas tratando de temas específicos das mulheres e do feminismo. Outros focos de atuação do feminismo brasileiro nessa época foram o Movimento Feminino pela Anistia e a luta pelo fim da ditadura militar.

Esta, enfim, se desfez na década de 1980, abrindo espaço para a redemocratização e alterando os rumos dos feminismos estabelecidos fragilmente no país, possibilitando o surgimento de novas ondas de um feminismo que se tornaria diverso pela abrangência das formas de atuação e difuso pela falta de unidade. Apesar da chegada das militantes exiladas no final da década de 1970, as mulheres feministas sofreram experiências antagônicas nesse período. Se por um lado o

**As possíveis relações entre os feminismos e as práticas esportivas**

fim do regime militar permitia discussões e ações menos repressoras, por outro, as mulheres viam nessas possibilidades outro dilema: ou se partidarizavam e dividiam-se entre o Partido dos Trabalhadores (PT) ou o Partido do Movimento Democrático Brasileiro (PMDB), as duas maiores dissidências político-partidárias de oposição à ditadura e os partidos que obtiveram maior identificação pelas feministas, ou procuravam atuações fora da esfera partidária, sob a alegação de que a institucionalização enfraqueceria a essência do movimento pela possível cooptação.

Esse dilema persistiu e, como aponta a autora, a institucionalização aconteceu, restando aos movimentos autônomos a atuação pela pressão política. Restava às partidárias duas opções: a candidatura ou a ocupação de espaço no aparelho estatal. Com efeito, os conselhos de condição da mulher foram criados em muitos estados onde o movimento havia se fortalecido, como em São Paulo, com a eleição de Franco Montoro. Após alguns percalços, o Conselho Nacional dos Direitos da Mulher foi criado em 1985, com intervenções exitosas na Assembleia Constituinte de 1988, aliado às mulheres da "bancada feminista" do Congresso Nacional.

Na década de 1980, surgiram as primeiras organizações visando ao apoio às mulheres vítimas de violência. Esse foi outro dos pontos chave para o surgimento de novas faces do feminismo no Brasil. As primeiras feministas que se engajaram nessa luta encararam situações que nenhuma delas havia "sentido na pele" de maneira tão profunda. Ao lidar com mulheres ameaçadas e agredidas, as feministas participavam de outra cultura, fora dos campos de atuação mais tradicionais do movimento. As mulheres que chegavam às organizações não almejavam ser militantes, queriam apenas parar de serem violentadas.

O SOS Mulher foi o pioneiro de uma onda de ONGs que, nos anos de 1990, chegaram a mais de 140. Concomitantemente, delegacias especializadas no acolhimento das mulheres começaram a aparecer em meados da década de 1980, vindo a atender demandas feministas em um ambiente não hostil às mulheres, não deixando de

## As Mulheres e o Esporte Olímpico Brasileiro

ser uma política pública que visaria também à alocação do crescente número de mulheres delegadas.

As formas atuais de manifestação do feminismo dariam a entender que o movimento teve seu fim; contudo, vê-se que há novas formas de feminismo que atuam de maneira difusa e especializada em prol de melhoria das condições das mulheres. A escassa participação feminina nos cargos políticos levou à procura por outros espaços como a participação em ONGs na defesa das demandas femininas. Iniciou-se assim um novo rumo do movimento que deu margem ao empoderamento das mulheres das mais diversas origens étnicas, econômicas e culturais, principalmente as das camadas mais populares, auxiliado pela modificação dos discursos públicos, diminuindo a legitimidade da difamação da mulher e colocando em pauta situações cotidianas que ferem sua dignidade.

## Panorama da participação das mulheres no esporte olímpico

Hobsbawm (2007) olhou para o crescente engajamento das mulheres nos esportes no século XIX e XX como um avanço das fronteiras em direção ao espaço público. As transformações internas da sociedade burguesa, próximas do final do século XIX, ofereciam um maior campo de ação para as mulheres de classe média. A busca de atividade fora do âmbito doméstico havia se tornado mais possível para essas mulheres[7].

O esporte deve ser destacado por seu papel emancipador e de vitrine da emancipação feminina pela visibilidade crescente que esse fenômeno foi adquirindo ao longo dos dois últimos séculos:

---

[7] Nota-se que as iniciativas das federações e clubes esportivos – que congregavam homens e mulheres da burguesia – buscavam garantir e legitimar o esporte enquanto prática exclusiva de uma elite cultural e socioeconômica – o exemplo mais vistoso é o próprio Movimento Olímpico encabeçado pelo Barão de Coubertin. Portanto, é difícil considerar que o esporte feminino fosse popular entre as mulheres das demais classes sociais,nessa época (Hobsbawm, 2007, pp. 256-257).

**As possíveis relações entre os feminismos e as práticas esportivas**

> A criação das simples femininas em Wimbledon, depois de seis anos das simples masculinas, e também, num mesmo intervalo, nos campeonatos franceses e norte-americanos, era uma inovação mais revolucionária, na década de 1880, do que é reconhecido hoje. Que mulheres respeitáveis, e até casadas, aparecessem em público, independentemente das suas famílias e de seus homens, teria sido virtualmente inconcebível duas décadas antes. (Hobsbawm, 2007, p. 292)

Observando o cenário internacional no final do século XIX e início do XX, nos deparamos com incidentes que podem ser entendidos como tentativas de romper as barreiras do espaço privado em direção ao espaço público por meio do esporte, mais especificamente do esporte olímpico.

Um momento bastante elucidativo, tanto pela época quanto pelo local – a Europa ocidental das décadas de 1910 e 1920 – é o embate entre a atleta Alice Milliat, presidente da Federação Francesa de Desporto Feminino, e o presidente do Comitê Olímpico Internacional, o Barão de Coubertin, que negou veementemente a inclusão do programa completo de atletismo feminino nos Jogos da Antuérpia em 1920, proposta pela francesa. Como resposta, Milliat organizou, no ano posterior, os I Jogos Femininos e a criação da Federação Internacional Desportiva Feminina. Em 1922, ocorreu a segunda edição desses Jogos, agora com a denominação "Jogos Mundiais Femininos" que também eram autodenominados olímpicos. O impacto desse evento foi tamanho que abriu as portas para uma negociação de Milliat, agora com a Federação Internacional de Atletismo, para a inclusão do programa completo de atletismo feminino nos Jogos de Amsterdã (1928), com a contrapartida de retirar a denominação 'Olímpicos' dos Jogos Femininos, promessa cumprida unilateralmente, já que houve apenas cinco provas do atletismo (100 m, 800 m, 4x100 m, lançamento de disco e salto em altura, conforme visto em Cruz, Silva & Gomes, 2006, p. 17).

A consequência dessa relação conflituosa se deu nos Jogos de 1928, em uma demonstração clara e das mais significativas de enfrentamento, quando a equipe feminina britânica de atletismo protagonizou um boicote aos Jogos, recusando-se a participar de um programa tão reduzido.

A primeira participação das mulheres na pista ficaria marcada também pela retomada das discussões acerca da inadequação feminina à prática esportiva. Isso porque, enquanto a alemã Lina Radke, a japonesa Kinue Hitomi e a sueca Inga Getzel cruzavam a chegada nos oitocentos metros, todas com marcas mais rápidas do que o recorde mundial, as outras concorrentes deitaram-se exaustas pela pista após cruzarem a linha de chegada. Poucas conseguiram manter-se de pé depois do grande esforço a que haviam se submetido. Por causa disso, as mulheres ficaram proibidas de correr os oitocentos metros ou distâncias maiores até 1960.

É interessante notar como a exaustão física é compreendida de forma distinta quando se trata de homens ou mulheres. Quando se trata de homens demonstrando extremo cansaço em uma prova esportiva, o fato é encarado como um gesto nobre de total entrega, como foi o caso de Feidípedes, que morreu depois de correr quarenta quilômetros para anunciar aos atenienses a vitória dos gregos na batalha de Maratona. Mas, tratando-se das mulheres, cair de exaustão na pista depois de uma corrida de oitocentos metros demonstrava de forma cabal que o esporte era "coisa para homem".

E essa diferença dos significados dos limites físicos de homens e mulheres é ainda melhor ilustrada se retornarmos aos Jogos de St. Louis, 1904, no qual alguns atletas, após correrem a mesma prova dos 800 m sentiram-se muito mal, um deles tendo que ser carregado pelos braços e outro ser reanimado com um estimulante após desmaiar. Apesar disso, nunca se colocou em questão a permanência dessa prova nos Jogos para os homens (Cruz et al., 2006).

Por mais que não possamos estar seguros em associar diretamente algumas expoentes desses atos de resistência com o movimento feminista organizado, propriamente dito, não podemos deixar de notar a concomitância de tais ações com as revoluções sociais ocorridas no início e meados do século XX. É sugestivo o fato de que foi nos países

**As possíveis relações entre os feminismos e as práticas esportivas**

com maior tradição feminista na Europa dos séculos XIX e XX – ao menos de sua vertente liberal e radical –, ou seja, Inglaterra e França, que encontramos as maiores afrontas à ordem Olímpica masculina. Quando comparamos a trajetória das mulheres olímpicas de alguns países da Europa e dos Estados Unidos com a das atletas olímpicas brasileiras, notamos que não são encontrados movimentos organizados como o de Alice Milliat ou das atletas britânicas, nem a formação de federações e campeonatos paralelos no Brasil como forma de enfrentamento. A própria presença das mulheres nas arenas esportivas aparenta-se mais com os movimentos feministas e, mesmo assim, não se configura como um movimento, mas como ações individuais de tomada de espaço público por meio do esporte. Se as atletas não questionam a orientação masculina dada ao esporte competitivo, o que as aproximaria das bases da maioria dos feminismos é elas requererem melhores condições de treinamento e competição, lembrando as mulheres brasileiras das décadas de 1970 e 1980 lutando por creches e postos de saúde, mas sem a formação de movimentos e mobilizações coletivas e sem contar com o apoio das federações e confederações.

O fato da não organização das atletas em prol de condições menos desiguais entre os gêneros não as impediu de conquistarem mais espaço nas arenas esportivas e em modalidades impensadas para elas há algumas décadas; porém, essa luta esbarra por vezes em concepções e subterfúgios construídos ao longo da história de uma cultura de restrições e proibições de práticas esportivas às mulheres. As atletas pioneiras, com destaque para as modalidades tradicionalmente tidas como masculinas, e as que se mostram descontentes com algum aspecto do mundo esportivo mostram que as mudanças nas condições de representação social das mulheres brasileiras no esporte se deram, assim como o processo de constituição do feminismo do país e suas conquistas, de maneira bastante difusa.

Sendo o feminismo um grande impulsionador das mulheres para romper as barreiras do mundo privado em direção à conquista do espaço público, admitir que as características do feminismo brasileiro

## As Mulheres e o Esporte Olímpico Brasileiro

poderiam ter relações entre o movimento olímpico feminino no país e sua "cordialidade" não é algo que parece insustentável. Diante disso, é difícil dizer que os avanços das mulheres em direção ao espaço público devem-se às lutas dos movimentos feministas organizados, incluindo aí os avanços no universo olímpico na Europa e Estados Unidos, valendo o mesmo para o caso brasileiro.

## Possíveis relações entre a história do feminismo e as práticas esportivas

Seria fundamental aclarar as relações entre o movimento feminista organizado e as mulheres não organizadas na luta feminista – como nos parece ser o caso da maioria das mulheres atletas olímpicas, sejam brasileiras ou de outros países. É possível dizer que as últimas se espelham nas primeiras e assim contribuem para que essas desafiem o *status quo*? Ou o avanço das mulheres em direção ao espaço público nos mais diferentes setores, deve-se mais a revoluções sociais advindas das transformações da conjuntura social, e que não possuem um agente específico, no caso os Movimentos Feministas? Ou seria ainda uma conjunção entre essas duas hipóteses?

Quando recorremos à literatura, buscando compreender melhor essa relação, encontramos muitos trabalhos que tomam os feminismos como um aporte teórico para o entendimento de temas como gênero e esporte, mulher e esporte, sexualidade e esporte etc., mas poucos trabalhos se debruçam sobre a possível influência do movimento feminista para o desenvolvimento do esporte feminino.

Nesse sentido, gostaríamos de destacar o trabalho de Flintoff e Scraton (2002), no qual os autores se referiram a ativistas presentes em organizações como a *Women's Sport Foundation*, a *Women's Sport International* e a *Windhoek Agreemant*, que exercem pressões sobre os órgãos esportivos internacionais colocando a questão da igualdade entre mulheres e homens no esporte na agenda esportiva internacional e lutando por paridade de participação em conselhos esportivos deliberativos ou dentro de agremiações desportivas.

**As possíveis relações entre os feminismos e as práticas esportivas**

As autoras entendem que iniciativas de tal natureza têm como base o pensamento do feminismo liberal[8].

As mesmas autoras também enxergam uma influência do chamado feminismo radical por trás das iniciativas de criação de espaços e eventos esportivos exclusivos para as mulheres, como as federações esportivas femininas e a *Women's International and British Games*[9].

Hargreaves (2007) escreveu outro trabalho que nos dá mostras de uma relação mais direta entre movimentos feministas e a promoção do esporte feminino. Nesse trabalho ela discute o esporte feminino dentro do mundo muçulmano e identifica o que chama de *Muslim sport feminists* como agentes fundamentais na luta pela promoção do esporte feminino nesse contexto específico[10].

Embora tais citações sugiram aproximações entre movimentos feministas e a luta pelo desenvolvimento do esporte feminino, é preciso atentar para o caráter especulativo que elas podem conotar, sobretudo as duas últimas. Com relação às organizações esportivas femininas de inspiração feminista radical, citadas por Flintoff e Scraton (2002), não está claro se o objetivo de tais organizações é realmente aquilo preconizado pelo pensamento radical ou se são iniciativas que buscam, por meio de Jogos ou Federações alternativas, chamar a atenção para as desigualdades de tratamento dispensado a

---

[8] O feminismo liberal, já mencionado anteriormente, é uma vertente do feminismo que atravessou os anos desde o final do século XIX e que tem suas ideias consideradas até o presente. As (os) feministas liberais, em resumo, entendem que a questão da desigualdade entre homens e mulheres poderia ser resolvida se fossem dadas às mulheres as mesmas oportunidades dadas aos homens. Em sua agenda de ações, o desenvolvimento e a aplicação de políticas para ampliar os direitos das mulheres – um bom exemplo é a luta sufragista – e possibilitar o acesso a recursos e facilidades que lhes são negadas ocupam posição central (Freedman , 2004, p. 20).

[9] O feminismo radical representa uma linha de pensamento feminista que teve maior destaque entre os anos 60 e 70 e que entende o patriarcado como causa das desigualdades entre homens e mulheres, e suas ações vão no sentido de reconstruir ou recriar as instituições sociais fundadas no patriarcado. O feminismo radical observa diferenças fundamentais entre homens e mulheres. A reconstrução ou recriação das instituições sociais teria por fim produzir novas instituições livres dos tradicionais valores masculinos e promover os valores femininos (Flintoff & Scraton, 2002; Freedman, 2004, p. 20).

[10] Tais agentes seriam divididos em dois grupos conforme suas inspirações, um primeiro que não se afasta de um enfoque religioso para essa luta e outro com uma visão mais secular da questão.

mulheres e homens atletas. Hargreaves (2007) considerou aquelas que promovem o esporte e o exercício femininos dentro do contexto mulçumano, como as *Muslim sport feminists*, mas não deixa claro se se tratam de ações coletivas organizadas ou de diversas ações individuais que apresentam um mesmo objetivo e alguns pressupostos em comum – se assim o for, podemos chamá-las de ações feministas?

Esse resgate histórico do feminismo internacional e brasileiro nos deu subsídios para compreender de maneira mais clara os processos de exclusão, inclusão e interferência das mulheres no âmbito esportivo e, mais especificamente, nos Jogos Olímpicos. É possível que muitas das tendências dos feminismos tenham influenciado a participação feminina no esporte. Contudo, temos alguns focos de atuação mais evidentes do que outros, não significando que a luta das feministas por condições de vida menos desiguais não surtiram efeito onde as mulheres não atuavam de forma organizada e radical.

## Referências bibliográficas

Blay, E. A. (2001). 8 de Março: conquistas e controvérsias. *Revista Estudos Feministas*, *9*(2), 601-608.

*Código Civil dos Estados Unidos do Brasil*, Lei n. 3.071, de 1 de janeiro de 1916. Recuperado em 12 de agosto de 2009, de http://www.planalto. gov.br/ccivil/leis/L3071.htm.

Cruz, I., Silva, P., & Gomes, P. B. (2006). D*eusas e guerreiras dos Jogos Olímpicos*. Lisboa: Comissão para Igualdade e para os Direitos das Mulheres.

Beauvouir, S. de. (1986). *Le deuxième sexe*. Paris: Gallimard.

Ferreira, J. (2003). O governo Goulart e o golpe civil-militar de 1964 (O Brasil Republicano). In J. Ferreira; & L. A. N. Delgado (Orgs.), *O tempo da experiência democrática: da democratização de 1945 ao golpe civil--militar de 1964* (pp. 343-404). Rio de Janeiro: Civilização Brasileira.

Flintoff, A., & Scraton, S. (2002). Sport feminism: the contribution of feminist thought to our understandings of gender and sport. In A. Flintoff.; &

**As possíveis relações entre os feminismos e as práticas esportivas**

S. Scraton (Orgs.), *Gender and sport: a reader* (pp. 30-46). New York: Routledge.

Freedman, J. (2004). *Feminismo ¿Unidad o conflito?*. Madrid: Narcea, S.A. de Ediciones.

Gomes, A. M. C. (2007). Sociedade e política (1930-1964). In.: Fausto, B. e Holanda, S. B. (Orgs.). *História Geral da Civilização Brasileira*. Rio de Janeiro: Bertrand Brasil.

Hahner, J. E. (2003). *Emancipação do sexo feminino: a luta pelos direitos da mulher no Brasil, 1850-1940*. Florianópolis: Mulheres; Santa Cruz do Sul: EDUNISC.

Hargreaves, J. (2007). Sport, exercise, and the female Muslim body: negotiating Islam, politics, and male power. In J. Hargreaves & P. Vertinsky (Orgs.), *Physical culture, power, and the body* (pp. 74-100). New York: Routledge.

Hobsbawm, E. J. (2007a). *A era dos impérios: 1875-1914*. São Paulo: Paz e Terra.

Hobsbawm, E. J. (2007b). *Era dos extremos: o breve século XX - 1914-1991* (2. ed.). São Paulo: Companhia das Letras.

Krolokke, C., & Sorensen, A. S. (2005). *Gender communication theories and analyses: from silence to performance*. London: Sage Publications. Recuperado em 27 de fevereiro de 2009, de http://www.sagepub.com/ upm-data/6236_Chapter_1_Krolokke_2nd_Rev_Final_Pdf.pdf.

Narvaz, M. G., & Koller, S. H. (2006, setembro). Metodologias feministas e estudos de gênero: articulando pesquisa, clínica e política. *Psicologia em Estudo*, *11*(3), 647-654.

Pierucci, A. F. O. et al. (2007). *Economia e cultura: 1930-1964* (4a. ed.) (História Geral da Civilização Brasileira). Rio de Janeiro: Bertrand Brasil.

Pinto, C. R. J. (2003). *Uma história do feminismo no Brasil*. São Paulo: Fundação Perseu Abramo.

Woolf, V. (1989). *A room of one's own*. Boston: Harcourt

# Intersecções possíveis entre o consagrado jeito de ser brasileiro e a participação de atletas brasileiras em Jogos Olímpicos

*Paulo Nascimento*

## Introdução: a elaboração da brasilidade

Pretendo neste tópico tratar do processo histórico-social pelo qual o Brasil passou nas primeiras décadas do século XX, e como, neste período, foram elaboradas as elucubrações de maior repercussão sobre as singularidades do Brasil e de seu povo. Minha intenção de início é, a partir de um breve resgate histórico, problematizar como essas percepções sobre o povo brasileiro e sua civilização acabaram por ser consagradas como importante referencial no então emergente universo acadêmico brasileiro. Em seguida, pretendo tratar sobre como tais noções, tidas hoje como clássicas na história do pensamento brasileiro, continuam a nos oferecer subsídios para que pensemos a participação das atletas brasileiras em Jogos Olímpicos.

## O modelo europeu de ciências humanas

As ciências humanas na Europa do século XIX tinham como grande expoente o modelo de ciências sociais baseado na perspectiva da sociologia alemã. A pretensão dos que elaboravam estudos históricos à época, por exemplo, consistia em criar para sua área um método analítico inspirado nas ciências naturais, que acabou por consagrar esta enquanto ciência – como a imparcialidade do pesquisador diante de seu objeto de estudo ou a busca da verdade suprema e incontestável. Esse modo de perceber as ciências humanas, consagrado

## As Mulheres e o Esporte Olímpico Brasileiro

como positivismo, teve seu foco centrado na análise dos processos históricos restrito ao viés de uma história política ou econômica. Com uma constante referência a datas e manifestações políticas públicas e marcantes, essa perspectiva histórica pouco dizia sobre os *sujeitos* que estavam envolvidos nos eventos que posteriormente viriam a ser consagrados como grandiosos. E, quando falavam, geralmente as referências eram feitas àqueles que eram tidos como os líderes desses movimentos grandiosos, tais como intentonas, revoltas ou revoluções – de preferência, legitimando os que estavam no poder. Era, pois, uma constante nesse modo de se pensar os eventos históricos uma alusão aos que eles consideravam serem os protagonistas dessas histórias, os que supostamente teriam sido os grandes responsáveis por tais acontecimentos, grandiloquente tal qual a narrativa do fato sugeria, sendo que os protagonistas destas análises, não raro alçados à condição de heróis, eram homens, as mulheres eram relegadas à condição de coadjuvante, devassa ou louca – ou tudo isso junto:

> Em todas as épocas da história de nossa civilização ocidental, poderemos encontrar exceções de mulheres participantes, inclusive mulheres que, por relações de família e motivos políticos, chegaram a concentrar em suas mãos grande poder. . . . De modo mais geral, no entanto, desde a antiguidade greco-romana, e assumida a influência matizante judaico-cristã, as mulheres em nossa civilização se conservaram na condição submissa de tuteladas parasitas ou semi-servas [*sic*], enquanto vigoraram os estilos, os preconceitos, as normas e a estrutura da família patriarcal. A mulher dedicada à procriação, ao serviço doméstico, à sala de visitas ou ao bordel. (Albornoz, 2008, p. 54)

Com a derrocada alemã na Primeira Guerra Mundial, começou a ganhar corpo um modo distinto de se recorrer aos fatos históricos. Encabeçada pelos franceses, essa perspectiva referia-se, sim, ao documento para elaborar suas análises históricas sobre o mundo. Contudo, a leitura do documento era feita criticamente, de modo a

**Intersecções possíveis entre o consagrado jeito de ser brasileiro e a participação de atletas brasileiras em Jogos Olímpicos**

considerar outros atenuantes para além das declarações oficiais, que também poderiam ser assaz importantes na observação dos fenômenos humanos. Foi esse modelo francês de historiografia conhecido como *Annales* um dos referenciais das ciências humanas brasileiras, quando de seus primeiros momentos de institucionalização[1]:

> Tratava-se de um projeto historiográfico que reivindicava e promovia o ramo dos estudos de história econômica e o imenso leque do que pode ser englobado no termo de história social. Para tanto, o projeto criador da corrente dos *Annales* nutriu-se em primeiro lugar, da sociologia durkheimiana, quase onipresente nas ciências sociais francesas. Sociologia essa que é, ao mesmo tempo, econômica, religiosa, antropológica, estudo da mentalidade ou das classes sociais. (Aguirre Rojas, 2004, p. 56)

Com o fortalecimento da História enquanto área de conhecimento das ciências humanas – fundamentalmente sob o ponto de vista institucional, de produções científicas –, estudos da chamada história social apareceram, pois, para corroborar o que se pretendia à época: considerar, sim, a importância que ações a partir dos ordenamentos políticos teriam na história, mas dando importância também a outra "frente" pouco estudada. A proposta dos *Annales* era, então, analisar como essas medidas políticas influenciavam a vida das pessoas em relação à mentalidade e à história particular dos mais variados nichos sociais. Para que tenhamos uma dimensão mais apurada sobre como essas ideias sobre o pensar o social repercutiram ante a sociedade brasileira e quais repercussões causaram, faço agora uma breve incursão no contexto histórico brasileiro do início do século XX.

No que concerne ao Brasil, uma das repercussões da Primeira Guerra Mundial, ocorrida no plano das ideias, pôde ser percebida no

---

[1] Considero como marco fundamental para pensarmos a academia brasileira a criação da Universidade de São Paulo nos anos 30 do século XX, momento este em que, pela primeira vez, surge um centro de referência acadêmica integrado para fomentar o ensino e a pesquisa nas três grandes áreas do conhecimento.

movimento de intensificação do exercício de reflexão sobre o país, por parte de alguns dos intelectuais brasileiros à época, com uma significativa diferença. Os ideais iluministas, tidos como referenciais, seriam repensados, rearticulando assim a predominância do referencial europeu:

> A Primeira Guerra teve, entre outras conseqüências [sic], a derrocada da crença do progresso e na paz como valores assegurados do mundo ocidental. O conflito produziu uma distinção entre a Europa, representante da velha civilização decadente, e a América, espaço da nova civilização e do futuro. Se a Europa estava decadente, o futuro deveria estar na América, no novo continente. Foi seguindo essa premissa que se partiu em busca do futuro e se tornou necessário repensar o Brasil. (Oliveira, 2003, pp. 326-327)

Paulatinamente, a visão pessimista definidora do brasileiro – predominante até então – foi dando espaço a uma outra interpretação. A miscigenação ocorrida na formação étnica do povo, outrora encarada como fator depreciativo, começava a ser percebida pelos intelectuais como uma vantagem que o brasileiro teria em relação a outros povos. O que se esperava dos intelectuais brasileiros nesse período era que eles conseguissem desvendar quais seriam as características distintivas do povo brasileiro e, a partir disso, elaborar conceitos que estivessem em sintonia com o pensamento científico do período. Podemos considerar esse período como "embrionário" dos traços que definem o nacionalismo brasileiro atual. Nesse momento também foram elaborados os primeiros pensamentos sobre o que viria a ser o "moderno". Era forte a preocupação por parte dos intelectuais com a educação no Brasil e como esta seria importante para contribuir com o desenvolvimento da nação:

> O período entre 1870 e 1914 deve ser compreendido como a preparação do terreno para a modernização conservadora que marcaria a década de 1930. Se nessa geração de

intelectuais é forte a tônica autoritária quanto à percepção de organização social, é inegável, também, a presença de uma sensibilidade modernista. (Velloso, 2003, p. 356)

Fausto (1997) apontou que a Revolução de 1930, como a historiografia se refere ao processo que desbancou o poder dos cafeicultores no cenário político brasileiro, e que culminou na tomada do poder por Getúlio Vargas em 3 de novembro daquele ano, foi o marco de uma nova fase do regime republicano no Brasil. A partir de então, "começou a se definir um novo interesse nacional orientado pela forte presença do Estado na vida do país e baseado não na oposição ao capital estrangeiro, mas ao regionalismo e às oligarquias" (Franzini, 2003, p. 31). Para o autor, os anos 30 foram "um eixo e um catalisador" e acabaram por desencadear uma série de "movimentos que procuraram unificar, em torno da nação (ou de sua ideia), práticas, valores e manifestações que até então tinham seu vigor apenas no âmbito regional" (2003, p. 31). A partir de então, as manifestações populares serão encaradas pelo poder público e pelos intelectuais como raramente o foram. O governo de Getúlio Vargas adotou a postura de intervir na cultura para disseminar uma imagem moderna do país. Surgiu aqui também a ideia de "cultura de massa":

> A sociedade de massas fez sua entrada no cenário mundial durante o século XX. As multidões se tornaram visíveis e passaram a fazer parte da sociedade e a contar. As grandes transformações sociais estiveram, assim, marcadas pela incorporação das massas, que se tornaram eleitoras e consumidoras. Sociedade moderna passou a ser identificada como sociedade de massas. (Franzini, 2003, p. 31)

O Brasil do samba, da mulata, do carnaval, do malandro e de outros tantos estereótipos de brasilidade ainda hoje em voga em nossa sociedade surgiu nesses anos 30. A pretensão governamental foi captar os elementos de forte apelo cultural vigentes no país desde o início do século e aliá-los à ideia de "país moderno". Foi assim que o ideário modernista foi convertido em política de governo e o Estado passou a intervir na cultura como nunca o fizera (Miceli, 1979, p. 158). Indo ao encontro da forte hipótese dos intelectuais vigente à época – de que seria a ação do governo associada à da classe intelectual que redimiria o povo brasileiro (ideia esta presente desde os primeiros momentos da república no Brasil) –, a atuação dos intelectuais durante o Estado Novo foi intensa:

> A ideologia do Estado Novo – ao pretender juntar novo e nacional, modernização e tradição – construiu uma cultura política na qual os intelectuais tiveram um papel de destaque. Não por acaso seus intelectuais procuraram estabelecer uma relação direta entre a revolução modernista de 1922 e o Estado Novo, recuperaram a denúncia à cópia dos anos 1920, retomaram a descoberta do Brasil realizada pelos modernistas de 1922. Nesse processo os intelectuais do Estado Novo desenharam o Estado como tutor, como pai ante uma sociedade imatura, que necessitava ser orientada. (Oliveira, 2003, p. 325)

Os livros *Casa grande & senzala* e *Raízes do Brasil*, escritos por Gilberto Freyre e Sergio Buarque de Holanda, respectivamente, são hoje obras basais quando o assunto é pensar as peculiaridades do jeito de ser do povo brasileiro. Ambos apresentam uma superação da perspectiva pejorativa sobre a formação de nosso povo e aparecem com formulações até então inéditas, significativamente contributivas para que as idiossincrasias do povo brasileiro sejam consideradas quando alguém se dispuser a pensar criticamente o que vem a ser o Brasil.

Com sua primeira edição publicada em 1933, *Casa grande & senzala* apresenta uma análise sobre como as pessoas na então colônia, sob a economia colonial exportadora de matéria-prima para a metrópole portuguesa, elaboravam sua sociabilidade. Contudo, em vez de ater-se em descrições analíticas sobre tratados, pactos e outros documentos históricos, Freyre apresenta um resgate de forte caráter etnográfico que atenta para os hábitos da família patriarcal, rural e escravocrata. No que tange às relações de poder intermediadas pelo sadismo, observou Freyre (2006, p. 114):

> Resultado da ação persistente desse sadismo, de conquistador sobre conquistado, de senhor sobre escravo, parece-nos o fato, ligado naturalmente à circunstância econômica da nossa formação patriarcal, da mulher ser tantas vezes no Brasil vítima inerme do domínio ou do abuso do homem; criatura reprimida sexual e socialmente dentro da sombra do pai ou do marido. Não convém, entretanto, esquecer-se o sadismo da mulher, quando grande senhora, sobre os escravos, principalmente sobre as mulatas; com relação a estas, por ciúme ou inveja sexual.

Um forte conceito lançado em *Casa grande & senzala* foi o de democracia racial: as instâncias que faziam parte da sociedade rural do Brasil, então colônia de Portugal, não eram estanques. Logo, o intenso, constante, flexível e não raro despudorado trânsito de negros, índios e brancos entre a casa-grande e a senzala promoveu uma razoável integração entre essas etnias. Uma vez mais é feita referência à mulher – agora, para apresentá-la como elemento propiciador dessa integração:

> A escassez de mulheres brancas criou zonas de confraternização entre vencedores e vencidos, entre senhores e escravos. Sem deixarem de ser relações – as dos brancos com as mulheres de cor – de "superiores" com "inferiores" e, no maior número de casos, de senhores desabusados e sádicos com escravas passivas, adoçaram-se, entretanto, com a necessidade experimentada por muitos colonos de constituírem família dentro dessas circunstâncias e sobre essa base. A miscigenação que largamente se praticou aqui corrigiu a distância social que de outro modo se teria conservado enorme entre a casa-grande e a mata tropical; entre a casa-grande e a senzala. O que a monocultura latifundiária e escravocrata realizou no sentido de aristocratização,

#### As Mulheres e o Esporte Olímpico Brasileiro

extremando a sociedade brasileira em senhores e escravos, com uma rala e insignificante lambujem de gente livre sanduichada entre os extremos antagônicos, foi em grande parte contrariado pelos efeitos sociais da miscigenação. A índia e a negra-mina, a princípio, depois a mulata, a cabrocha, a quadrarona, a oitavona, tornando-se caseiras, concubinas e até esposas legítimas dos senhores brancos, agiram poderosamente no sentido de democratização social no Brasil. (Freyre, 2006, p. 33)

Por sua vez, a primeira publicação de *Raízes do Brasil* ocorreu em 1936. O livro, com um notório referencial à sociologia weberiana (Holanda, 1963, pp. 73-74), problematiza como características da nossa história, tal qual a colonização dos portugueses (que já tinham sua peculiaridade para com os outros povos da Europa), fincada basicamente na cultura rural, assim como o patriarcado sedimentado nessa cultura, ou o trabalho escravo do africano trazido estritamente para isso, não podem ser menosprezados quando pretendermos decifrar o que vem a ser este Brasil e seu povo no século XX. No capítulo "Herança rural", Holanda atribuiu alguns predicados ao que considera ser um dos grandes resquícios de nossa colonização: o modelo da família patriarcal:

> A família patriarcal fornece, assim, o grande modelo por onde se hão de calcar na vida política, as relações entre governantes e governados, entre monarcas e súditos. Uma lei moral inflexível, superior a todos os cálculos e vontades dos homens, pode regular a boa harmonia do corpo social, e, portanto deve ser rigorosamente respeitada e cumprida. (Holanda, 1963, pp. 73-74)

Considerando as repercussões que as perspectivas personalistas e ou individualistas possam ter na sociedade, em especial no que diz respeito à coisa pública, Sergio Buarque esboçou um quadro sobre como o país e seus indivíduos poderiam superar o "atraso", resquício do histórico colonial, a partir do advento da república, da industrialização, da urbanização e do trabalho livre. Foram esses dois livros de suma importância para que, doravante, o brasileiro refletisse sobre seu povo e sobre sua condição.

## Os Jogos Olímpicos da Era Moderna

Trataremos aqui das transformações ocorridas na Europa ao longo do século XIX, que fizeram com que o *fin de siécle* europeu fosse marcado por um dilema do pensamento humano variante entre ciência e subjetividade. Por um lado o progresso, a ciência e o positivismo serviam cada vez mais de parâmetro para a sociedade ocidental naquele momento; por outro, autores como Cardoso (1996) e como Rubio (2006) apontaram que as "luzes" que se esperava que adviessem do Iluminismo e dos ideais da Revolução Francesa não eram suficientes para explicar todos os anseios dessa sociedade. Foi nesse contexto que floresceu o Movimento Olímpico, germinado pelo francês Pierre de Freddy – mais conhecido por seu título nobiliárquico de Barão de Coubertin –, cujos esforços para viabilizar os Jogos Olímpicos da Era Moderna acabaram por consagrá-lo na história política como o grande idealizador do Movimento Olímpico[2].

Ao longo do século XIX, a Europa passou por várias transformações nas mais diversas áreas do pensamento humano. Ainda sob o impacto das mudanças de visão de mundo geradas a partir do Iluminismo, da Revolução Francesa e da Revolução Industrial, bem como o surgimento das novas ciências sociais, aparece, no bojo de tais transformações, uma perspectiva dualista para enxergar o sujeito, a humanidade e o social[3]. Em relação ao contexto geopolítico europeu, grandes Estados Nacionais eram formados ou fortalecidos,

---

[2] O Movimento Olímpico surgiu do Olimpismo, que na "Carta olímpica" foi definido como "uma filosofia de vida, que exalta e combina em um conjunto harmônico as qualidades do corpo, da mente e do espírito". (Comitê Olímpico Internacional [COI], .2001, p. 8).

[3] Tal dualismo pendulava entre a perspectiva iluminista do sujeito "centrado", detentor de uma essência nata que permaneceria consigo até a morte, e do sujeito sociológico, que seria fruto das relações interativas desse sujeito com o mundo e as pessoas que o cercavam (Hall, 2006, pp. 10-11).

###### As Mulheres e o Esporte Olímpico Brasileiro

simultaneamente ao início de uma política imperialista por parte destes. De acordo com Hobsbawm (1988, p. 19), foi o momento do triunfo da ideologia burguesa no cenário político europeu e, por conseguinte, mundial.

Enquanto a situação geral do continente era essa, a Inglaterra, maior potência mundial da época, vivia sob a "Era Vitoriana"[4]. Rubio (2001) apontou que uma das principais características deste momento histórico inglês foi o desenvolvimento de novas formas de relações sociais, cujos reflexos eram percebidos nas transformações pelas quais as instituições educacionais passavam:

> Responsável por um vasto império colonial, berço da Revolução Industrial e de acontecimentos que tiraram o poder da aristocracia em favor da burguesia, foi na Inglaterra que novas formas de relações sociais foram desenvolvidas. Reflexo dessa nova ordem, as instituições educacionais passaram por grandes transformações como a transferência para o Estado das escolas de ensino fundamental associadas à Igreja e a entidades particulares de caráter beneficente, responsáveis pela educação dos "pobres". Por outro lado, tanto a burguesia como a aristocracia financiavam seu próprio sistema educacional, determinando a sistematização da ginástica e do esporte na Inglaterra. (Rubio, 2001, p. 127)

A partir deste contexto social, surgia na Inglaterra uma preocupação em relação à "normatização de novas condutas"[5]. Como parte do projeto hegemônico que afirmava o país como grande potência econômica e política, os ingleses dedicaram especial atenção à

---

[4] Como ficou consagrado o ápice da Revolução Industrial na Inglaterra, período do reinado da rainha Vitória (1837-1901), momento crucial na expansão da economia capitalista para todo o mundo (Hobsbawm, 1996, p. 14).

[5] Trata-se, essa "normatização de novas condutas", de uma intensa codificação das práticas esportivas, para que estas estivessem sob o controle das instâncias de poder oficiais. É, pois, uma reverberação na esfera esportiva ao processo de civilização ocorrido na Inglaterra durante a segunda metade do século XIX (Elias & Dunning, 1992, p. 224).

**Intersecções possíveis entre o consagrado jeito de ser brasileiro e a participação de atletas brasileiras em Jogos Olímpicos**

formação do caráter de suas elites. Foram criadas então as *public--schools*[6], redutos de jovens burgueses e aristocratas, para que todos estes fossem educados de acordo com as exigências feitas àqueles que ocupariam os postos de liderança onde houvesse possessões inglesas. Nesse reduto, as práticas esportivas eram de suma importância:

> Os estudantes das *public-schools* promoviam os seus próprios jogos – futebol, tiro e caça – apesar da proibição dessas práticas, por serem consideradas violentas e perigosas. As conquistas políticas e sociais burguesas refletiram-se na conquista de privilégios educacionais que envolviam o surgimento de novas *public-schools* e, conseqüentemente [*sic*], dos valores desenvolvidos nessas instituições, como o esporte. (Rubio, 2001, p. 128)

Foi nesse contexto que as *public-schools* se desenvolveram e no qual surgiu o modelo esportivo inglês – que, por sua vez, acabou inspirando as diretrizes do esporte contemporâneo. Em um contexto sociocultural que privilegiava a rigidez das normas, não é de surpreender que o esporte também tenha sido padronizado por regras de pretensão universais. Se considerarmos a civilização como um conjunto de normas que estrutura um determinado sistema, cujo intuito é regrar e disciplinar os sujeitos de um grupo social, poderemos recorrer a estes mesmos preceitos para analisar a ideia de "desportivização": "A "desportivização", em resumo, possui um caráter de impulso civilizador comparável, na sua orientação global, à 'curialização' dos guerreiros, onde as minuciosas regras de etiqueta representam um papel significativo" (Elias & Dunning, 1992, p. 224).

Creio ser possível perceber algumas similaridades nas quais os fenômenos da industrialização e da prática de esportes se alicerçam.

---

[6] Distante da conotação que a "escola pública" tem atualmente no Brasil, essas *public-schools* assim foram denominadas não por possuírem um caráter de educação universal, ou seja, voltado para toda a população, mas por agregarem em um mesmo espaço coletivo (daí a noção de "público") jovens aristocratas e burgueses, que antes recebiam educação no foro privado de seus respectivos lares (Rubio, 2006, p. 46).

## As Mulheres e o Esporte Olímpico Brasileiro

Ambos idealizavam a igualdade de oportunidades, o estimulo à competição e à produtividade, a quantificação de resultados; tudo isso para que seja reverenciado aquele que, mostrando-se hábil diante de tais premissas, consiga se destacar como o primeiro, o melhor, o vencedor:

> O modelo esportivo passou a servir como norteador da educação inglesa, voltada para a formação física e moral daqueles que iriam explorar e colonizar o mundo da "livre troca". Os homens que levariam adiante o liberalismo precisavam ser solidários na ação e ter iniciativa dentro das regras que regia o mercado. O esporte passou a ser uma metáfora do jogo capitalista. (Rubio, 2001, p. 128)

De acordo com Tavares (2003), devido à origem aristocrática, Coubertin frequentou a *École Supérieure des Sciences Politiques*, cujos estudos em relação à dinâmica social inglesa muito o atraíram, em especial no tocante ao "espírito de associação" e ao sistema educacional e esportivo dos ingleses. Incumbido pelo governo da França de criar um novo modelo educacional para aquele país – e fortemente inspirado no renascimento da cultura helênica na Europa –, Coubertin se remeteria à educação e ao caráter pedagógico como um dos principais propósitos do Movimento Olímpico:

> A integração entre os conceitos da cultura grega de *kalos kagathos* (harmonia entre corpo, cultura e moral) e *Arete* (excelência) com as qualidades observadas por Coubertin na educação inglesa o conduziram a uma visão de esporte altamente educativa e a uma concepção paradigmática dos Jogos. (Tavares, 2003, p. 39)

Hobsbawm (1988) apontou que além do renascimento da cultura helênica, também era época, na Europa, do fortalecimento dos nacionalismos e das identidades nacionais como fator de grande relevância na política dos Estados Nacionais. Coubertin projetou uma instituição de caráter internacionalista cujo propósito, a partir da prática esportiva amadora[7] e norteada por um senso religioso, consistia em promover noções como o desenvolvimento físico aliado ao intelectual, a excelência, a paz, o *fair-play*[8], sendo que estas noções deveriam ser exercitadas sob uma perspectiva educativa – e masculina (Tavares, 1999, p. 33). A prática esportiva, segundo Coubertin, poderia servir como um grande campo de potencial vazão para suas elaborações pedagógicas:

> Fundador do movimento olímpico moderno, o francês Pierre de Coubertin se via principalmente como um educador e lutou incessantemente por uma reforma educacional que contemplasse suas postulações fundamentadas em uma formação intelectual eclética com forte influência dos referenciais gregos. Por essa razão o esporte era visto como uma ferramenta educacional, visão esta fortemente influenciada pelo modelo teórico/ prático inglês. (Futada, 2007, p. 14)

É nesse contexto que o Movimento Olímpico começa a tomar corpo e angariar adeptos. Com a deferência via nacionalismo vigorosa (e fortificada pela noção de "comunidades imaginadas"[9]) o Movimento Olímpico tinha como um de seus propósitos instaurar-se em uma esfera para além de eventuais restrições decorrentes do nacionalismo. Era também intenção do Movimento Olímpico difundir, por

---

[7] A prática esportiva amadora ou "amadorismo" é a concepção, difundida principalmente pela burguesia e pela aristocracia inglesas na Era Vitoriana, do esporte como atividade de ócio e meio de educação de seus respectivos filhos, e concebe a "verdadeira" prática de esportes como isenta de qualquer remuneração material, cuja finalidade deve ser restritamente o elogio à prática esportiva e aos "benefícios físicos, mentais e sociais que derivam [dela]" (Rubio, 2006, p. 66).

[8] Difundido pelos idealizadores dos Jogos Olímpicos da Era Moderna, alude a uma conduta ética e moral que deve ser própria do atleta, comprometido em apresentar seu rendimento esportivo sem recorrer a práticas ou substâncias tidas como ilícitas pelo Movimento Olímpico (Rubio, 2006, p. 60).

[9] É como Benedict Anderson definiu o nacionalismo que emerge das nações, comunidades onde o que se compartilha não são o sangue, as posses ou a fé espiritual, mas sim a crença de que, por serem de uma mesma origem nacional, possuem um repertório de vida em comum, que os une por intermédio dos hinos, das bandeiras, do espaço e de todos os símbolos que definem e legitimam uma nação (Anderson, 2005, pp. 24-27).

intermédio do esporte, noções como o desenvolvimento físico aliado ao intelectual, a igualdade de oportunidades, a excelência, a nobreza, a harmonia social entre as nações e a resolução de conflitos de uma maneira racionalizada sem o uso da violência (Tavares, 1999). Atenas entraria para a História como a primeira sede dos Jogos Olímpicos da Era Moderna, em 1896, com a representação de treze países na disputa de 42 provas em nove modalidades, em um total de 311 atletas – e nenhuma mulher (Cardoso, 2000, p. 20). Os Jogos Olímpicos, segundo o seu principal idealizador, não eram campo propício para que mulheres se expusessem:

> Com relação às mulheres, Coubertin só aceitava a Educação Física feminina. Mas o que ele era fortemente contra – particularmente no início de sua carreira – era permitir mulheres competindo em público. Ele tinha um enorme medo de ver um exército de homens na platéia [sic] se divertindo de forma indecente com um espetáculo de mulheres com menos roupas do que elas usariam nas ruas, mostrando seus corpos em público[10].

Na edição seguinte, porém, talvez pelo fato de serem sediados no berço do movimento feminista, onze atletas debutaram a participação feminina nos Jogos Olímpicos, em Paris-1900. As modalidades foram o golfe e o tênis, esportes em que os organizadores imaginavam que a condição feminina não seria corrompida uma vez que essas modalidades não exigiam esforço demasiado ou contato físico entre as participantes. Estava posta a polêmica acerca da participação feminina na disputa dos Jogos Olímpicos, bem como o desafio para as mulheres interessadas em expandir a possibilidade de suas práticas de vida.

---

[10] Tradução do depoimento de John MacAloon exibido no canal ESPN Brasil.

Intersecções possíveis entre o consagrado jeito de ser brasileiro e a participação de atletas brasileiras em Jogos Olímpicos

## Movimentações feministas: algumas pistas

Tida por alguns como a principal revolução ocorrida no "breve século XX"[11], as reivindicações apresentadas pelo movimento feminista ganharam notoriedade neste período. Em boa parte das sociedades europeias, em um momento anterior à revolução industrial, o modelo da família patriarcal era basal naquilo que se pretendia como digno. Às mulheres, era relegado o papel de servir à espécie, de deter-se a sua função "natural" de geradora de filhos e mantenedora do espaço privado[12]. Com os desdobramentos da revolução industrial, a condição de restrição das mulheres ao lar foi reorganizada:

> No período de esforço para superação do subdesenvolvimento pré-industrial, o trabalho social das mulheres é solicitado; não é mais indispensável a força física para os trabalhos junto às máquinas, ou dentro da burocracia moderna; e é assim que a mão-de-obra feminina se iguala à masculina, no mercado de trabalho. (Albornoz, 2008, pp. 15-16)

A eclosão das duas guerras mundiais fez com que as mulheres, em especial na Europa e nos Estados Unidos (no que diz respeito ao Brasil, coube-lhe um papel periférico no cenário geopolítico mundial) fossem lançadas de modo mais intenso ainda no mercado de trabalho e nas instâncias públicas, para substituírem os homens, mobilizados para as batalhas. Cessados os conflitos, com os sobreviventes retornando aos seus postos antes ocupados, as mulheres foram literalmente expulsas dos vários espaços que tiveram acesso quando em tempos de guerra. A partir disso, com a reivindicação feminina para (re)ocupar o espaço público, veio à tona outro confronto, desta

---

[11] Expressão consagrada no meio acadêmico cunhada por Hobsbawm em 1995, quando este se referia a velocidade e a quantidade com que as ações no século XX se deram.

[12] A noção de "privado" e "público" utilizada neste trabalho tem como referência a conceituação desses termos feita na Grécia Antiga, onde "público" era o espaço onde os cidadãos (homens, atenienses e livres) podiam exercitar suas elucubrações filosóficas, políticas e sociais. O alheio a este espaço era, portanto "privado" da possibilidade política.

As Mulheres e o Esporte Olímpico Brasileiro

vez das mulheres contra o que elas julgavam ser de ordem machista e misógina, atendendo ao poder patriarcal e falocêntrico. Essa reivindicação das mulheres por poder no espaço público, em concomitância a outras reivindicações de outras minorias, ganhou força de expressão nos anos 60, com repercussões nas mais distintas áreas da sociedade – inclusive na esfera acadêmico-intelectual (Hall, 2006).

## As mulheres brasileiras em Jogos Olímpicos

A primeira participação brasileira em Jogos Olímpicos ocorreu na edição de 1920, sediada em Antuérpia. A delegação foi composta por 21 atletas, todos homens (Cardoso, 2000, pp. 108-109). Coube à nadadora paulista de ascendência alemã Maria Emma Lenk o registro da primeira participação feminina do Brasil em Jogos Olímpicos. Suas habilidades puderam ser vistas nos Jogos Olímpicos realizados em Los Angeles, no ano de 1932, e quatro anos depois, nos Jogos Olímpicos de Berlim. Ser a única mulher da delegação brasileira em Jogos Olímpicos não foi uma experiência vivida apenas por Lenk: Mary Dalva Proença, que disputou a competição dos saltos ornamentais em Melbourne-1956, Wanda dos Santos, representante brasileira do atletismo nos Jogos de Roma-1960, assim como Aída dos Santos, competidora do atletismo que, por sua vez, disputou os Jogos de Tóquio-1964, também o foram. Vale registrar que a participação em Jogos Olímpicos dessas brasileiras ocorria em um momento histórico no qual a prática de Educação Física por mulheres no país era significativamente cerceada pelo poder público[13]. Algumas modalidades eram simplesmente proibidas de serem praticadas. Talvez por isso o número de mulheres na delegação brasileira até os anos 80 fosse tão irrisório, raramente chegando à marca dos dois dígitos – a exceção à regra se deu em Londres-1948, ocasião em que onze atletas brasileiras participaram daquela edição dos Jogos.

---

[13] Segundo o artigo 54 do Decreto-Lei nº 3.199, publicado em 14 de abril de 1941, "Às mulheres não se permitirá a prática de esportes incompatíveis com as condições de sua natureza, devendo, para este efeito, o Conselho Nacional de Esportes baixar as necessárias instruções às entidades desportivas do país".

**Intersecções possíveis entre o consagrado jeito de ser brasileiro e a participação de atletas brasileiras em Jogos Olímpicos**

A participação feminina brasileira nos Jogos Olímpicos começou a aumentar a partir dos anos 80, com o início da participação da equipe de vôlei, e cresceu significativamente nos anos 90, com a classificação para os Jogos, até então inédita, das equipes de basquete e handebol. Nesse momento também ocorreu a estreia de algumas modalidades nos Jogos Olímpicos em sua versão feminina – caso do futebol, do judô ou da provas de salto com vara do atletismo, por exemplo. Esse fato, atrelado ao investimento maciço na parceria entre clubes e empresas, fruto de publicidade e propaganda promovida pela confederação das modalidades, sem que se deixe de mencionar o mérito pessoal das atletas – por vezes tendo que superar adversidades em esferas extraesportivas –, culminou com as primeiras medalhas olímpicas de mulheres brasileiras na história: ouro e prata nas duplas do vôlei de praia, prata pelo basquete e bronze pelo vôlei de quadra nos Jogos de Atlanta-1996, 64 anos após o debute de uma brasileira em uma edição dos Jogos Olímpicos.

## Refletindo sobre a condição da atleta brasileira

Comprometidos com o método da história oral, recorremos ao relato de histórias de vida de atletas brasileiras que participaram dos Jogos Olímpicos. Tendo em vista algumas das referências, aqui já citadas, sobre o modo de ser dos brasileiros contidas nas obras de Gilberto Freyre e Sérgio Buarque de Holanda, podemos promover a intersecção dessas referências com o relato de algumas atletas brasileiras olímpicas, convidadas a falar sobre como percebem a condição e sobre ser atleta e mulher. Em muitas entrevistas, as atletas, num primeiro momento, foram reticentes ao tratarem da questão de eventuais preconceitos que tenham vivenciado.

Quando convidada a falar sobre alguma exposição a uma situação de preconceito de qualquer ordem que pudesse ter vivido, uma atleta negra, competidora do atletismo entre os anos 70 e 80, disse--nos o seguinte:

Não, não. Nenhum. E também, assim, se eu vivi, eu não prestei atenção, porque eu não prestava muita atenção nessas coisas não, que... os incomodados que se retirem. Meu pai sempre falava: "Quem está incomodado com você que vá dar uma volta em outro canto". Então nunca dei importância a isso porque isso não tem valor. Então eu nunca prestei atenção nisso...

Antes desse posicionamento, a mesma ex-atleta referiu-se a uma especificidade de sua carreira (quando foi alijada de participar de uma edição dos Jogos Pan-Americanos), e não vacilou em creditar, com os olhos marejados, a responsabilidade principal daquela proibição:

> O outro Pan-Americano, esse, Sylvio Magalhães Padilha me tirou. Porque justamente eu morava no Colorado, e eu competia lá, e foi mandado o resultado, e ele não aceitou, ele falou que aquilo não era resultado. Eu falei: "Então, está bem. Então fica por isso mesmo". Então, assim, é uma pessoa que eu não gosto, não gosto, não tenho lembrança nenhuma boa dele, que ele me perseguiu muito, sabe? Então, é uma pessoa...

Esse é o momento em que a atleta mais se emociona na narrativa de sua vida, que é interrompida por algumas lágrimas, para depois ser retomada, com lembranças de perseguições não só a ela, como a outras atletas:

> De graça, né? Então, é uma pessoa que eu não gosto. E, assim, e até hoje, assim, dentro do atletismo é uma pessoa que eu não gosto. Já morreu, já foi... Porque, assim, eu acho que eu era uma menina – não eu só, existiam umas outras atletas também que ele perseguia, que não eram do atletismo, eram da natação e da ginástica –, então nós tínhamos que ter protetores, contra ele, sabe? Então, era uma coisa muito desagradável. Então, por exemplo, na Olimpíada, na eliminatória da Olimpíada, por exemplo,

Intersecções possíveis entre o consagrado jeito de ser brasileiro e a participação de atletas brasileiras em Jogos Olímpicos

pessoas da confederação – na verdade, antes era outro nome –, eles montaram um esquema no dia da eliminatória para a Olimpíada, para ele não queimar ninguém. Então, são histórias assim, que eu não gosto de lembrar, porque é muito chato, sabe?

E, quando questionada sobre as hipóteses que ela tinha para que aquilo ficasse guardado de modo tão intenso em sua memória:

> Faz parte da minha história, sabe, uma história... assim... faz parte, porque é triste, sabe? É triste de você saber que uma pessoa faz parte do teu esporte e fazer coisas para você, que não tem motivo. É, isso me marcou. E por isso eu não gosto de me lembrar dele.

A atleta se reporta a este episódio ao pensar se as dificuldades que teve de enfrentar em sua vida estavam relacionadas a algum tipo de preconceito. Alguns vetores aparecem, mas não o de gênero:

> Não... a única coisa de preconceito que eu vivi... é, esse aí eu não sei, isso aí é perseguição gratuita, sei lá o que que era... podia até ser perconceito, né? Mas eu nunca fiquei sabendo. Pode até ser, né? De não fazer parte do círculo Rio de Janeiro, entendeu? Também pode ser, não sei.

A exposição mais intensa que esta atleta diz ter vivido em relação ao preconceito racial ocorreu no tempo em que viveu nos Estados Unidos – elemento que nos serve para pensar nos diferentes tratos que a questão racial recebe nos dois países:

> Agora, nos Estados Unidos, por exemplo, eu não sentia como preconc... é, um pouquinho de preconceito. Assim: o meu marido era branco, meu filho também. E os atletas negros da equipe não aceitavam isso. Mas eu também não me incomodava. Porque o que que aconteceu, aí o que que meu marido fez: ele se entrosou no meio deles, aí a coisa

## As Mulheres e o Esporte Olímpico Brasileiro

acabou. Aí a encrenca acabou. Mas porque: porque o negro nos Estados Unidos, ele é muito preconceituoso, entendeu? Então ele não admite o branco se misturar com o negro, ou o negro se misturar com o branco, ou seja lá o que for. Então tinha, eu lembro que tinha eu e tinha uma outra menina, que essa menina era filha de negro com japonês; o [caso] dela era pior ainda, entendeu? Então eles morriam [de raiva]. E ela era linda, sabe? Então eles ficavam ferrados com aquilo. E nem americana ela era, também: ela era canadense, e eu era brasileira. Então, assim, eles misturavam muito as coisas, né? Esse foi o único preconceito, assim, que eu me lembre nitidamente.

Já com sua carreira no esporte olímpico encerrada, essa atleta nos conta sobre a sua experiência como única mulher em um grupo de homens, e qual a percepção que tem de tal fato:

E engraçado que, por exemplo, no projeto que eu comecei aqui... ele se espalhou no estado todo. E ele era com ex-atletas de todas as modalidades: futebol, voleibol, a natação, o atletismo... basquete. Então os ex-atletas vão dar aulas para estas crianças. Esse projeto só tinha homem, e eu era a única mulher. E eu achei que eu ia ter problema. Nunca tive nenhum problema – muito pelo contrário. E hoje eu continuo, assim, trabalhando muito mais com homens do que com mulheres. Eu prefiro trabalhar com homens, dez vezes. Se alguém me pedir pra contratar mulher, Deus me perdoe, eu não contrato, nem meia... Juro por Deus! Mulher é um bicho complicado, muito encrenqueiro. E com eles eu não tenho problema, nenhum, muito pelo contrário. Existe um respeito muito grande deles com relação a mim. É uma coisa muito bacana, muito legal, mesmo. E onde, às vezes quando eu entro no meio de mulheres, ah... Aí já tem uma complicação. Meu Deus do céu... Mas é verdade!

Outra atleta brasileira negra, cuja participação em Jogos Olímpicos deu-se entre a última década do século XX e a primeira década

**Intersecções possíveis entre o consagrado jeito de ser brasileiro e a participação de atletas brasileiras em Jogos Olímpicos**

do século XXI, apresentou a seguinte leitura sobre a experiência de ser mulher e esportista:

> Ah, é muito difícil. É muito difícil, porque mulher, a mulher em si, já é difícil. Você conviver com muitas mulheres é quase impossível, porque a gente passa por muita dificuldade, mulher é muito sensível, mulher é muito complicada de se entender, eu acho que a gente tem muitos momentos que a gente tem mudança de humor muito grande, então a gente, às vezes, que nem, a gente quer ter filho, aí você pensa "poxa, eu vou ter filho, não vou ficar viajando". Então você tem que ter muito cuidado com o que você planeja, porque você envolve outras coisas, envolve uma criança. Então, já acompanhei muita jogadora, já vi o tanto que elas sofrem, de chegar em casa e o filho não chamar nem de mãe, então é uma dor muito grande. Ser mulher é mesmo muito difícil. Mas, ao mesmo tempo, ela tem uma força, a mulher atleta, ou a mulher também que não é atleta, tem uma força muito grande, que é a determinação. Eu acho que, quando uma mulher se determina por uma coisa, ela é muito mais forte do que o próprio homem. Então, eu acho que a mulher no esporte, ela é uma guerreira, e guerreira porque ela atravessa muitos obstáculos, atravessa muitas dificuldades, mas está sempre em pé, sempre se superando a cada dia.

Quando inquirida a contar-nos experiências de preconceito que ela pudesse ter vivido pela condição de ser mulher, a mesma atleta nos diz não ter sido exposta a preconceitos nesse âmbito:

> Por ser mulher? Eu digo que não, nunca senti isso, não. Eu acho que, muito pelo contrário, quando eu era mais nova, eu acho que eu era tão moleque que eu jogava no time dos meninos, então eu nunca sofri por ser mulher. Vi muitas pessoas sofrendo por ser mulher, mas por situações diferentes. É, por ser mulher no esporte, acho que eu nunca senti isso, essa discriminação.

Ter começado o seu relato sobre experiência de preconceito com um "por ser mulher?" nos fez crer que outros preconceitos tivessem sido apresentados a esta atleta. O que ela nos conta, contudo, segue outro caminho que o de nossa expectativa:

> Não, nenhum outro. Eu acho que o meu maior medo assim era quando eu fosse, tivesse que jogar fora do Brasil, eu tinha um pouco de receio, de ser aceita assim. Não sei se pela cor, ou pela, eu não sei porque, mas, por ser estrangeira, eu tinha um pouco de medo. Mas eu não passei por isso. Não vou dizer que não existe, que não tem isso, porque tem e existe, mas, eu como pessoa, como jogadora, eu nunca passei por isso.

A afirmação dessa atleta, de ser "isso" algo que "existe" mas que "como jogadora" ela nunca se deparou com questões relacionadas a "isso" nos faz pensar na cordial sinuosidade impingida à percepção do preconceito. Em outras palavras, parece-nos que ser mulher não confere às atletas, numa mera relação causal, percepção dos poderes misóginos que a ela foram apresentados ao longo de sua carreira, sob o discurso da manutenção da ordem, da legibilidade, da tradição. Os valores culturais são naturalizados, para que se cristalizem e mantenham a configuração de poderes sem deslocar os favorecidos de suas vantagens.

Embora as atletas tenham em suas histórias de vida algumas manifestações de preconceito, de início elas tendem a não dar tanta importância ao ocorrido ou associam-no a questões de outras ordens, tais como rivalidades regionais, disputas políticas internas das confederações etc. Raramente encaram a condição de serem mulheres como complicador para eventuais prejuízos que tenham sofrido em suas carreiras.

O relato da história de vida de uma atleta olímpica do futebol, cuja experiência de participar dos Jogos Olímpicos se deu entre a última década do século XX e os primeiros anos do século XXI em uma modalidade identificada como predominantemente masculina, oferece outros elementos para pensarmos na percepção das atletas sobre situações adversas:

> Olha, eu nunca tive problema nenhum. É a paixão nacional, por que não pode ser paixão nacional feminino também? Então, eu tive alguns preconceitos, tive e muitos, mas eu acho que hoje é bem diferente. Eu costumo dizer que o nosso problema, é uma questão de gênero masculino e feminino. Infelizmente a menina quando nasce ganha boneca e o menino quando nasce ganha bola. Infelizmente isso ainda não se quebrou. Talvez isso seja assim porque aí entra um pouco de parcela da classe do futebol feminino atleta, entendeu? Porque eu acho que aí falta um pouco de imagem, falta um pouco de exemplo.

## Considerações finais

Em que pesem as contextualizações históricas aqui referidas, referendadas, tanto no tocante ao surgimento de um pensamento de nação e povo genuinamente brasileiros, quanto no tocante ao surgimento do esporte moderno e da conquista feminina deste espaço que inicialmente fora pensado para a exaltação de atributos masculinos, entendo que é preciso considerar algumas peculiaridades a respeito da participação de mulheres brasileiras em Jogos Olímpicos.

As considerações feitas por Sergio Buarque e Gilberto Freyre em *Raízes do Brasil* e *Casa grande & senzala*, respectivamente, referem-se à moral e à ética surgidas no Novo Continente, convergindo as visões do colonizador português com o nativo e o escravo africano, em um ambiente predominantemente rural, escravocrata e híbrido. Esse histórico não foi anulado, e sim reconfigurado no Brasil que adentrou o século XX. Portanto, questões como a moral religiosa, o poder do regime patriarcal ou a miscelânea promovida entre o público e o privado continuaram repercutindo na sociedade brasileira ao longo dos anos, nos mais distintos âmbitos; com a prática esportiva que começava a ser realizada não poderia ser diferente. A condição

## As Mulheres e o Esporte Olímpico Brasileiro

de promotora de um *ethos* masculino que as práticas esportivas já traziam da Europa foram apropriadas aqui com as singularidades que a civilização brasileira poderia propiciar.

Os relatos das atletas brasileiras que foram aos Jogos Olímpicos, aqui neste texto referido em trechos de suas histórias de vida, são campo fértil para a percepção de muitas das ideias postuladas por Buarque e Freyre. A condição atual da mulher atleta brasileira não pode ser pensada sem termos em vista o histórico cultural de nossa formação como povo. Essa compreensão se faz necessária para que a percepção da condição da mulher atleta no Brasil seja potencializada. Em um país às voltas com o compromisso de sediar uma edição dos Jogos Olímpicos, resgates históricos podem-nos indicar um quadro do presente mais sofisticado. No que tange às mulheres olímpicas, o conhecimento de suas histórias, além de promover o conhecimento do passado e das singularidades destas atletas, pode catapultar uma prática esportiva realizada no máximo de suas potências. Isso, além de mais mulheres brasileiras poderem chegar aos Jogos Olímpicos em condições de realizar um bom desempenho esportivo, seria simultaneamente um exercício de superação de estigmas, de consciência do poder dos seus corpos, sem que a condição feminina fosse impedimento para a realização de seus feitos esportivos no nível de alto rendimento e exigência que são os Jogos Olímpicos da Era Moderna.

## Referências bibliográficas

Aguirres Rojas, C. A. (2004). *Uma história dos Annales (1921-2001)*. Maringá: Eduem.

Albornoz, S. (2008). *As mulheres e a mudança nos costumes: ensaios da igualdade e da diferença*. Porto Alegre: Movimento; Santa Cruz do Sul; RS: EDUNISC.

Anderson, B. (2005). *Comunidades imaginadas*. Lisboa: Edições 70.

Bosi, E. (1994). *Memória e sociedade*. São Paulo: Cia das Letras.

**Intersecções possíveis entre o consagrado jeito de ser brasileiro e a participação de atletas brasileiras em Jogos Olímpicos**

Cardoso, M. (1996). *100 anos de Olimpíadas: de Atenas a Atlanta*. São Paulo: Scritta.

Cardoso, M. (2000). *Os arquivos das Olimpíadas*. São Paulo: Editora Panda.

Comitê Olímpico Internacional. (1977). *Carta olímpica*. Lausanne: Comitê Olímpico Internacional.

*Decreto-Lei n. 3.199.* (1941, 14 de abril). Recuperado em 5 de dezembro de 2008, de http://www6.senado.gov.br/legislacao/ListaPublicacoes. action?id=152593.

Elias, N., & Dunning, E. (1992). *A busca da excitação*. Lisboa: Difel.

Fausto, B. (1997). *A revolução de 1930 – historiografia e história*. São Paulo: Companhia das Letras.

Franzini, F. (2003). *Corações na ponta da chuteira: capítulos iniciais da história do futebol brasileiro (1919-1938)*. Rio de Janeiro: DP&A.

Freyre, G. (2006). *Casa grande e senzala: formação da família brasileira sob o regime da economia patriarcal* (51a ed.). São Paulo: Global.

Futada, F. M. (2007). Educação olímpica: conceito e modelos. In K. Rubio (Org.), *Educação olímpica e responsabilidade social*. São Paulo: Casa do Psicólogo.

Hall, S. (2006). *A identidade cultural na pós-modernidade* (11a ed.). Rio de Janeiro: DP&A.

Hobsbawm, E. (1988). *A era dos impérios*. Rio de Janeiro: Paz e Terra.

Hobsbawm, E. (1996). *A era do capital*. Rio de Janeiro: Paz e Terra.

Hobsbawm, E. (1995). *A era dos extremos*. São Paulo: Companhia das Letras.

Hobsbawm, E., & Ranger, T. (1997). *A invenção das tradições*. Rio de Janeiro: Paz e Terra.

Holanda, S. B. (1963). Herança rural. In S. B. de Holanda, *Raízes do Brasil* (4a ed.). Brasília: Editora da Universidade de Brasília.

Miceli, S. (1979). *Intelectuais e classe dirigente no Brasil (1920-1945)*. São Paulo: Bertrand Brasil.

Oliveira, L. L. (2003). Sinais da modernidade na Era Vargas: vida literária, cinema e rádio. In J. Ferreira; & L. de A. N. Delgado, L. de A. N. (Orgs.), *O Brasil republicano – o tempo do nacional-estatismo: do início da década de 1930 ao apogeu do Estado Novo*. Rio de Janeiro: Civilização Brasileira.

Rubio, K. (2001). *O atleta e o mito do herói*. São Paulo: Casa do Psicólogo.

Rubio, K. (2006). *Medalhistas olímpicos brasileiros: memórias, histórias e imaginário*. São Paulo: Casa do Psicólogo.

Simmel, G. (1908). *On individuality and social forms*. The University of Chicago Press.

Tavares, O. (1999). Referenciais teóricos para o conceito de Olimpismo. In O. Tavares e L. P. DaCosta (Eds.), *Estudos olímpicos*. Rio de Janeiro: Editora Gama Filho.

Tavares, O. (2003). *Esporte, movimento olímpico e democracia: o atleta como mediador*. Tese de Doutorado, Programa de pós-graduação em Educação Física, Universidade Gama Filho, Rio de Janeiro.

Valporto, O. (2006). *Atleta, substantivo feminino: as mulheres brasileiras nos Jogos Olímpicos*. Rio de Janeiro: Casa da Palavra.

Velloso, M. P. (2003). O modernismo e a questão nacional. In J. Ferreira; & L. de A. N. Delgado (Orgs.), *O Brasil republicano – o tempo do liberalismo excludente: da proclamação da república à Revolução de 1930*. Rio de Janeiro: Civilização Brasileira.

# A identidade da atleta brasileira: os "pontos de apego temporários" da mulher na vida esportiva

*Marcio Antonio Tralci Filho*

Conjutamente aos capítulos que seguem, que buscarão ancoragem histórica, tanto nos documentos oficiais, quanto na história de vida das atletas olímpicas brasileiras, o objetivo deste capítulo é dissertar sobre a formação da identidade das atletas brasileiras e a construção desse papel social tanto no cenário olímpico como no contexto social brasileiro. Digo conjuntamente, pois, apesar de não desconsiderar a importância do resgate histórico e, principalmente, da tomada das histórias de vida, ainda mais em um texto que trata da formação de processos identitários – atribuições tão individuais e sociais ao mesmo tempo –, o caminho que procurarei seguir será realizado a partir das referências históricas e das análises dos discursos já tão bem postas anteriormente. Desse modo, este capítulo terá aparência de ser somente conceitual, mas suas considerações buscarão bases dispostas posteriormente nesse livro e que, com intuito de evitar repetições desnecessárias, não constarão do texto a seguir tão aprofundadas.

Para analisar os processos de formação de identidade que são constatados pelos discursos das atletas, buscarei inspirações nos Estudos Culturais[1], principalmente em Stuart Hall (2000, 2006), uma

---

[1] Hall (2003) apontou que os primeiros marcos para o surgimento dos Estudos Culturais ocorreram na década de 50 do século passado, com a publicação de *As utilizações das culturas*, de Richard Hoggart, e de *Cultura e sociedade*, de Raymond Williams. Os Estudos Culturais configuram-se como um campo de tensionamento e complementaridade entre as teorias estruturalistas e culturalistas que, embora não bastem como paradigmas auto-suficientes, dão margens para sínteses, ainda que não claramente determinadas. Entretanto, entre si, definem o espaço e os limites dentro dos quais essa síntese poderá ser contruída". Para uma melhor compreensão dos

vez que este adotou a narrativa como linguagem e como uma posição privilegiada na construção e circulação do significado, conforme indicaram Guareschi, Medeiros e Bruschi (2003). A denominada "realidade" é compreendida como resultado de fenômenos discursivos, cujos significados surgem a partir dos jogos de linguagem e dos sistemas de classificação nos quais estão inseridos. Além disso, a opção pelos Estudos Culturais, a partir dos trabalhos de Hall, se dá pela sua análise contundente e pertinente da formação da identidade diante das transformações da subjetividade ocorridas na contemporaneidade. Comecemos, então, pelos meandros desse referencial teórico.

## A interface com os Estudos Culturais

Raymond Williams (1993, p. 6), um dos precursores dos Estudos Culturais, buscou conceituar cultura entendendo-a como o cerne e o conceito agregador dos Estudos Culturais. Para o autor, a cultura é a descrição de uma determinada maneira de viver, que expressa certos sentidos e valores não apenas em relação à arte e à aprendizagem, mas também em relação às instituições e ao comportamento usual, ordinário. A análise da cultura a partir de tal definição é a clarificação de sentidos e de valores implícitos em um determinado modo de vida, em uma determinada cultura. Se os Estudos Culturais têm a cultura como principal conceito articulador, a questão da identidade é, por sua vez, seu principal eixo temático.

Hall (2006) esboçou três concepções de identidade do sujeito decorrentes da modernidade: sujeito do Iluminismo, sujeito sociológico e sujeito pós-moderno. Chama a atenção esse último, uma vez que não apresenta uma identidade "fixa, essencial ou permanente. A identidade torna-se uma 'celebração móvel': formada e transformada continuamente em relação às formas pelas quais somos representados ou interpretados nos sistemas sociais que nos rodeiam" (Hall, 2006, p. 13).

---

Estudos Culturais, indica-se a leitura de Hall, S. (2003). *Da diáspora: identidades e mediações culturais*. Belo Horizonte: Editora UFMG, e de Da Silva, T. T. (Org.). (1999). *Que é, afinal, Estudos Culturais*. Belo Horizonte: Autêntica.

#### A identidade da atleta brasileira

A fim de sustentar esse argumento, o autor apresentou cinco momentos de rupturas e "descentramentos" da identidade do sujeito presentes nas teorias sociais do século XX, aqui descritas de modo resumido: as tradições do pensamento marxista, revistas por Louis Althusser; a descoberta do inconsciente por Sigmund Freud; o trabalho do linguista estrutural Ferdinand de Saussure; o "poder disciplinar" evidenciado no trabalho do filósofo e historiador Michel Foucault; e o feminismo, tanto na forma de crítica teórica como de movimento social. Segundo o autor, esses momentos apresentam efeitos profundamente desestabilizadores sobre as ideias da modernidade tardia e, particularmente, sobre a forma como o sujeito e a questão da identidade são conceitualizados.

Stuart Hall (2000, p. 112) definiu identidade como "pontos de apego temporário às posições-de-sujeito [*sic*] que as práticas discursivas constroem para nós", e afirmou que as mudanças ocorridas no século XX foram substanciais para a ruptura da noção de sujeito unificado que se tinha do indivíduo moderno. A "crise de identidade" é o que resultou dessa fragmentação, na qual os indivíduos perdem as referências que até então lhes davam "ancoragem estável no mundo social" (Hall, 2006, p. 7), passando a se afastar cada vez mais da identidade única e a se aproximar de identidades múltiplas, baseadas nas diferenças em vez da unidade (Rubio, 2006).

Baseando-se nas perspectivas dos Estudos Culturais (Hall, 2000, 2006), o esporte no século XX configurou-se como uma rica fonte analítica, muito em função de suas transformações ocorridas em tal período. Segundo Rubio (2006, p. 28), "Depois de se transformar em uma prática profissional ímpar e em um dos principais fenômenos socioculturais contemporâneos, o esporte se revelou um cenário privilegiado para a discussão sobre identidade". Há de se sublinhar, também, que a participação de mulheres em esportes historicamente considerados masculinos[2] está inserida no contexto dessa ruptura do

---

[2] Posteriormente – a par de outras modalidades consideradas "mais masculinas", como as lutas/artes marciais, o halterofilismo etc. – veremos uma incursão pelo futebol, por tratar-se de um dos esportes mundialmente mais populares e que esbanja conteúdo no que se refere às relações de gênero por ele instituídas.

indivíduo moderno evidenciada por Hall. Esse é o pano de fundo que nos permite compreender de que modo se dá a inserção da mulher no mundo esportivo, enfocando-se aqui os Jogos Olímpicos, e como esse fato influenciou o papel social da atleta e os seus "pontos de apego temporários" diante dos olhares dirigidos dos mais diversos âmbitos que resultam da "publicidade" de seus corpos.

## Os processos de formação de identidade da mulher atleta

Uma vez exposto, nos capítulos anteriores, o percurso histórico da participação feminina em práticas esportivas, primordialmente nos Jogos Olímpicos, faz-se imprescindível discorrer acerca das relações de gênero que se fazem presentes também no âmbito esportivo, com vistas ao entendimento dos papéis atribuídos à mulher praticante e a consequente formação de suas identidades.

Segundo Rago (2004, citado por Mathias, Meira e Rubio, 2007), quando se estuda o processo de socialização para a formação de uma identidade masculina e uma feminina nas sociedades atuais, o ponto de partida é o paradigma heterossexual, com certas imagens já institucionalizadas dentro de um padrão de hegemonia masculina e de submissão feminina[3].

Ao se discutir o esforço das mulheres para conquistar espaço em um mundo predominantemente masculino, discute-se também a transformação que os corpos dessas mulheres sofreram para ocupar esses espaços, visto que um dos principais argumentos para justificar sua exclusão entre o final do século XIX e o início do século XX estava assentado sobre argumentos biológicos.

---

[3] Rubio e Simões trouxeram ainda mais referências acerca das normas de heterossexualidade: "Kolnes (1995) participa dessa discussão afirmando que o gênero é criado tendo como referência as normas da heterossexualidade e sua organização, sendo a primeira o produto bem sucedido da socialização de gênero. E prossegue dizendo que, com algumas exceções, a heterossexualidade não tem sido problematizada como um princípio organizador na literatura sobre gênero e esporte. Isso é surpreendente na medida em que o corpo é um importante símbolo de sexualidade e que o esporte é uma instituição social que busca focar o físico" (Kolnes, 1995, citado por Rubio & Simões, 1999, p. 53).

**A identidade da atleta brasileira**

Trazendo a discussão para terras brasileiras, com o intuito de não perder os elementos históricos da construção dessa exclusão, encontramos em Adelman (2003), em Goellner & Fraga (2004) e no Regulamento nº 7 (1934) alguns dados e reflexões importantes. Ao final do século XIX, ainda era observada com cautela a inclusão da mulher como praticante de exercícios físicos; porém, foi nesse período que ocorreram as primeiras medidas que levaram em consideração os benefícios das práticas corporais em relação ao corpo feminino. Tais propostas, contudo, não podem ser consideradas emancipatórias, uma vez que não promoveram uma mudança dos pontos de vista em relação à aproximação da mulher e seu corpo em movimento (Adelman, 2003). Talvez a relação entre masculino e feminino, entre os espaços públicos e privados e entre a "publicidade" do corpo da mulher fosse um dos principais entraves a uma postura menos retraída e preconceituosa das instâncias discursivas da época.

Uma dessas propostas foi a de Rui Barbosa, que em 1882 descreveu a necessidade de as escolas primárias abrirem "uma seção especial de ginástica..., tendo em vista, em relação à mulher, a harmonia das formas femininas e as exigências da maternidade futura" (Barbosa, 1882, p. 446, citado por Adelman, 2003).

> No início do século XX, uma nova abordagem sobre o bem-estar físico das mulheres já permitia que algumas formas de atividade esportiva e exercício físico leves pudessem ser consideradas benéficas para a saúde das "futuras mães e esposas". Mas, mesmo havendo uma clara prescrição sobre quais os esportes que se consideravam adequados às mulheres, estes deviam ser praticados só por mulheres jovens e solteiras, como foi no caso da natação. (Adelman, 2003, p. 446).

Goellner e Fraga (2004) comentaram as ideias de Fernando de Azevedo, intelectual do começo do século XX, que em suas obras *Da educação physica* e *Antinoüs: estudo da cultura atlhetica*, ambas publicadas em 1920, iniciou uma trajetória científica e teórica em

## As Mulheres e o Esporte Olímpico Brasileiro

relação à Educação Física e atividade motora. Nessa ocasião, Azevedo propôs a instituição da Educação Física como ciência integrando-se aos ideais da nação e que, para tal, esta desenvolveria a "virilidade, as virtudes da raça e as aptidões hereditárias de cada indivíduo" (Azevedo, 1920, citado por Goellner e Fraga, 2004, p. 89). Seus propósitos se baseavam em teorias médicas higienistas e eugênicas vigentes à época, as quais voltavam-se para a melhoria dos indivíduos fracos a fim de se criar um contingente mais preparado e capaz e, desse modo, construir os alicerces para a manutenção de uma nação saudável, protetora e perpetuadora da espécie, firmando as "virtudes da raça".

Dessa ideia é dedutível que as mulheres, dentro dessa sociedade, também fariam parte e teriam uma função em prol do desenvolvimento pátrio. Fernando de Azevedo não se esquece disso e prontamente torna clara sua opinião sobre o papel feminino em relação à vida do "homem novo". Obviamente, a instituição da atividade física para as mulheres não se livrava de seu caráter higienista e se articulava com a feminilidade determinada: às mulheres, fatidicamente futuras mães, cabiam o mérito de prolongar a vida da humanidade por meio da maternidade, sendo que essa capacidade era determinante para a definição de seu estigma social de corpo cuidadoso, dócil, delicado e formoso, ou seja, definitivamente "feminino". Desse modo, além de cuidar do corpo-materno, o exercício concatenaria essa característica ao bem-estar de toda a Nação, à sua proposta de "corpo-nação".

Assim como disse Lucy Irigary, citada e traduzida por Goellner e Fraga: "nesta sociedade a mulher existe apenas como uma ocasião para a mediação, transação, transição, transferência, entre homens e mesmo entre o homem e ele mesmo" (2004, p. 167). Quanto ao que Fernando de Azevedo se referia por estética, temos novamente a mulher fazendo parte de desejos masculinos e de uma sociedade masculina. O autor afirmou que mulheres dóceis, calmas, sublimes e equilibradas só eram completas se trouxessem encarnadas "o tipo ideal de beleza que melhor sintetiza os nossos gostos estéticos: traços regulares do rosto, firmeza dos seios, esbelteza do talhe, curvo do quadril e a beleza plástica que reçuma das proporções do equilíbrio do

**A identidade da atleta brasileira**

corpo" (Azevedo, 1920a, p. 93, citado por Goellner & Fraga, 2004), e não mais personificassem "figurinhas pálidas, angulosas e de peito achatado,... vítimas dessa educação deficiente, tirânica, incompleta" (Azevedo, 1920, p. 90-91, citado por Goellner & Fraga, 2004).

Não muito distante está o Regulamento nº 7 (1934) ou Método Francês[4], que propunha uma Educação Física especial para as mulheres, a qual não deveria ir além das supostas determinações biológicas impostas a elas. Considerava os seres humanos iguais, em relação às características sexuais, até os sete anos; porém, "no momento da puberdade, enquanto o rapaz procura instintivamente ocasiões de produzir esforços musculares intensivos, a mulher torna--se, ao contrário, mais calma e mais reservada. Sua educação física deve ser essencialmente higiênica" (p. 16). Continua a restrição a certas práticas pelas mulheres argumentando que "a menstruação durante a adolescência e, mais tarde, a gravidez e o aleitamento, tornam-se causas de esgotamento, quando lhes acrescenta a fadiga muscular" (p. 16) e também que "a mulher não é constituída para lutar, mas para procriar" (p. 16). Recomendava às mulheres as seguintes práticas:

> A marcha, os exercícios rítmicos e de suspensão de curta duração com tempos de impulsão, o salto na corda, o lança-mento de disco, dardo e peso (menor que os dos homens), os jogos de raquete (péla e tênis), o transporte de pesos leves em equilíbrio na cabeça, e esgrima dos dois braços, que exigem em definitivo apenas um trabalho moderado e que põem em ação, sobretudo, os músculos da bacia, serão, em princípio, os exercícios próprios à mulher. Qualquer exer-cício que seja acompanhado de pancadas, de choques e de golpes, é perigoso para o órgão uterino. A higiene condena sua prática pela mulher. (Regulamento nº 7, 1934, p. 16)

---

[4] Esse método foi adotado em larga escala nas aulas de Educação Física Escolar no território nacional durante a década de 30 do século passado. Para maiores detalhamentos, consulte Goellner, S. V. (1992). *O Método Francês e a Educação Física no Brasil: da caserna à escola.* Tese de Mestrado, Escola Superior de Educação Física, Porto Alegre.

Com as noções de sensualidade e maternidade, é bem provável que esses pensamentos passaram a ser, pela aceitação que obtiveram à época, o balizamento para a difusão das práticas corporais às mulheres e para políticas públicas nas décadas seguintes. É de nosso conhecimento que se proibia legalmente as mulheres de praticarem modalidades "incompatíveis com suas características", como orientava o Decreto-Lei nº 3.199 de 1941 e a Deliberação nº 7 de 1965 do Conselho Nacional de Desportos, a qual especificava tais modalidades (apud Castellani Filho, 1994, p. 63). Ao longo do período posterior, o que se viu foi a transformação da linguagem sobre o corpo e as habilidades motoras, já que a mulher provocou o deslocamento de uma condição social e de um papel no tempo e no espaço. Contudo, esse deslocamento não se deu de forma revolucionária na derrubada dessa conceitualização a respeito dos fatores impeditivos ou restritivos às práticas esportivas pelas mulheres. Nas palavras de Goellner (2005, p. 145):

> Na fase de estruturação do esporte feminino no país, idéias [*sic*] progressistas e moralistas seduziam e desafiavam as mulheres, tanto para a exibição quanto para o ocultamento de seus corpos, ora forjando novas formas de cuidar de si, ora reforçando a idéia [*sic*] de que a exibição pública do seu corpo estava associada ao universo pagão das impurezas e obscenidades. Se por um lado, havia a crítica à indolência, à falta de exercícios físicos, ao excesso de roupas, ao confinamento no lar, por outro, ampliavam-se as restrições a uma efetiva inserção feminina em diferentes espaços públicos o que, de certa maneira, cerceava alguns possíveis atrevimentos.

Trazendo para a discussão as contribuições acadêmicas da Educação Física pautadas no referencial teórico da Antropologia Cultural, partilhamos da compreensão de Daolio (2005, p. 37), de que "para além das semelhanças ou diferenças físicas, existe um conjunto de significados que cada sociedade escreve nos corpos dos seus membros

## A identidade da atleta brasileira

ao longo do tempo, significados estes que definem o que é corpo de maneiras variadas".

Esses significados são fortemente combatidos quando o gênero do ou da praticante contraria aquilo que é esperado para uma modalidade ou quando seus corpos passam a expressar, em função dos requisitos do esporte, características não correspondentes ao imaginário social de gênero masculino e feminino (Melo, 2004). Segundo Giavoni (2002, p. 28),

> Desportos com predomínio de características instrumentais (força, agressividade, violência) quando praticados por mulheres e desportos com predomínio de características expressivas (leveza, suavidade, delicadeza) quando praticados por homens, desencadeiam a aplicação de estereótipos sexuais. Isto porque as características do desporto *versus* o sexo do praticante contrariam a desejabilidade social, a qual se coaduna com as construções sociais de masculinidade e feminilidade.

Em estudo sobre a aplicação de estereótipos de gênero em mulheres atletas, Melo (2004) afirmaram que as atletas que, em função do esporte praticado, apresentam comportamento e biotipo diferentes do desejo social – que por sua vez, segundo as autoras, caracteriza o poder de atração e sensualidade da mulher – são alvos de estereótipos por parte da população que não é muito envolvida com o mundo do esporte profissional:

> Assim, as mulheres atletas tornam-se menos atraentes, sensuais, elegantes, emotivas, delicadas, amorosas e sensíveis devido ao biotipo que apresentam, biotipo este que traduz características definidas culturalmente como pertinentes à masculinidade, tais como: definição muscular, rigidez, força, potência, agressividade, determinação, entre outros. (Melo et al., 2004, p. 255)

## As Mulheres e o Esporte Olímpico Brasileiro

Interessante notar que, a partir dos anos 70, o discurso da "erotização" do corpo feminino uniu-se ao da manutenção da saúde para a maternidade. A inevitável participação feminina nas mais diversas modalidades esportivas foi acompanhada por uma preocupação em manter um "ideal" de sensualidade feminina, por meio da espetacularização de seus corpos em academias de ginástica, estádios e ginásios. O corpo exercitado das mulheres, principalmente das atletas, passou a ser objeto de desejo social[5].

Se por intermédio do corpo humano é possível fazer uma reflexão sobre aspectos da estrutura de uma sociedade particular, como entender a persistência de alguns padrões de comportamento mesmo diante de todas as transformações pela qual passou, pelo menos, grande parte do mundo ocidental neste último século?

De acordo com Mathias, Meira e Rubio,

> hoje países como Noruega, Alemanha, EUA, Austrália e Brasil, entre outros, começam a ver seus times femininos de futebol disputando campeonatos mundiais e Jogos Olímpicos, sem que isso signifique que o preconceito tenha recrudescido ou que as "estranhas no ninho" tenham se tornado familiares. (2007, p. 143)

No caso do primeiro país, tem-se no estudo de Kolnes (1995) que ser mulher e jogadora de futebol são papéis díspares, e que na experiência das jogadoras há um entendimento de que ser jogadora de futebol é algo essencialmente não feminino. A respeito do assunto, Mathias, Meira e Rubio (2007, p. 143) continua:

---

[5] A autora (Goellner, 2005) fez referência a uma reportagem da *Revista Veja*, assinada por Maurício Cardoso e intitulada "Flores do campo", que tratava da equipe feminina de futebol dos Jogos Olímpicos de Atlanta (1996), para ilustrar que, à beira do século XXI, a erotização dos corpos das mulheres ainda é parte integrante do espetáculo esportivo. Segue o trecho citado pela autora: "Como no futebol masculino, a competência dos jogadores é fundamental para transformar o esporte em um empreendimento comercial. Mas no jogo das mulheres, ao contrário do dos homens, isso não é suficiente. Os clubes estão exigindo que além de saber bater sua bolinha as jogadoras sejam bonitas" (Cardoso, 1996, p. 72, citado por Goellner, 2005).

**A identidade da atleta brasileira**

Se adquirida ou construída ... a construção da identidade da mulher jogadora de futebol passa não apenas pela representação social que ela própria, e todo o seu meio, têm desse esporte, mas pela modelação e transformação que seu corpo passa a sofrer para que ela alcance seus objetivos.

Temos, novamente, em Goellner (2005, p. 148), uma fonte que amplia a discussão sobre as mudanças corporais femininas em sua relação com o esporte, e sobre qual seria a referência de "normalidade" que permite relacionar essas transformações a desvios:

> A espetacularização do corpo feminino é aceita e incentivada em determinados locais sociais, em especial, aqueles que valorizam uma representação de feminilidade construída e ancorada na exacerbação, por exemplo, da beleza e da sensualidade. Noutros, como o campo de futebol ou as arenas de lutas, essa espetacularização direciona-se para o estranhamento a estes corpos femininos performantes, fundamentalmente, porque às mulheres, cuja aparência corporal é excessivamente transformada pelo exercício físico e pelo treinamento contínuo, são atribuídas características viris que não apenas questionam sua feminilidade, mas também colocam em dúvida a autenticidade do seu sexo. Afinal, o homem – seu corpo e seu comportamento – é o modelo a partir do qual o corpo e o comportamento da mulher são julgados, estigmatizando aquelas que ultrapassam os limites que convencionalmente lhe foram impostos.

E novamente Kolnes (1995), corroborando afirmações já realizadas, nos atentou para o fato de que a expectativa social em relação aos homens é que sejam fisicamente fortes, ao contrário das mulheres, que deveriam ter maior fragilidade em comparação com os homens com quem interagem. Para participar de esportes tradicionalmente "de meninos", os indivíduos devem ser masculinos, ou seja, fortes, impetuosos e agressivos, no sentido de afirmação de características consideradas masculinas. A possibilidade de a mulher fazer parte desse mundo é menor; afinal, o esporte nunca teve como finalidade tornar a mulher mais feminina (Mathias, Meira, &Rubio, 2007).

## Em busca da fragmentação

A questão da identidade perpassa o corpo feminino, e mais especificamente do corpo feminino no esporte. Daí a importância de analisá-lo à luz do referencial teórico dos Estudos Culturais.

E ainda que a presença da mulher nas arenas esportivas tenha servido como referência de liberdade, igualdade e apropriação de seus próprios corpos para outras mulheres, apropriação essa que reflete o papel social da mulher – e os "apegos temporários" das atletas dificilmente se desvinculam desse papel –, não se pode concluir que esse movimento no esporte tenha contribuído de maneira revolucionária em relação à derrubada de estereótipos de feminilidade que muito ajudam a configurar a identidade da mulher no meio esportivo.

Em um artigo de grande relevância para esse estudo, Adelman (2003), nos apresentou a posição da historiadora estadunidense Mary Jo Festle, a qual afirmava que as mulheres atletas sempre tiveram de encarar ao menos dois tipos de preconceito social. O primeiro tangia às "diferenças físicas" entre mulheres e homens, que as faziam muito menos competentes para o esporte. Temos aí que as diferenças acabam por se tornar subterfúgios restritivos (quando não impeditivos) da prática esportiva, transformando as peculiaridades inerentes e construídas das mulheres em desigualdades. O segundo dizia respeito ao fato de que a prática esportiva masculinizava as atletas, questionando sua "normalidade" ou sexualidade. Festle (1996, p. 448, citada por Adelman, 2003) argumentava que atletas profissionais não veem alternativa senão adotar uma postura defensiva, "tomando o cuidado necessário de mostrar para o público que sua prática no esporte não compromete sua feminilidade".

Tal análise torna-se bastante pertinente quando observamos o discurso das nossas atletas, que enquanto afirmavam sua competitividade

## A identidade da atleta brasileira

e a necessidade de estarem presentes no esporte, também confirmavam a desejabilidade social ao não esquecer seu "lado mulher". Conciliar o exercício do esporte com o de "ser mulher" parece não ser compatível para as atletas.

Ilustrativa, nesse caso, são as seguintes passagens ditas, respectivamente, pela triatleta Mariana Ohata (ainda em atividade) e pela jogadora de vôlei de praia Adriana Samuel, já fora das quadras:

> Conheço muitas atletas que são mães, também tem que viajar, deixam o filho, deixam a família, não é o meu caso né, eu vivo sozinha no mundo, mas tem muita, eu conheço muitas atletas que, inclusive são amigas minhas, que tem que deixar família e tudo e eu acho que isso ainda é mais um papel importante que a mulher tem e que ela *abre mão* pra tá ali né, competindo, participando, carregando a bandeira do nosso país[6]... [itálicos nossos]

> Eu acho que isso é um desejo que se não 100%, 90% das mulheres tem e... é de ser mãe. E eu *abdiquei, abri mão* durante a minha carreira, engraçado, sempre com isso assim, eu acho que por ser sempre tão envolvida com, e me dedicar sempre tanto, eu nunca vi a possibilidade ou nunca pensei na possibilidade de *dividir as coisas e ainda jogando né, enquanto jogadora de ser mãe.*[7] [itálicos nossos]

Notam-se discursos permeados por noções de incompatibilidade entre o "ser mãe" e o "ser atleta", de tal modo que a primeira condição é crucial para um forte repensar dos papéis sociais da mulher no mundo esportivo. Temos aí, portanto, um ponto de fragmentação da identidade da mulher atleta, fragmentação esta resultante de sua própria inclusão em um meio ainda encarado como masculino e masculinizador – sublinhando, novamente, que essa inclusão não se deu de modo a questionar esse viés.

---

[6] Mariana Ohata, em entrevista realizada em 2009, itálicos nossos.

[7] Adriana Samuel, em entrevista realizada em 2007, itálicos nossos.

## As Mulheres e o Esporte Olímpico Brasileiro

Voltando às considerações de Hall (2006) e analisando os processos de formação da identidade das atletas, dispostos de maneira breve nos parágrafos anteriores – valendo ressaltar que tais identidades giram em torno dos papéis relacionados à maternidade e, ao mesmo tempo, à manutenção da sensualidade como característica essencialmente feminina –, é possível supor que as mulheres atletas perdem sua "ancoragem estável no mundo social" (Hall, 2006, p. 7) no momento em que transgridem os estabelecimentos sociais ao praticar o esporte de alto rendimento. A "crise de identidade" surge quando são obrigadas a lidar com as tensões de treinar e participar das competições profissionalmente e a corresponder aos papéis sociais tradicionalmente vinculados à mulher. Contudo, a fragmentação dessas identidades não é um impedimento à participação esportiva dessas atletas, e muito menos é questionada ou problematizada por elas. Por vezes, a pluralidade identitária é reforçada no próprio discurso das atletas.

Recorro, a seguir, a um trecho de história de vida – rico pelo tratamento que dá à questão das identidades emergentes em relação à inclusão da mulher no meio do esporte de alto rendimento e ilustrativo para essas considerações – da velejadora Adriana Kostiw (ainda em atividade):

> *Na água você é um homem* como todos os esportes... na hora da atividade é de igual pra igual, mas tem essa parte, fora, na terra sabe, você tem seus cuidados. Meu patrocinador é a..., vamos supor então né, protetor solar, você tem um cuidado, tá passando então em nenhum momento você deixa de perder sua feminilidade. Em nenhum momento.[8]
> [itálicos nossos]

Curioso observar esse e outros discursos que exaltam a manutenção do "lado feminino" da mulher atleta. Disso, pode-se considerar que mesmo após a conquista – ainda que não em sua plenitude – de

---

[8] Adriana Kostiw, em entrevista realizada em 2009, itálicos nossos.

## A identidade da atleta brasileira

um espaço público dos mais significativos, como afirmou Hobwbawm (2007), pelas mulheres, a referência de que estão pisando em um terreno essencialmente masculino é constantemente trazida à tona. Afirmam, ao tratar da relação entre o gênero e a atividade que praticam, que *apesar* de serem esportistas, *não deixaram* de ser mulheres.

## Referências bibliográficas

Adelman, M. (2003, julho/dezembro). Mulheres atletas: re-significações da corporalidade feminina. *Estudos Feministas*. Florianópolis: *11*(2), 445-465.

Castellani Filho, L. (1994). *Educação física na Brasil: a história que não se conta*. Campinas: Papirus.

Cardoso, M. (1996). Flores do campo. *Revista Veja*, 1468, 72-73.

Chagas. E. P. (1991). *Educação física: reflexo das concepções dominantes sobre o controle do corpo feminino*. Dissertação de Mestrado, Universidade Federal de Santa Maria, Santa Maria.

Daolio, J. (2005). *Da cultura do corpo*. Campinas: Papirus.

Giavoni, A. (2002, abril). Estereótipos sexuais aplicados a nadadoras. *Revista Brasileira Ciência e Movimento*, *10*(2), 27-32.

Goellner, S. V. (2005, abril/junho). Mulheres e futebol no Brasil: entre sombras e visibilidades. *Revista Brasileira Educação Física e Esporte*. São Paulo: *19*(2), 143-151.

Goellner, S. V., & Fraga, A. B. O. (2004). Espetáculo do corpo: mulheres e exercitação física no início do século XX. In M. J. S. Carvalho & C. M. F. Rocha (Orgs), *Produzindo gênero* (pp. 161-169). Porto Alegre: Sulina.

Guareschi, N. M. F., Medeiros, P. F., & Bruschi, M. E. (2003). Psicologia social e estudos culturais: rompendo fronteiras na produção do conhecimento. In N. M. F. Guareschi e M. E. Bruschi (Orgs.), *Psicologia social nos estudos culturais*. Petrópolis: Vozes.

Hall, S. (2000). Quem precisa de identidade? In *Identidade e diferença. A perspectiva dos Estudos Culturais*. Petrópolis: Vozes.

Hall, S. (2003). Estudos culturais: dois paradigmas. In *Da diáspora: identidades e mediações culturais*. Belo Horizonte: Editora UFMG.

**As Mulheres e o Esporte Olímpico Brasileiro**

Hall, S. (2006). *A identidade cultural na pós-modernidade*. Rio de Janeiro: DP&A.

Hobsbawm, E. J. (2007). *A era dos impérios: 1875-1914*. São Paulo: Paz e Terra.

Kolnes, L. J. (1995). Heterosexuality as an organizing principle in women's sport. *International Journal for Sociology of Sport, 30*(1), 61-77.

Mathias, M. B., Meira, C., & Rubio, K. (2007). Gênero e participação olímpica. In K. Rubio (Org.), *Educação olímpica e responsabilidade social*. São Paulo: Casa do Psicólogo.

Melo, G. F. (2004, setembro/dezembro). Estereótipos de gênero aplicados a mulheres atletas. *Psicologia: Teoria e Pesquisa, 20*(3), 251-256.

Rago, M. (2004). Ser mulher no século XXI ou Carta de alforria. In G. Venturi, M. Recamán & S. Oliveira (Orgs), *A mulher brasileira nos espaços público e privado*. São Paulo: Perseu Abramo.

*Regulamento nº 7 de Educação Física*. (1934). Recuperado em 18 de março de 2009, de http://www.we3m.com.br/cev/regulamento/fla01.htm.

Rubio, K. (2006). *Medalhistas olímpicos brasileiros: histórias, memórias e imaginário*. São Paulo: Casa do Psicólogo.

Williams, R. (1993). Culture is ordinary. In A. Gray & L. McGuigam (Orgs.), *Studying culture – an introductory reader*. London/New York: Arnold.

# A cordialidade feminina no esporte brasileiro

*Katia Rubio*

## Introdução

O século XX representou um importante marco para a História, tanto no que se refere às questões políticas como sociais. Uma dessas conquistas foi a participação da mulher no esporte competitivo. Em época de grandes transformações, os papéis femininos, bem como as atitudes e a percepção que as mulheres têm de si próprias, também mudaram profundamente. A extensão desse exercício de gênero atingiu as esferas social, econômica e política, e o esporte – representando um dos maiores fenômenos sociais do século XX – também passou a ser parte importante desse conjunto.

Ainda assim, não se pode dizer que isso represente tempos de respeito pela diferença entre gêneros. O modelo de sociedade patriarcal que ainda prevalece na atualidade acompanha a Humanidade há vários séculos antes de Cristo, e mesmo diante de conquistas inquestionáveis, resquícios desse exercício de poder prevalecem seja de forma manifesta, seja de forma velada.

Não é de se estranhar que a predominância desses valores fosse transposta para o esporte, tanto na época da Grécia Helênica como no final do século XIX ou ainda no princípio do século XXI; afinal, o esporte nada mais é que uma metáfora da dinâmica social.

Kennard e Carter (1994) discutiram essa afirmação revelando que a mulher, tanto na Antiguidade como na era contemporânea, tem sido estudada e descrita a partir de uma perspectiva eurocêntrica masculina, perspectiva esta de quem está no poder. Consequência disso seria a interpretação tendenciosa de registros históricos que falam de uma história genérica da humanidade, mas que de fato retrata a história de homens. Nessa condição, resta à mulher um papel coadjuvante em relação às realizações que mereceram registro histórico, sejam estas feitos políticos, artísticos ou mesmo esportivos.

O que se observa historicamente é que apenas as mulheres que de alguma forma se destacaram por sair da média mereceram algum tipo de registro.

No esporte, essa prática se repete. A mulher foi considerada como usurpadora ou profanadora de um espaço consagrado ao usufruto masculino. Fosse como atividade de lazer, ou ainda como prática sistemática com finalidades bélicas, o esporte unificou desde a Antiguidade o conjunto de características que representam o mundo masculino: força, determinação, resistência e busca de limites.

O predomínio da lógica de dominação masculina no esporte, durante muitos séculos e várias décadas do século XX, invalidou a experiência atlética como uma busca feminina digna. Às mulheres cabia o espaço das arquibancadas, validando a condição de espectadoras do espetáculo viril. Apenas diante de um gesto político essa regra foi quebrada, no que se refere ao mundo olímpico. Quando em 1900 os Jogos Olímpicos foram realizados em uma Paris marcada pela luta das mulheres pelo direito ao voto e ao trabalho, não houve como resistir às pressões sociais, e admitiu-se então, pela primeira vez, as mulheres em algumas modalidades esportivas. Essa aceitação, no entanto, fez parte de um jogo de interesses, que se por um lado facilitou a inclusão das mulheres no cenário esportivo competitivo, por outro demonstrou que essa luta estava longe de ser dada como ganha. A escolha das modalidades competitivas cabia a um círculo majoritariamente masculino e restrito de decisão, que por meio de diferentes maneiras dificultou a participação feminina irrestrita nas competições olímpicas.

A consequência dessa situação é que a mulher foi tida, por muito tempo, como invasora de um espaço masculino, e especialmente aquelas que praticaram esportes coletivos foram alvo de ataques, uma vez que o poder das mulheres em grupos sempre representou uma grande ameaça à estrutura patriarcal (Costa & Guthrie, 1994).

**A cordialidade feminina no esporte brasileiro**

Desde que foram admitidas, a princípio, em modalidades que não feriam sua fragilidade (adjetivo inseparável do substantivo "mulher" para aqueles que comandavam o esporte), foram necessárias algumas décadas para que o programa olímpico fosse disputado indistintamente por ambos os gêneros.

Mesmo diante do espaço conquistado ao longo deste século, a participação feminina representa apenas uma das faces do discurso sobre as relações de gênero que se espelha no esporte. Ela é peça de uma engrenagem maior e mais complexa que se encontra presente em todos os nichos sociais e contribui para reproduzir as relações de gênero no esporte.

No caso do esporte brasileiro, esse quadro ganha contornos próprios. Isso porque embora a participação feminina tenha se iniciado nos Jogos Olímpicos de Los Angeles, em 1932, com a nadadora Maria Lenk, as primeiras medalhas, símbolo da eficiência esportiva olímpica, foram conquistadas apenas em 1996. O que se tentará apontar nesse capítulo é que esse fato não é mera casualidade, mas sim resultado de um processo que envolve ideologia, políticas públicas e representações sociais.

A representação que se tem de feminilidade no esporte de alto rendimento é um processo múltiplo e complexo que envolve numerosos fatores como mídia, indústria da moda, patrocinadores e torcida. Os dados aqui utilizados foram resultado da pesquisa *Mulheres olímpicas brasileiras* realizada ao longo dos anos de 2007 a 2009, na qual utilizamos a metodologia das histórias de vida. Após dois anos de pesquisa e mais de duzentas entrevistas realizadas até o presente é curioso observar como o preconceito e a discriminação de gênero são pouco observados pelas mulheres atletas ao longo de diferentes momentos da história do esporte brasileiro. Diante dessa estranheza, restou-nos buscar a origem da ausência dessa percepção, condição que nos remeteu não mais à história da participação feminina no esporte, mas à história do movimento feminista no país e a obras sobre a cultura brasileira para esclarecer a distinção entre a organização das mulheres no âmbito internacional e brasileiro.

As Mulheres e o Esporte Olímpico Brasileiro

# Atleta: gênero indefinido para uma identidade definida

Ainda que na língua portuguesa o substantivo "atleta" não denote gênero, foram necessários muitos anos para que essa referência estivesse relacionada à mulher.

Já no final do século XVIII e no início do XIX, o esporte começou a se apresentar com características similares às da atualidade; os cavalheiros ingleses passaram a levar suas esposas a competições de boxe e remo, corridas de cavalos e alguns outros eventos. Um dos esportes mais populares da época, o boliche, ainda que uma prática masculina, contava com grande participação feminina na Inglaterra, e o mesmo acontecia com outras modalidades, como o *cricket*, o bilhar, o arco e flecha, as formas rudimentares do que viria a ser o futebol, assim como algumas atividades praticadas na neve. Fato semelhante se dava em países continentais, como Alemanha e França.

Ainda que esses dados apresentem uma aproximação feminina de práticas esportivas, mesmo sem ter a competição como objetivo final, a restauração dos Jogos Olímpicos da Era Moderna, em 1896, não refletiu essa realidade. Das mulheres esperava-se que se exercitassem fisicamente na medida do estritamente necessário para a manutenção da saúde e da forma. Já os homens deviam uma parte de sua identidade social à sua relação com o mundo dos esportes (Goellner, 2003, 2004).

Na primeira edição dos Jogos Olímpicos da Era Moderna, assim como nas edições da Antiguidade, não foi permitida a participação de mulheres. Porém, se em 776 a.C. a impossibilidade de participação feminina era atribuída a motivos sociais e religiosos, o argumento utilizado no século XIX foi de ordem biológica. Ou seja, as mulheres não teriam aptidão física nem preparo psíquico relacionados à prática esportiva e às emoções a ela inerentes, camuflando uma discussão que ganhava força sobre a equidade social (Rubio & Simões, 1999).

Baseado em uma visão vitoriana de papéis sociais, o Barão Pierre de Coubertin, idealizador dos Jogos Olímpicos Modernos, excluiu a mulher da participação nos Jogos, em uma demonstração do quanto

#### A cordialidade feminina no esporte brasileiro

as questões de gênero se faziam presentes nas relações de poder e determinavam a mobilização feminina para a conquista de direitos (Borish, 1996; MacAloon, 1981; Rubio, 2006). A compreensão do conceito de gênero refere-se à organização social entre os sexos. Conforme Scott (1999) afirmava, a palavra gênero indica uma rejeição ao determinismo biológico implícito no uso de termos como "sexo" ou "diferença sexual", destacando o aspecto relacional das construções conceituais sobre o feminino e deslocando-o de uma condição apenas anatômica e funcional.

Essas práticas discursivas podem ser entendidas no bojo do conceito de linguagem relacionada à construção e circulação do significado, conforme Guareschi, Medeiros e Bruschi afirmaram (2003). Nesse contexto, a linguagem deixa de ser uma forma de relatar ou transmitir com neutralidade os significados que se pretende expressar e passa a constituí-los diretamente. Dessa forma, os considerados *fatos naturais*, também denominados realidade, são tidos como fenômenos discursivos, cujos significados surgem a partir dos jogos de linguagem e dos sistemas de classificação nos quais estão inseridos. E assim, o discurso não é entendido em seu aspecto linguístico ou como um conjunto de palavras, mas como um conjunto de práticas que produzem efeitos no sujeito.

Nessa perspectiva, tudo o que se pensa ou se diz da realidade é um reflexo e uma projeção da experiência vivida como real, independente da afirmação dessa realidade exterior ao sujeito e dos sentidos que são dados a ela. Isso representa a existência de uma materialidade conectada com aquilo que se pensa e se diz, ligada ao discurso. Embora a realidade seja intangível, é sabido que ela existe e que está conectada com a representação que se tem dela (Veiga-Neto, 2000).

Essas representações se destacam nas discussões sobre gênero, naturalização da atividade física, e principalmente sobre a atividade esportiva competitiva.

"Sob a cobertura do 'natural', uma disciplina dos corpos masculinos se impõe: os rapazes parecem ser espontaneamente atraídos

## As Mulheres e o Esporte Olímpico Brasileiro

pela competição, pelo treinamento físico e pelo desenvolvimento muscular, já que tudo isso só reforça neles a virilidade e, por conseqüência [*sic*], a 'natureza' máscula" (Schpun, 1999, pp. 37-38). Diante desse cenário havia a expectativa de que os jovens do sexo masculino participassem de atividades competitivas tanto no âmbito escolar como no associativo, escolhessem times e os defendessem e ainda cuidassem de seu físico de forma regrada e disciplinada, favorecendo a prática esportiva.

O procedimento adotado em relação às mulheres ao final do século XIX era uma demonstração de que o Barão de Coubertin via os Jogos Olímpicos como um fórum privilegiado para representar a esfera competitiva masculina e seus valores latentes como força, virilidade, coragem e moralidade (Park, 1987; Birrell & Theberge, 1994). Sendo assim, os homens conseguiram preservar por algum tempo o poder em seu domínio por meio da disputa de competições esportivas e pelas celebrações públicas de suas proezas físicas (Borish,1996; Cahn, 1994).

Diante desse quadro, a participação masculina nos Jogos passou a ser considerada como um fenômeno "natural", desde que o homem apresentasse habilidades suficientes para a competição, enquanto que a participação feminina nessa arena androcêntrica era vista como anômala. Entre os argumentos utilizados para a exclusão feminina, encontramos a "delicadeza" dos nervos e a constituição física menos favorecida, o que levava o esporte praticado por mulheres a parecer indecente, feio e impróprio em relação à sua resistência física.

E assim, nos Jogos Olímpicos da Grécia em 1896 (os primeiros da Era Contemporânea), foi permitida às mulheres apenas a condição de espectadoras. Quatro anos depois, quando a sede foi uma Paris marcada pelo liberalismo, as mulheres foram então formalmente aceitas como participantes, respeitando as restrições impostas: as únicas competições permitidas eram o golfe e o tênis, modalidades consideradas belas esteticamente e que não ofereciam contato físico entre as participantes.

Se essas restrições forem tomadas não apenas como imposição externa, mas como limites que passam a definir formas de estar no mundo, contribuirão para a construção de uma identidade não apenas feminina, mas de um feminino esportivo. Ressalto que concebo a identidade inserida no campo da cultura; portanto, os processos de criação de um imaginário esportivo relacionam-se diretamente à manifestação dessas identidades no social.

Hall (2000) utilizou o termo "identidade" parasignificar, por um lado, o ponto de encontro entre os discursos e práticas que nos tentam "interpelar", falar ou convocar para que assumamos nossos lugares como os sujeitos sociais de discursos particulares e, por outro, os processos produtores de subjetividades, que nos constroem como sujeitos aos quais se pode "falar". "As identidades são, pois, pontos de apego temporário às posições-de-sujeito que as práticas discursivas constroem para nós" (p. 112).

Essa discussão centra-se nas profundas transformações sociais ocorridas ao longo do século XX, que fizeram surgir novas formas de identidade e fragmentaram o indivíduo moderno, visto até então como um sujeito unificado. Hall (2001, 2003) definiu esse momento como *crise de identidade* e apontou-o como uma das questões centrais do momento contemporâneo, que parte de um processo mais amplo de mudança que deslocou as estruturas e processos centrais das sociedades modernas e que abalou as referências que davam aos indivíduos uma "ancoragem estável no mundo social" (Hall, 2006, p. 7).

A chamada *crise de identidade* proposta por Hall não está pautada apenas naquilo que aconteceu à concepção de sujeito moderno e ao seu descentramento. Essa crise passa por uma série de rupturas nos discursos do conhecimento moderno, cujo maior efeito foi o deslocamento final do sujeito cartesiano.

Dentre os cinco grandes momentos apontado pelo autor (o pensamento marxista, a descoberta do inconsciente por Freud, o trabalho do linguista Saussure, o descentramento da identidade e do sujeito que Foucault chama de "poder disciplinar") está o descentramento que reside no impacto do feminismo, tanto em forma de

As Mulheres e o Esporte Olímpico Brasileiro

crítica teórica como em forma de movimento social, por questionar algumas distinções clássicas, tais como o público e o privado, a família, a sexualidade, o trabalho doméstico, a divisão doméstica do trabalho etc. Foi um movimento que começou dirigido à contestação da posição social das mulheres e expandiu-se para incluir a formação das identidades sexuais e de gênero.

Enfim, os descentramentos apresentados por Hall sugerem a ocorrência de rupturas significativas ao longo do último século, que levaram o sujeito a uma crise em relação à sua suposta identidade única para se ver diante da possibilidade de identidades múltiplas. Essas identidades, constituídas no interior de práticas de significação, são produzidas em locais históricos e institucionais únicos, emergindo das relações de poder, sendo produto da diferença e não de uma unidade idêntica da prática da alteridade. O diálogo sobre a extensão na qual as identidades são contestadas leva a uma análise da importância da diferença e das oposições na construção de identidades.

Woodward (2000) afirmou que a diferença é um elemento central dos sistemas classificatórios por meio dos quais os significados são produzidos. Tanto os sistemas sociais como os simbólicos produzem estruturas classificatórias que fornecem certo sentido e certa ordem à vida social e às distinções fundamentais que estão no centro dos sistemas de significação da cultura. Esses sistemas classificatórios não podem, entretanto, explicar sozinhos o grau de investimento pessoal que os indivíduos têm nas identidades que assumem.

Nesse sentido, a produção do feminino no esporte não poderia passar ilesa. Ao longo do século XX, o esporte foi um espaço privilegiado para a construção de identidades e de desenvolvimento da alteridade, não apenas no Brasil como na maioria dos países Ocidentais. Concebo a alteridade como a consideração das diferenças entre os indivíduos (Rubio & Daolio, 1997).

## A cordialidade e a prática esportiva feminina

O conceito de cordialidade para Holanda (2006) é tomado como uma contribuição brasileira para a civilização. Representadas

### A cordialidade feminina no esporte brasileiro

pela lhaneza no trato, a hospitalidade e a generosidade, tomadas como virtude pelos estrangeiros, são para o autor traços definidos do caráter brasileiro, cunhados pela influência ancestral dos padrões de convívio humano, informados no meio rural e patriarcal. Longe de representarem civilidade ou boas maneiras, esses traços de caráter são expressões legítimas de conotação emotiva que também se configuram ricos e transbordantes. Apontou o autor que nenhum outro povo se distancia mais da noção ritualística da vida do que o brasileiro, visto que a forma de convívio social representa o inverso da polidez. Entendeu que a mímica deliberada de manifestações espontâneas no "homem cordial" é uma forma natural de viver que se converteu em uma espécie de fórmula, que por sua vez equivale a um disfarce que facilita a preservação de sua sensibilidade e emoção:

> Por meio de semelhante padronização das formas exteriores da cordialidade, que não precisam ser legitimadas para se manifestarem, revela-se um decisivo triunfo do espírito sobre a vida. Armado dessa máscara, o indivíduo consegue manter sua supremacia ante o social. E, efetivamente, a polidez implica uma presença contínua e soberana do indivíduo. (Holanda, 2006, p. 147)

Nessa perspectiva, a vida em sociedade representa uma forma de libertação do pavor que o indivíduo sente em viver consigo mesmo e responder pelos seus atos e ações em diferentes dimensões de sua existência – é um viver nos outros. O reflexo dessa construção subjetiva se dá em uma espécie de aversão ao ritualismo social, o que gera uma reverência prolongada ante um superior, e cuja manifestação maior de respeito se dá no desejo de estabelecer intimidade. "Nosso temperamento admite fórmulas de reverência e até de bom grado, mas quase somente enquanto não suprimam de todo a possibilidade de convívio mais familiar" (Holanda, 2006, p. 148).

As implicações da cordialidade, entretanto, vão além. Apontou Holanda (2006) que o desconhecimento de qualquer forma de convívio que não seja pautada em uma ética de fundo emotivo seria talvez um dos aspectos mais singulares da vida do povo brasileiro, condição que se mantém presente mesmo em atividades nas quais a racionalidade deveria imperar sobre a emoção, como é o caso do comércio ou das relações profissionais de qualquer natureza.

É indubitável que essa subjetividade privatizada (e ao mesmo tempo, histórica e social) transpiraria na construção do feminino brasileiro as condições para que esse processo se desse de forma singular, diferenciando-o de outros movimentos nacionais ou continentais, o que traria reflexos distintos para o feminino no esporte.

O feminismo no Brasil se organizou e se manifestou de forma singular, se comparado aos movimentos norte-americano e europeu. Isso porque diante da estrutura social rural, conservadora e patriarcal dos governos e de uma esquerda também conservadora no que se refere à participação feminina na sociedade, as mulheres foram levadas a trilhar um caminho de conquistas único, marcado não pelo confronto aberto contra as instâncias de poder, mas pela busca de espaços a partir de uma postura combativa, porém cordial. É nesse cenário que os feminismos se desenvolvem; dentro deles, a mulher atleta trafegava com não menos facilidade do que em outras esferas da vida social.

Dentre as três ondas do feminismo brasileiro, proposto por Pinto (2003), observaremos a primeira, que ocorre entre a virada do século XIX para o XX e entre a conquista do sufrágio pelas mulheres, no ano de 1932. Esse primeiro movimento coincide com o início da participação feminina brasileira nos Jogos Olímpicos de Los Angeles (1932), representada pela nadadora Maria Lenk (Lenk, 1982).

Conforme apontaram Mathias e Rubio (2009) há registros sobre a exercitação das mulheres em público desde o final do século XIX, embora não fosse habitual. Essas práticas acentuaram-se a partir do início do século XX, não sem menos preconceito do que no período anterior.

Se nos espaços públicos as atividades esportivas eram restritas, restavam os espaços associativos, muito embora isso restringisse as

## A cordialidade feminina no esporte brasileiro

práticas competitivas às mulheres que tinham acesso aos clubes, ou seja, às mulheres da elite. Nesse sentido, a participação dos imigrantes e seus descendentes foi fundamental no desenvolvimento de uma cultura esportiva feminina, posto que nos países europeus essa prática já era tomada como necessária à educação e à saúde.

Isso explica a participação única de Maria Lenk em 1932 e as participações em 1936 de Sieglind Lenk, irmã de Maria Lenk, Piedade Coutinho, Scylla Venâncio, na natação, e Helena de Moraes Salles e Hilda Puttkammer, na esgrima. Importante também destacar que essas atletas competiam em modalidades individuais. Essa condição aponta como a participação feminina no esporte brasileiro teve início a partir de esforços mais individuais do que coletivos, o que perdurou dessa forma por várias décadas ao longo do século XX.

Além disso, a maioria das atletas da década de 30 treinavam em clubes e associações esportivas particulares que, como já foi citado, foram fundados e frequentados por imigrantes ou descendentes de imigrantes, advindos de países onde a prática esportiva, inclusive feminina, era muito mais comum do que no Brasil. A própria Maria Lenk e sua irmã Sieglind, atletas filhas de alemães, receberam suas primeiras aulas de natação do pai, Paul Lenk, quando ainda jovens (Lenk, 1982). Isso coincidiu com a primeira onda dos feminismos no Brasil, afirmando também no esporte seu caráter personalista, muito maior que o coletivo, relativo a um grupo elitizado que tinha condições de suportar a prática esportiva dos filhos.

As duas modalidades com as quais o Brasil contou com representantes nas duas edições dos Jogos da década de 30 (natação e esgrima) faziam parte das modalidades amplamente recomendadas por médicos e instrutores de educação física do período, devido a compatibilidade de suas características com a "alma" e a "estrutura" física feminina.

Nas décadas que se seguiram, esse quadro não se alterou de forma marcante. Até os anos 1980, as mulheres brasileiras permaneceram como figurantes nas delegações brasileiras que disputaram Jogos Olímpicos, muito embora atletas como Aída dos Santos tenham se aproximado do pódio com uma quarta colocação, sem por isso receber o reconhecimento pela sua atuação. Esses fatos nos chamaram a atenção desde a primeira pesquisa produzida sobre os medalhistas olímpicos brasileiros[1] e se revelaram como a questão primeira da presente pesquisa: por que entre a primeira participação feminina brasileira em Jogos Olímpicos em 1932 e a conquista da primeira medalha foram transcorridos 64 anos?

A busca pelas pistas da subjetividade privatizada das atletas, acessada por meio da narrativa de suas histórias de vida, nos conduziu para um campo inesperado que apontou para a constituição daquilo que se pode conceituar como marcos da cultura brasileira.

Como visto em outros capítulos desse livro, o movimento feminista no Brasil foi marcado por características distintas dos movimentos da América do Norte e Europa. Se nesses continentes a luta pela igualdade de condições cidadãs foi marcada pelo confronto, no Brasil esse movimento se deu de forma dispersa, por interesses distintos: aqueles defendidos pelas sufragistas, que acreditavam que a desigualdade se resolveria por meio do voto, e aqueles defendidos pelas mulheres trabalhadoras, que anteciparam por intermédio de seu discurso a especificidade da opressão, buscando atenção para as diferenças entre as categorias de gênero, étnicas etc (Rago, 2004).

As mulheres atletas não ficaram à margem dessa discussão, muito embora não tenham participado desta ativamente. Diante do questionamento sobre a experiência de sofrer algum tipo de preconceito na condição de atleta, entre um universo de duzentas atletas entrevistadas, menos de uma dezena referiu algum tipo de discriminação por ser mulher, sendo que em alguns casos a observação do preconceito se deu mais pelo fato de várias delas serem negras do que propriamente por serem mulheres.

---

[1] Em 2002, foi realizada a pesquisa *Do atleta à instituição esportiva: o imaginário esportivo brasileiro* que buscou cartografar o imaginário olímpico brasileiro por meio das histórias de vida dos atletas medalhistas olímpicos. Essa pesquisa recebeu o apoio da FAPESP e resultou em dois livros: Rubio K. (2004). *Heróis olímpicos brasileiros*. São Paulo, Zouk; e Rubio, K. (2006). *Medalhistas olímpicos brasileiros: memórias, história e imaginário*. São Paulo: Casa do Psicólogo.

**A cordialidade feminina no esporte brasileiro**

Como o Ibirapuera estava em reforma, tivemos que treinar em um clube que não gostava disso, mas foi por determinação da Federação que tiveram que nos aceitar. Ficou claro para nós que estávamos treinando de favor, e nos trataram mal. E aí, ao final do treino, pulamos na piscina, só de pirraça. Aquilo causou tanto desconforto ao clube que esvaziaram a piscina, jogaram toda a água fora, e não porque éramos atletas de fora, mas porque éramos negras. (Wanda dos Santos)

O único preconceito que eu vivi... foi nos Estados Unidos... o meu marido era branco, meu filho também. E os atletas negros da equipe não aceitavam isso. Mas eu também não me incomodava... o que meu marido fez: ele se entrosou no meio deles, aí a coisa acabou. (Esmeralda de Jesus)

Observa-se no discurso da maioria a aceitação de algumas situações postas como da ordem do natural. Quando questionadas a respeito da diferença de prêmios ou apoio material para treinos e competições, as respostas convergem para um argumento já historicamente estabelecido: os homens começaram antes, treinam mais e, portanto merecem prêmios melhores; os homens ganham mais e, portanto têm mais destaque na mídia e, consequentemente, melhores patrocínios. Quando, então, são levadas a refletir sobre essa situação como algo construído histórica e socialmente, concordam sobre a injustiça; no entanto, não vislumbram alternativas em curto prazo. Atletas como Jacqueline Silva, que na década de 1980 afrontaram essa lógica, buscando participar ativamente das decisões que envolviam sua pessoa, e não apenas sua condição de atleta, são tomadas como exemplo de iniciativa desejada, mas apontada apenas como do âmbito do desejo pelo temor das represálias que possam advir dessa posição de confronto (Rubio, 2004). Isso demonstra a falta de referências para a construção de um papel social de atleta ativa em relação às decisões que envolvem sua imagem.

É nesse sentido que aproximamos o conceito de cordialidade (Holanda, 2006) da trajetória das mulheres olímpicas brasileiras,

## As Mulheres e o Esporte Olímpico Brasileiro

cordialidade esta pautada na ética de fundo emotivo, e que se mantém presente mesmo em situações ou atividades nas quais deveria prevalecer a lógica da racionalidade. Diferente das mulheres oriundas de outros continentes, que construíram uma referência para o feminismo pautada no embate, a trajetória do movimento feminista no Brasil se assenta na luta por outro meio, desidentificando-a do confronto. Se por um lado a mulher atleta é capaz de individualmente demonstrar combatividade na construção de sua carreira esportiva vencendo obstáculos tais como a falta de recursos, o assédio e a diferença de prêmios, por outro não foi ainda capaz de identificar essas questões como inerentes à ordem institucional.

Quando em 1996 são conquistadas as primeiras medalhas olímpicas, essas circunstâncias vêm à baila e as atletas de modalidades coletivas são as primeiras a subirem ao pódio, denotando o poder que a atividade em grupo pode alcançar. Mesmo diante das muitas diferenças produzidas dentro de um grupo, quando há convergência para o objetivo comum, alcançado-se o resultado desejado, são esquecidas as dificuldades ou secundarizadas as reivindicações por melhores condições de trabalho. Isso faz com que a memória da falta, da discriminação ou do preconceito seja renegada, dificultando o reconhecimento por uma tradição de luta.

Por outro lado, observa-se que as primeiras medalhas em modalidades individuais seriam conquistadas doze anos depois, nos Jogos de Pequim, reforçando a tese do esforço coletivo. Ou seja, a produção de resultados positivos no esporte demanda a ação de vários entes que interagem entre si, o que demanda uma ação para além da individualidade do atleta. Isso pode ser observado na atitude de Natalia Falavigna, medalhista de bronze no *tae kon do* em Pequim, que mesmo diante de propostas de importantes centros de referência da modalidade pelo país para se mudar, optou por utilizar os recursos recebidos e desenvolver um centro de treinamento em sua cidade natal, Londrina (PR). Isso porque, entende ela, no presente momento, ela só conseguirá desenvolver um bom nível técnico tendo bons adversários para treinar, e no futuro estará criado um novo centro de

**A cordialidade feminina no esporte brasileiro**

desenvolvimento da modalidade, democratizando uma prática que hoje a consagra como um dos grandes nomes mundiais da modalidade.

## Considerações finais

O protagonismo exercido por algumas atletas brasileiras visando a proporcionar-se condições dignas de vida e de treinamento indica que é possível que novos tempos se apresentem para o esporte brasileiro e para as mulheres atletas. Não se pretende aqui esgotar essa discussão, posto que há muitos outros elementos envolvidos nessa questão, e que, diante da nova realidade que se nos apresenta, a realização dos Jogos Olímpicos no Rio em 2016, o tema da mulher no esporte ganha a dimensão que merece para que intervenções efetivas no aprimoramento de estratégias possam ser aplicadas.

Entretanto, para que isso se concretize como legado para as futuras gerações, há que se tomar esses ganhos como conquistas, e não apenas como recompensa apaziguadora por resultados obtidos e que nunca haviam sido alcançados.

Entendendo que todas as tradições são inventadas, talvez esteja se aproximando o momento de se criar uma tradição participativa das atletas brasileiras, não apenas no cenário competitivo, mas nos postos de liderança institucional e organizativa. A ocupação desses espaços não garante, mas facilita o respeito a um estilo de gerência das relações e entendimento da singularidade da condição da mulher atleta.

Vale ressaltar que a mesma cordialidade que identifica e constitui o brasileiro, e que define nossa estrutura política e social marcada pela flexibilidade mais propensa a deformações do que a geração de verdadeiras mudanças (que só poderiam ser obtidas por meio de confrontos "não cordiais", por assim dizer). Cabe pensar se ainda não vivemos uma realidade na qual muitas mulheres atletas permanecem submissas a discursos estereotipados de sexo e gênero, que ora as fragilizam pela ideia de serem "muito emotivas", ora as masculinizam dependendo da escolha das modalidades e da própria postura como atletas: se competentes, assertivas e determinadas, são "quase homens".

As Mulheres e o Esporte Olímpico Brasileiro

# Referências bibliográficas

Birrell, S., & Theberge, N. (1994). Ideological control of women and sport. In D. M. Costa; & S. R. Guthrie, S. R. (Eds.), *Women and sport: interdisciplinary perspectives*. Champaign: Human Kinetics.

Borish, L. J. (1996). Women at the modern Olympic Games: an interdisciplinary look at American culture. *QUEST*, 48, 43-56.

Bosi, E. (1994). *Memória e sociedade*. São Paulo: Cia das Letras.

Bosi, E. (2003). *O tempo vivo da memória*. São Paulo: Ateliê Editorial.

Cahn, S. K. (1994). *Coming on strong: gender and sexuality in twentieth--century women's sport*. New York: The Free Press.

Costa, D. M., & Guthrie, S. R. (1994). *Women and sport: interdisciplinary perspectives*. Champaign: Human Kinetics.

Goellner, S. V. (2003). *Bela, maternal e feminina: imagens da mulher na Revista Educação Physica*. Ijuí: Editora Unijuí.

Fraga, A. B., & Goellner, S. V. (2004). O espetáculo do corpo: mulheres e exercitação física no início do século XX. In M. J. S. Carvalho & C. M. F. Rocha (Orgs.), *Produzindo Gênero* (pp. 161-171). Porto Alegre: Sulina.

Guareschi, N. M. F., Medeiros, P. F., & Bruschi, M. E. (2003). Psicologia social e estudos culturais: rompendo fronteiras na produção do conhecimento. In N. M. F. Guareschi; & M. E. Bruschi (Orgs.), *Psicologia social nos estudos culturais*. Petrópolis: Vozes.

Hall, S. (2000). Quem precisa de identidade? In *Identidade e diferença. A perspectiva dos Estudos Culturais*. Petrópolis: Vozes.

Hall, S. (2001). *A identidade cultural na pós-modernidade*. Rio de Janeiro: DP&A.

Hall, S. (2003). Estudos culturais: dois paradigmas. In *Da diáspora. Identidades e mediações culturais* (pp. 123-150). Belo Horizonte/Brasília: Editora UFMG/Representação da UNESCO no Brasil.

Holanda, S. B. (2006). *Raízes do Brasil*. São Paulo: Companhia das Letras.

Kennard, J., & Carter, J. M. (1994). In the beginning: the ancient and medieval worlds. In D. M. Costa, & S. R. Guthrie,(Eds.) *Women and sport: interdisciplinary perspectives*. Champaign: Human Kinetics.

Lenk, M. (1982). *Braçadas e Abraços*. Rio de Janeiro: Grupo Atlântica--Boa Vista.

**A cordialidade feminina no esporte brasileiro**

MacAloon, J. J. (1981). *This great symbol: Pierre de Coubertin and the origins of the modern Olympic Games*. Chicago, University of Chicago Press.

Mathias, M. B., & Rubio, K. (2009). A mulher e as práticas corporais em clubes da cidade de São Paulo do início do século XX. *Revista Portuguesa de Ciências do Desporto, 9* (2-3), 195-202.

Park, R. J. (1987). Sport, gender and society in a transatlantic Victorian perspective. In J. A. Mangan, & R. J. Park (Eds.), *From 'fair sex' to feminism: sport and the socialization of women in the industrial and post-industrial eras*. London: Frank Cass.

Pinto, C. R. J. (2003). *Uma história do feminismo no Brasil*. São Paulo: Fundação Perseu Abramo.

Poirier, J., Valladon, S. C., & Raybaut, P. (1999). *Histórias de vida. Teoria e prática*. Oeiras: Celta.

Queiroz, M. I. P. (1988). Relatos orais: do "indizível" ao "dizível". In O. M. Von Simson (Org.), *Experimentos com histórias de vida*. São Paulo: Vértice/Editora Revista dos Tribunais.

Rago, M. (2004). Ser mulher no século XXI ou Carta de alforria. In G. Venturi, M. Recamán & S. Oliveira (Orgs.), *A mulher brasileira nos espaços público e privado*. São Paulo: Perseu Abramo.

Rubio, K., & Daolio, J. (1997). A incorporação da alteridade como caminho para a construção da cidadania. In *Anais do X Congresso Brasileiro de Ciências do Esporte* (pp. 109-113). Goiânia: Colégio Brasileiro de Ciências do Esporte.

Rubio, K., & Simões, A. C. (1999). De espectadoras a protagonistas: a conquista do espaço esportivo pelas mulheres. *Revista Movimento, V*(11), 50-56.

Rubio, K. (2004). *Heróis olímpicos brasileiros*. São Paulo: Zouk.

Rubio, K. (2006). *Medalhistas olímpicos brasileiros: histórias, memórias e imaginário*. São Paulo: Casa do Psicólogo.

Schpun, M. R. (1999). *Beleza em jogo: cultura física e comportamento em São Paulo nos anos 20*. São Paulo: Boitempo.

Scott, J. W. (1999). Gender as a useful category of historical analysis. In R. Parker & P. Aggleton (Eds.), *Culture, society and sexuality: a reader*. London: UCL Press.

Silva, T. T. (2000). A produção social da identidade e a diferença. In T. Silva (Org.), *Identidade e diferença: a perspectiva dos Estudos Culturais*. Petrópolis: Vozes.

Veiga-Neto, A. (2000). As idades do corpo: (material)idades, (divers)idades, (corporal)idades, (ident)idades.... In J. C. Azevedo (Org.), *Educação e utopia na educação cidadã*. Porto Alegre: Ed. UFRGS.

Woodward, K. Identidade e diferença: uma introdução teórica e conceitual. In T. Silva (Org.), *Identidade e diferença: a perspectiva dos Estudos Culturais*. Petrópolis: Vozes.

# As mulheres e as práticas corporais em clubes da cidade de São Paulo do início do século XX

*Milena Bushatsky Mathias*

## Introdução

O século XX representou um marco para o movimento feminista por transformar radicalmente discursos e práticas em relação à condição da mulher na sociedade. Em função da cristalização de papéis sociais, a mulher se viu desumanizada enquanto sujeito histórico, protagonizando apenas o papel social de "mãe/esposa/dona-de-casa".

Essa condição ganhou amparo legal devido ao Código Civil de 1916, que subordinava a mulher ao homem, legalizando uma dependência e subordinação que já eram defendidas por argumentos biológicos. Dessa forma, restava à mulher desempenhar atividades da esfera da vida privada, sendo atribuídas a ela as funções de casar, gerar filhos para a pátria e plasmar o caráter dos cidadãos de amanhã (Maluf & Mott, 1998). E assim firmava-se a oposição entre as esferas pública e privada, definindo-se os papéis sociais masculino e feminino de acordo com as expectativas e imposições sociais.

Nesse mesmo período, o Movimento Feminista viveu um momento de intensa organização e atuação, ainda que fragmentado e dependente de esforços individuais, ganhando visibilidade em relação à defesa dos direitos da mulher. Entre suas bandeiras de luta estavam o direito ao voto e à educação e o acesso ao mercado de trabalho.

Entendendo que as práticas corporais de movimento acompanham a dinâmica social, este trabalho tem como objetivo investigar o processo de inclusão das mulheres na cultura corporal de movimento na cidade de São Paulo durante a década de 1920. Esse recorte histórico justifica-se pela importância desse período para o Movimento Feminista no Brasil, pela história da Educação Física brasileira e pelas conquistas das mulheres ao longo do século XX.

O referencial teórico utilizado para análise é referente à epistemologia feminista, na qual as mulheres são percebidas como sujeitos sociais e políticos, e também como sujeitos do conhecimento.

Segundo Louro (1997), isso expõe conexões e imbricações ocultas entre o público e o privado, permitindo que se observem vínculos de poder antes desprezados.

Foram tomadas como fontes primárias relacionadas à participação das mulheres em práticas corporais diversos periódicos, fotos, jornais e documentos de época, consultados nos centros pró-memória do Clube Esperia, do Esporte Clube Pinheiros e do Clube Atlético Paulistano.

Os periódicos são uma importante fonte para a compreensão da contrariedade dos discursos acerca da presença feminina em atividades físicas. Ora exaltavam a *performance* das atletas dos clubes e divulgavam imagens das *sportswomen* de outros paises, ora reafirmavam os propósitos eugenistas e higienistas da Educação Física feminina propostos por Fernando de Azevedo[1].

As modalidades encontradas nos periódicos foram o tênis, o atletismo, a natação, o basquetebol, a dança clássica e os jogos presentes em atividades sociais. Levando-se em consideração a finalidade desse artigo, abordaremos apenas o atletismo, a bola ao cesto e os jogos presentes em atividades sociais.

---

[1] Fernando de Azevedo é considerado o grande pensador do início da Educação Física brasileira. Afirmava a Educação Física como uma ação científica, "inserida dentro de um plano nacional de educação, que desenvolveria ao máximo a virilidade, as virtudes da raça e as aptidões hereditárias de cada indivíduo. Uma educação física que, pautada por um estatuto científico e ao mesmo tempo moral, estivesse articulada à medicina e às normas jurídicas em favor de uma nova ordenação dos corpos, constituindo, assim, uma consistente retórica corporal na qual estruturava sua proposta de 'corpo-nação'" (Goellner, 2004, p. 161).

As mulheres e as práticas corporais em clubes da cidade de
São Paulo do início do século XX

## A conciliação das novas demandas à velha estrutura social

O fim do Império, o final da escravidão e o início da República representaram um importante cenário para o Brasil do início do século XX. As perspectivas de reestruturação das relações de trabalho em novas bases, a transição do sistema econômico agrário para o fabril, a ampliação e a complexificação dos espaços urbanos e o aumento significativo da imigração, dentre outros aspectos, sinalizavam o advento de um novo tempo. Também eram formuladas e executadas novas estratégias de disciplinarização e de representação dos corpos, que correspondiam às expectativas e aos interesses dominantes, e apontavam para uma nova ética do trabalho e para novos padrões de moralidade em relação aos comportamentos afetivos, sexuais e sociais.

A ciência despontava como paradigma e a medicina social oferecia as justificativas para a determinação de papéis e espaços sociais femininos e masculinos. Por razões biológicas, eram asseguradas como características das mulheres a fragilidade, o recato, o predomínio das faculdades afetivas sobre as intelectuais e a subordinação da sexualidade à vocação maternal. A gestação e a maternidade eram as justificativas para esses cuidados.

Essas características eram suficientes para justificar que se exigisse das mulheres uma atitude de submissão, um comportamento que não maculasse sua honra. Estavam impedidas ao exercício da sexualidade antes de se casarem e, depois, deveriam restringi-la ao âmbito desse casamento com a finalidade de gerar filhos. As mulheres, segundo Engel (1997), dotadas de intenso erotismo e forte inteligência, seriam despidas do sentimento de maternidade, característica inata da mulher normal, e deveriam ser afastadas do convívio social.

A imagem idealizada de mulher, possível para as elites urbanas, também foi exigida pelas camadas populares, muito embora a condição econômica não favorecesse essa identificação. Isso porque a inserção das mulheres no mercado de trabalho se deu em função da necessidade de suprir as demandas da industrialização e também para auxiliar na complementação da renda familiar (Soihet, 1997). No início da industrialização brasileira era significativo o número de mulheres e crianças nas fábricas (principalmente as de fiação e tecelagem), representando a maioria da força de trabalho, por ser abundante e barata (Rago, 1997). Colaboraram para essa situação as necessidades geradas pela Primeira Guerra Mundial, como o afastamento dos homens da vida produtiva e a necessidade de produção de suprimentos de todas as ordens. Após esse período, as mulheres foram progressivamente expulsas das fábricas na medida em que avançava a industrialização e a reincorporação da força de trabalho masculina.

A variação salarial, bem como a intimidação física, a desqualificação intelectual e o assédio sexual, eram algumas das barreiras enfrentadas pelas mulheres para participar do mundo do trabalho. Destaca-se, nesse contexto, a frequente associação entre a mulher no trabalho e a questão da moralidade: "Nas denúncias dos operários militantes, dos médicos higienistas, dos juristas, dos jornalistas, a fábrica é descrita como 'antro da perdição', 'bordel' ou 'lupanar', enquanto a trabalhadora é vista como uma figura totalmente passiva e indefesa" (Rago, 1997, p. 585). Essa visão estava associada, direta ou indiretamente, à intenção de direcionar a mulher à esfera da vida privada.

Diante das necessidades impostas pelo contexto histórico, a sociedade passou a divulgar a necessidade de uma nova esposa, mais moderna, mais consciente, menos subjugada à tirania do marido, mas nem por isso menos dedicada ao lar e a família: "A maternidade ganha ares de profissão, baseada em habilidades altamente qualificadas e especializadas e se torna o valor central das mulheres das famílias de classe média e alta" (Bruschini, 1990, p .66).

Na segunda metade do século XIX e nas primeiras décadas do século XX, as lutas e manifestações esparsas do movimento pelo direito das mulheres cederam lugar a uma campanha mais orgânica pelos direitos políticos de votarem e de serem votadas. O movimento sufragista espalhou-se pela Europa e pelos Estados Unidos, construindo a primeira vaga de feminismo organizado no mundo (Pinto, 2003)[2].

---

[2] Observa-se a *Seneca Falls Convention*, realizada em 1848, como um dos marcos do movimento sufragista nos EUA, que produziu a Declaração de Seneca Falls, conhecida como *Declaration of Sentiments*, reivindicando a ampliação dos princípios da declaração de independência

**As mulheres e as práticas corporais em clubes da cidade de São Paulo do início do século XX**

Os movimentos europeus e norte-americanos exerceram uma grande influência sobre as mulheres latino-americanas. No Brasil, a primeira fase do feminismo, que abrangeu o final do século XIX e as três primeiras décadas do século XX, esteve intimamente associada a personalidades. Mesmo quando apresentou algum grau de organização, esta derivava do esforço pessoal de alguma mulher, que por sua excepcionalidade (na maioria das vezes, intelectual), rompia com os papéis para ela estabelecidos e se colocava no mundo público em defesa dos direitos femininos.

## As práticas corporais e o feminino

O comportamento no âmbito das práticas corporais não se encontra isolado da dinâmica social, mas é reflexo das relações estabelecidas nesse espaço maior. Portanto, a prática de atividades físicas na década de 1920 pode ser observada como um microcosmo dentro de um macrocosmo, que era a sociedade paulistana do final da Primeira República.

Nesse período, a disseminação das práticas corporais – cada vez mais presentes em clubes e escolas – estava intimamente ligada ao controle corporal, ou seja, às preocupações higiênicas, eugênicas, médicas, morais e disciplinares. Dessa maneira, havia uma nítida distinção entre as práticas aconselhadas a mulheres e homens, de forma que a preparação física reforçava as características corporais e comportamentais que distinguiam a ambos:

---

americana para as mulheres. Em 1869 foram fundadas a *National Woman Suffrage Association* e a *American Woman Suffrage Association* pelos participantes da *Seneca Falls Convention*; ambas as associações organizaram movimentos de luta pelos direitos das mulheres de grande vulto no século XIX. A existência das distintas associações, que partilhavam de objetivos comuns, demonstra como o feminismo, desde suas origens, apresenta essa grande diversidade observada até os dias atuais. Grosso modo, essas associações se diferenciavam pelas formas de ação que empreendiam na luta pelos direitos das mulheres. Em 1890, as duas associações se amalgamaram, sobrepondo as diferenças para fortalecer o movimento, formando a *National American Woman Suffrage Association*.

# As Mulheres e o Esporte Olímpico Brasileiro

Sob a cobertura do "natural", uma disciplina dos corpos masculinos se impõe: os rapazes parecem ser espontaneamente atraídos pela competição, pelo treinamento físico e pelo desenvolvimento muscular, já que tudo isso só reforça neles a virilidade e, por conseqüência [*sic*], a "natureza" máscula. (Schpun, 1999, pp. 37-38)

Assim, esperava-se que os jovens seguissem a atualidade esportiva, participassem dos acontecimentos organizados nos estádios, torcessem por um time de futebol, se preocupassem com sua forma física e, sobretudo, praticassem esportes.

O discurso sobre a prática de atividades físicas por mulheres – que afirmava a inaptidão da constituição física feminina – sofreu transformações no início do século XX.

Visando a produção da "nova mulher", que deveria acompanhar os desafios da modernidade, deixou-se de valorizar a debilidade e a indolência feminina, assim como o ócio e a preguiça passaram a conformar o mal da alma, devendo ser substituídos pela vitalidade do corpo e pela capacidade de resistir às intempéries da vida (Engel, 1997).

Essa transformação do pensamento da época exigiu uma grande dedicação por parte de alguns intelectuais que buscavam relacionar as benesses físicas e morais da ginástica feminina ao engrandecimento geral da nação. Dentre eles, Fernando de Azevedo teve um importante papel por sua longa trajetória científico-literária, na qual destacaram-se *Da educação physica* (1960a) e *Antinous: estudo de cultura atlhetica* (1960b), ambos publicados em 1920. Tal como Goellner (2003) mostrou, nessas obras Azevedo procurou construir uma doutrina pedagógica para a Educação Física brasileira condizente com o prestígio social dos métodos ginásticos europeus, mais especificamente com os pressupostos higienistas e eugenistas que os fundamentavam.

Fernando de Azevedo pensava a Educação Física como uma ação científica "inserida dentro de um plano nacional de educação, que desenvolveria ao máximo a virilidade, as virtudes da raça e as aptidões

**As mulheres e as práticas corporais em clubes da cidade de
São Paulo do início do século XX**

hereditárias de cada individuo" (Goellner, 2004, p. 161). Buscava-se a eliminação da fraqueza orgânica, que além de debilitar cada sujeito por ela atingido, também debilitava a ideia de uma nação poderosa.

Ainda que fossem várias as restrições impostas e os cuidados a serem seguidos, Fernando de Azevedo atribuía grande importância aos exercícios corporais femininos para a formação das "obreiras da vida". Essa concepção apontava a maternidade como a mais nobre missão da mulher, pois dela dependia a regeneração da sociedade.

Ainda assim, a aceitação de mulheres em esportes e outras atividades físicas vivia a dualidade entre as propostas eugenistas e higienistas e certas características comuns ao universo da cultura física – como o suor excessivo, o esforço físico, as emoções fortes, as competições, a rivalidade consentida, os músculos delineados, os perigos das lesões e a leveza das roupas – que, quando relacionados à mulher, despertavam suspeitas por parecerem abrandar certos limites que contornavam uma imagem ideal de ser feminina.

A definição desses limites baseava-se na compreensão naturalizada do que era ser homem e do que era ser mulher, de acordo com as imposições e expectativas sociais. Considerava-se, então, que:

> a resistência dos braços, a solidez do punho, que tem tanta importância para o homem, tem, para a mulher, importância extraordinariamente menor do que o desenvolvimento da bacia. E impossível desconhecer e não seria licito na educação por de lado a constituição ou o sexo e submeter a juventude, como em Esparta, e agora na Escócia, aos mesmos exercícios; e se importa ter o maior cuidado da organização delicada das meninas, ... a educação física da mulher deve ser, portanto, integral, higiênica e plástica, e, abrangendo com os trabalhos manuais os jogos infantis, a ginástica educativa e os esportes, cingir-se exclusivamente aos jogos e esportes menos violentos e de todo em todo compatíveis com a delicadeza do organismo das mães, como sejam entre estes a dança ao ar livre e a natação, a que deve preceder um curso regular de ginástica inteligentemente administrada. (Azevedo, 1960a, pp. 82-83)

A dança era a única prática corporal permitida às mulheres no século XIX, sobretudo as danças litúrgicas, que conferiam à bailarina um caráter quase sagrado. Porém, no início do século XX, de acordo com as ideias defendidas por Fernando de Azevedo, a dança foi concebida como "um método de educação corporal feminina baseado na assimilação de um código de movimentos tidos como belos, harmoniosos e graciosos, que permitem às mocinhas a expressão – totalmente 'espontânea' – de sua 'natureza' feminina" (Schpun, 1999, p. 45). Frequentemente realizada ao ar livre, visando o contato com a natureza e a valorização do seu aspecto higiênico, tratava-se do treinamento dos gestos para assegurar que a espontaneidade não estragasse o efeito desejado, objetivando o *controle absoluto sobre o corpo*.

A ginástica feminina, segunda prática apontada por Fernando de Azevedo como adequada às mulheres, foi profundamente influenciada pela dança. Isso porque era necessária à preparação física dos bailarinos, dos quais se exigia flexibilidade, destreza, leveza nos saltos etc. A maior parte dos dirigentes de escolas de bailado da Europa criou formas de trabalho físico que foram sistematizadas e difundidas em outros países, originando a chamada ginástica feminina.

Caracterizada por ser monótona, repetitiva, contrária à espontaneidade e controladora das *tendências corporais e psíquicas*, a ginástica esteve fortemente assimilada às práticas corporais femininas. Além disso, a ginástica era valorizada por ser completamente despida de competitividade, agressividade e desejo de vitória, desfavorecendo o desenvolvimento da ambição individual.

Outra prática destacada como fundamental à manutenção da saúde feminina era a caminhada, ou seja, andar a pé ou correr pequenas distâncias, sobretudo no campo. Valorizava-se essa prática pelo aspecto higiênico das saídas ao ar livre e pelo desenvolvimento muscular pouco significativo, já que um simples passeio era considerado suficiente.

A última prática apontada por Fernando de Azevedo é a natação, que se justificava como adequada às mulheres por proporcionar a

**As mulheres e as práticas corporais em clubes da cidade de
São Paulo do início do século XX**

harmonia plástica do corpo e inspirar a graça dos movimentos. Além
disso, era ressaltada nesta prática a necessidade de intuição de ritmo,
relacionada ao sexto sentido feminino, e a inconstância do meio
líquido, que se assemelhava à alma da mulher e por isso as atraía
mais do que aos homens (Schpun, 1999).

Apesar do nascimento da natação feminina competitiva só
ocorrer na década seguinte, foram presenciadas na década de 1920
tímidas tentativas de aparições públicas de nadadoras:

> Em São Paulo, coube a um pequeno grupo de moças da
> colônia alemã romper as maiores barreiras antepostas a
> mulher no desporto pelos costumes e preconceitos locais,
> ao se apresentar em público para nadar, ainda que envoltas
> em prodigiosos costumes de banho, abundantes em dobras
> e babados. As restrições encontradas em casa por estas
> jovens eram menores, porque elas advinham de uma cul-
> tura tradicionalmente adepta aos cuidados como físico e a
> apreciação dos encantos da natureza. (Goellner, 2003, p. 17)

## As práticas corporais de movimento em clubes de São Paulo

Na década de 1920, os periódicos apontavam o atletismo como
uma prática esportiva feminina. Os registros restringem-se a duas
menções em edições da *Revista Esperia* – nas quais há notas sobre o
desenvolvimento do esporte no clube, publicadas na coluna "Indis-
crições" – e algumas fotos.

A primeira nota trata do grande interesse que os treinos femininos estavam despertando nos frequentadores do clube, o que pode
justificar-se pela modalidade ser tradicionalmente uma prática masculina: "Mas as moças que estão em treino pouco se incomodam com os
basbaques; visam apenas fortalecer seu physico [*sic*], e fazer brilhante
figura, obtendo bons resultados" (Revista Esperia, outubro de 1928,
p. 14). Percebe-se o reconhecimento de que há um envolvimento

## As Mulheres e o Esporte Olímpico Brasileiro

efetivo dessas mulheres em relação à sua prática, condição essencial para que elas apresentassem um bom desempenho e ampliassem suas possibilidades de atuação na modalidade.

Porém, de acordo com a segunda nota, nem todos os espaços apresentavam condições favoráveis ao crescimento do atletismo feminino:

> A Federação de Athletismo [*sic*], com esse negócio de competições femininas, parece que esta "tapeando" o pessoal. Marcam a competição para um certo dia, e dahi [sic] a pouco, já noticiam a transferência. Depois, a data é alterada novamente. E assim pouco a pouco vão desanimando as pequenas que estão treinando. (Revista Esperia, fevereiro de 1931, p. 16)

O posicionamento da Federação reforça a ideia de que a discriminação de gênero nos esportes se apresentava de forma cada vez mais velada. Isso porque não se assumia uma posição contrária à presença feminina nas pistas, mas eram elaboradas estratégias para desmobilização das atletas.

Embora os textos não se referissem especificamente às provas do atletismo, por meio das fotos é possível identificar mulheres participando do salto em altura, do arremesso de dardo e do arremesso de peso. Outro aspecto que se destaca nas imagens é o uniforme, composto por uma camisa sem mangas e gola e por um *short*. Esse uniforme se destaca de outros tipos de roupa utilizadas nas demais práticas corporais por ser extremamente apropriado à exercitação física.

Outra modalidade na qual as mulheres estavam presentes era o basquetebol, praticado somente no Club Esperia e na Associação Athletica São Paulo. Assim como a disseminação dessa prática, as menções à participação feminina em publicações da época também eram poucas, restringindo-se a duas fotografias da equipe do Esperia e a uma reportagem sobre a partida realizada entre os dois clubes.

Os uniformes utilizados para a prática do basquetebol apresentam-se de formas bastante distintas nas duas fotos da equipe

As mulheres e as práticas corporais em clubes da cidade de
São Paulo do início do século XX

feminina do Club Esperia. Em uma delas, as atletas estavam vestidas com saias pelos tornozelos, camisas com mangas compridas e punhos e as golas possuíam laços e outros detalhes. Na outra foto, publicada no periódico do clube em 1929, as saias estavam na altura dos joelhos, as camisas não possuíam mangas e as golas não apresentavam quaisquer ornamentos. O desconhecimento da data da primeira foto – encontrada em meio aos arquivos do clube apenas com a especificação "década de 20" – não nos permite inferir sobre uma possível conquista das atletas em relação aos trajes para a prática esportiva.

A reportagem publicada na *Revista Esperia*, em 1929 (Revista Esperia, julho/agosto de 1929, p. 5), trata sobre o "encontro de bola ao cesto entre turmas femininas", que foi parte do programa de uma Semana de Educação Physica. O texto dessa publicação destaca-se dos demais escritos na época pela utilização de expressões pouco usuais na descrição de jogos nos quais havia a participação de mulheres:

> O jogo foi disputado com muito ardor, chegando mesmo algumas vezes a assumir phases [*sic*] violentas, dando um trabalho insano ao juiz do encontro. Apesar disso, boas jogadas foram registradas, e belos lances a cesta resultaram em pontos, dos quaes a nossa turma fez a maior parte, assegurando-se deste modo a victoria [*sic*] das medalhas oferecidas pela Comissão de Educação Physica [*sic*].(p. 12)

O relato desse jogo demonstrou o intenso envolvimento das atletas com a modalidade e com a competição, o que somado à rivalidade existente entre as duas equipes, proporcionou um acirramento da partida. Isso contraria a concepção de Fernando de Azevedo, que considerava adequadas às mulheres as atividades desprovidas do sentimento de competitividade. Outro aspecto que merece destaque neste excerto são os elogios tecidos à dimensão técnica e tática da partida, reconhecendo o valor das jogadoras pelo seu desempenho na modalidade. Também cabe destacar a premiação, que congratulou as vencedoras com medalhas.

### As Mulheres e o Esporte Olímpico Brasileiro

O texto da reportagem finaliza parabenizando as atletas pela atuação e fazendo considerações acerca da participação feminina nos esportes:

> Seu exemplo é digno de merecer numerosas imitadoras, que um acanhamento injustificável afasta das competições esportivas, quando seria de desejar que o esporte feminino fosse desenvolvido paralelamente ao esporte masculino. As pioneiras da educação physica feminina por isso mesmo merecem maiores elogios, porquanto arrostam com os preconceitos, certas de agir bem. (Revista Esperia, julho/agosto de 1929, p. 15)

É de grande excepcionalidade para a época um homem manifestar-se publicamente para exaltar o desenvolvimento do esporte feminino com características similares ao masculino. Isso porque poucos consideravam adequado o envolvimento de mulheres em atividades físicas que proporcionassem um esforço intenso, contato corporal e rivalidade consentida. Vale ainda destacar que, pelo que foi analisado, não se pode considerar injustificável o "acanhamento" de muitas mulheres, uma vez que eram constantemente elaboradas novas formas de dificultar seu acesso às atividades do mundo público.

Entre essas formas estava a omissão, que pode ser exemplificada pela ausência de espaço que algumas modalidades femininas tinham na mídia da época. Em decorrência disso, há poucos registros da participação de mulheres em alguns esportes, dentre eles a esgrima, a ginástica, o vôlei, o polo aquático e o remo.

Ainda havia eventos sociais promovidos pelos clubes nos quais as atividades físicas eram tomadas como uma forma de socialização da elite paulistana. Dentre eles, destacavam-se os *five o'clock teas* e as *garden parties* do Club Athetico Paulistano, onde as pessoas se reuniam e jogavam tênis, croque, diabolo, pingue-pongue, pelota e peteca. Esses encontros eram valorizados por se acreditar que "os diferentes jogos entre famílias traziam benefícios para a educação física das moças" e ainda que "sem as mulheres, essas atividades

## As mulheres e as práticas corporais em clubes da cidade de São Paulo do início do século XX

se tornariam embrutecedoras" (Brandão, 2000, p. 26). Porém, essa atribuição da responsabilidade às mulheres pelo "desembrutecimento" das atividades supõe a delicadeza como uma característica inata à sua condição feminina: "Gentis senhoritas e distintos rapazes, por sua vez, jogavam a peteca, considerada por muitos como nacional e que tem a vantagem de cansar menos. . . . Nas partidas de pingue-pongue, o sexo forte sempre foi derrotado" (Revista Mensal do Club Athletico Paulistano, dezembro de 1927, p. 17).

No excerto é abordada a adequabilidade da peteca à prática mista por sua reduzida exigência física, o que evidencia a equivocada compreensão de que o corpo feminino não deveria ser submetido a esforços intensos. Também é retomada a expressão "sexo forte" para referir-se ao homem em oposição à mulher, o "sexo fraco", conforme discutido anteriormente.

O Club Athletico Paulistano, segundo o relatório anual de 1927 (Revista Mensal do Club Athletico Paulistano, abril de 1928), possuía uma piscina tida como ponto de reunião diário de inúmeras famílias de associados. Porém, a utilização do espaço estava submetida a uma rígida divisão de horários:

> Os homens ficavam a "sós" entre as sete e as oito horas de segunda a sábado. As mulheres tinham a piscina a sua disposição as segundas, quartas e sextas, entre as oito e dez horas, e as terças, quintas e sábados, entre as dez e doze horas. (Brandão, 2000, p. 39).

O funcionamento da piscina em regime misto ocorria aos domingos e feriados, e das catorze às dezenove horas nos outros dias. No entanto, os relatórios anuais, o periódico e os livros sobre a história do clube não apresentam qualquer justificativa para essa separação entre os sexos.

As festas ao ar livre do Club Esperia, segundo as fotografias publicadas no periódico do clube sob o título "Alguns aspectos da última festa do Club Esperia" (Revista Esperia, julho/agosto de 1929,

p. 15), também contavam com atividades físicas, nas quais homens e mulheres participavam em provas separadas. As modalidades femininas fotografadas foram a corrida de cem metros para senhorinhas, o carrinho de mão e a corrida em sacos. Já os homens competiram no remo, na corrida de 3 mil e 5 mil metros, na corrida de revezamento, na corrida em sacos e na prova surpresa.

Apesar do material referente à prática de atividades físicas por mulheres ser escasso, é evidente a ausência de um consenso sobre a aceitação feminina. Nas reportagens da época é possível perceber diferentes reações a esse respeito: uns exaltavam, outros criticavam, havia os que silenciavam – por desmerecerem a prática ou pela insegurança do porvir. Isso refletia a instabilidade social gerada pelo avanço das mulheres em diversas áreas – nas artes, na política, no mercado de trabalho, na educação etc.

## Considerações finais

É importante ressaltar que os espaços e formas de exercitação física constituem um microcosmo da sociedade, e o que se verifica no campo das práticas corporais é uma intenção de conter o avanço das conquistas femininas. Há registros de que desde o século XIX algumas mulheres buscavam romper a resistência masculina exercitando-se em lugares públicos, ainda que se constituíssem em manifestações isoladas. A imagem que se veiculava delas correspondia aos valores de uma sociedade falocêntrica nomeando-as como prostitutas, loucas ou criminosas. Ainda assim, no início do século XX, houve uma intensificação da prática de atividades físicas por mulheres.

Uma solução encontrada para a manutenção do controle sobre o corpo feminino, inspirado no ideal nazista que se espalhava pela Europa relativo à constituição de uma raça pura, foi limitar as possibilidades de práticas corporais, atribuindo a estas objetivos explicitamente higienistas e eugenistas. Dessa forma, as mulheres não faziam atividades físicas pelo seu direito à prática ou pelo exercício de sua cidadania, mas para a construção de uma nação mais forte, com a

**As mulheres e as práticas corporais em clubes da cidade de São Paulo do início do século XX**

qual elas contribuíam tendo filhos saudáveis, ou seja, exercendo aquilo que os homens consideravam sua principal função, a maternidade.

Ao tentar descrever uma versão à história "oficial", reconstituindo a trajetória das mulheres na condição de protagonistas de suas ações, mostra-se que até meados do século XX as mulheres tinham direito a uma vida pública restrita. Isso significava a impossibilidade de acesso à vida profissional, aos cargos políticos, à cultura e à educação, como também o impedimento do desfrute de uma vida social pública. Além de serem consideradas incapazes de governar a si mesmas e aos outros, portanto devendo submeter-se à autoridade masculina em casa e fora dela, eram também excluídas do direito ao corpo e ao prazer sexual, sob pena de serem olhadas como anormalidades ou monstruosidades. Desse modo, "a grande conquista feminina e feminista do chamado *século das mulheres*, o XX, foi o direito a existência, sem o que é impossível começar, se queremos um mundo fundado na justiça social, no respeito e na liberdade" (Rago, 1997, p. 34, itálico da autora).

É possível afirmar que as experiências advindas da década de 1920, no que se refere tanto às práticas femininas recomendadas como àquelas que eram consideradas inadequadas, foram fundamentais para a ampliação das possibilidades de práticas corporais entre as mulheres brasileiras.

## Referências bibliográficas

Azevedo, F. de (1960a). Da Educação Fisica – O que ela é, o que tem sido e o que deveria ser. In *Obras Completas de Fernando de Azevedo* (33a. ed.). São Paulo: Melhoramentos.

Azevedo, F. de (1960b). *Antinous* – Estudo da cultura atlética. In *Obras Completas de Fernando de Azevedo* (33a. ed.). São Paulo: Melhoramentos.

Azevedo, F. de (1960c). A evolução do esporte no Brasil. In *Obras Completas de Fernando de Azevedo* (33a. ed.). São Paulo: Melhoramentos.

## As Mulheres e o Esporte Olímpico Brasileiro

Brandão, E. L. (2000). *Club Athletico Paulistano – Corpo e alma de um clube centenário (1900-2000)*. São Paulo, Editora DBA.

Bruschini, C. (1990). Mulher, casa e família. São Paulo: Vértice/Editora Revista dos Tribunais.

Engel, M. (1997). Psiquiatria e feminilidade. In M. D. Priore (Org.), *História das mulheres no Brasil*. São Paulo: Contexto.

Goellner, S. V. (2003). *Bela, maternal e feminina: imagens da mulher na Revista Educação Physica*. Ijuí: Editora Unijuí.

Goellner, S. V. (2004). O espetáculo do corpo: mulheres e exercitação física no início do século XX. In M. J. S. Carvalho & C. M. F. Rocha (Orgs.), *Produzindo gênero*. Porto Alegre: Sulina.

Lenk, M. (1982). *Braçadas e abraços*. Rio de Janeiro: Grupo Atlântica-Boa Vista.

Louro, G. L. (1997). *Gênero, sexualidade e educação*. Petrópolis: Vozes.

Maluf, M., & Mott, M. L. (1998). Recônditos do mundo feminino. In N. Sevcenko (Org.), *História da vida privada no Brasil. República: da Belle Epoque a Era do Rádio*. São Paulo: Companhia das Letras.

Pinto, C. R. J. (2003). *Uma história do feminismo no Brasil*. São Paulo: Editora Fundação Perseu Abramo.

Rago, M. (1997). Trabalho feminino e sexualidade. In M. D. Priore (Org), *História das mulheres no Brasil*. São Paulo: Contexto.

Schpun, M. R. (1999). *Beleza em jogo: cultura física e comportamento em São Paulo nos anos 20*. São Paulo: Boitempo.

Soihet, R. (1997). Mulheres pobres e violência no Brasil urbano. In M. D. Priore (Org), *História das mulheres no Brasil*. São Paulo: Contexto.

*Revista Esperia*. (1928, outubro). *1*(2), 14.

*Revista Esperia*. (1929, julho/agosto). *1*(10-11), 16.

*Revista Esperia*. (1931, fevereiro). *5*(28), 12.

*Revista Mensal do Club Athletico Paulistano*. (1927, dezembro). *1*(4), 17.

*Revista Mensal do Club Athletico Paulistano*. (1928, abril). *2*(4), 15.

# As mulheres e o esporte olímpico brasileiro entre as décadas de 1930 a 1960: as políticas públicas do esporte e da educação física

*Sergio Estevam Carlos de Araujo*

## Introdução

Neste capítulo, desejo elencar e discutir as políticas públicas do desporto e da educação física no Brasil entre as décadas de 30 e 60 do século XX direcionadas a regulamentar o engajamento de meninas e mulheres em diversas práticas corporais, porém, dando maior ênfase àquelas relacionadas ao esporte. Além de documentos oficiais busquei discursos proferidos por médicos, educadores e militares do período em questão, com o propósito de enriquecer o entendimento do contexto sociocultural em que as políticas públicas foram criadas e, juntamente com depoimentos de ex-atletas coletados em entrevistas, compreender melhor seus efeitos para a organização e o desenvolvimento do desporto olímpico feminino. O referencial teórico dos estudos de gênero também é uma ferramenta preciosa utilizada neste capítulo para entender os pressupostos em que se assentam as políticas públicas, e também para balizar nossa análise e interpretação dos discursos coletados neste trabalho.

Comecemos, então, com a distinção "clássica" entre gênero e sexo que foi pauta de inúmeras discussões feministas nas décadas de 60 a 80 (Freedman, 2004):

> "Sexo" es una palabra que se refiere a las diferencias biológicas entre machos y hembras: las diferencias visibles en los órganos genitales y las consiguientes diferencias

en la función reproductora. "Género", sin embargo, es una cuestión cultural: se refiere a la clasificación social en "masculino" y "feminino". (Oakley, 1972, citado por. Freedman, 2004, p. 33)[1]

Schiebinger (2001) se referiu às questões de gênero como dependentes das ideologias de gênero, uma vez que estas prescrevem características e comportamentos aceitáveis para homens e mulheres que variam de acordo com a região, religião, idade, classe, etnia, enfim, com o contexto sociocultural.

Embora essa diferenciação tenha trazido grandes avanços, abrindo novas vias de pensamento e de análise para as feministas (Freedman, 2004), e em nosso caso parecendo ser bastante sugestiva para compreendermos certa "naturalização" das condutas femininas, tem recebido críticas por parte, principalmente, do grupo chamado de feministas pós-estruturalistas:

> ... La distinción entre sexo y género viene a indicar que hay un fallo a la hora de cuestionar la forma en que la sociedad construye el "sexo", es decir, el cuerpo "natural" en sí. El sexo se ve como una división natural, y el género como su predicado. ... algunas feministas. ... argumentan que el propio sexo biológico es una construcción social, que la biología no es "natural y universal, sino que también, lo mismo que el género, está mediatizada por la sociedad. (Freedman, 2004)[2]

---

[1] "Sexo" é uma palavra que se refere às diferenças biológicas entre homens e mulheres: as diferenças visíveis nos órgãos genitais e as consequentes diferenças na função reprodutiva. "Gênero", no entanto, é uma questão cultural: refere-se à classificação social em "masculino" e "feminino" [tradução nossa].

[2] ... A distinção entre sexo e gênero vem a indicar que há uma falha no momento de se questionar a forma como a sociedade constrói o "sexo", ou seja, o corpo "natural" em si. O sexo é visto como uma divisão natural, e de gênero como seu predicado. ... Algumas feministas. ... argumentam que o sexo biológico é ele próprio uma construção social, que a biologia não é "natural e universal, mas também, como o gênero, é influenciado pela sociedade [tradução nossa].

As mulheres e o esporte olímpico brasileiro entre as décadas de 1930 a 1960: as políticas públicas do esporte e da educação física

O corpo não seria mais visto como dotado de uma estrutura biológica universal, dado *a priori*, um substrato sobre o qual a cultura atuaria construindo as desigualdades entre homens e mulheres, mas é entendido como um "constructo sociocultural e linguístico, produto e efeito das relações de poder" (Meyer, 2008, p. 16). Com o risco de parecer redundante, o corpo está suscetível a diversas intervenções a partir das transformações de uma sociedade em seus mais diversos âmbitos – que podem estar relacionados – como científico, tecnológico, educacional ou legal.

Ainda, essa mesma autora compreendia que transcender a ênfase das análises que destacam o gênero como apenas os papéis e funções desempenhados por homens e mulheres nos permite uma abordagem muito mais ampla, considerando-se que:

> as instituições sociais, os símbolos, as normas, os conhecimentos, as leis, as doutrinas e as políticas de uma sociedade são constituídas e perpassadas por representações e pressupostos de feminino e masculino, ao mesmo tempo em que estão centralmente implicadas com sua produção, manutenção e ressignificação. (Meyer, 2008, p. 16)

## O contexto nacional das primeiras participações femininas brasileiras

A década de 30 foi um período em que o Brasil passou por grandes transformações políticas, econômicas e sociais. O país era dirigido com pauta em um projeto de busca pelo desenvolvimento e o progresso da nação, no qual a indústria tinha um papel importantíssimo. Gomes et al. (2007, p. 108) sintetizaram os anos 30, no que se refere à economia, como uma "importante etapa na definição dos rumos do capitalismo industrial no país, observando-se, no plano econômico, o deslocamento do eixo da economia do pólo [*sic*] agroexportador para o pólo [*sic*] urbano-industrial".

A partir da Revolução de 30 começam a ser implantados, progressivamente, mecanismos de centralização e intervenção política a fim de se construir um Estado forte comprometido com a ideia da "colaboração nacional" em prol do desenvolvimento econômico do país e com a afirmação da identidade nacional (Goellner, 1996; Gomes et al., 2007). Tal processo prossegue ao longo do período de 1930/1945, adquirindo maior força durante o Estado Novo com um "aperfeiçoamento dos instrumentos de controle e supervisão das diferentes esferas da vida social, bem como dos mecanismos de integração e consolidação do poder nacional" (Gomes et al., 2007, p. 95).

Nesse momento, o Estado já havia notado a importância da intervenção sobre os corpos dos cidadãos a fim de torná-los saudáveis e aptos para as exigências dessa empreitada "modernizante". Então, a Educação Física e o Esporte eram identificados como meios para o desenvolvimento de aptidões físicas e para a formação do caráter dos jovens, preparando-os para o trabalho industrial (Goellner, 2003). Este fato se evidencia na Constituição dos Estados Unidos do Brasil de 1937 em seus artigos 131 e 132, fazendo referência explicita à Educação Física e ao adestramento físico:

> Artigo 131 – A educação física, o ensino cívico e o de trabalhos manuais serão obrigatórios em todas as escolas primárias, normais e secundárias, não podendo nenhuma escola de qualquer desses graus ser autorizada ou reconhecida sem que satisfaça aquela exigência.
> Artigo 132 – O Estado fundará instituições ou dará o seu auxílio e proteção às fundadas por associações civis, tendo umas; e outras por fim organizar para a juventude períodos de trabalho anual nos campos e oficinas, assim como promover-lhe a disciplina moral e o adestramento físico, de maneira a prepará-la ao cumprimento, dos seus deveres para com a economia e a defesa da Nação. (Constituição dos Estados Unidos do Brasil, 1937)

Encontramos na Constituição de 1937 a consolidação do papel de destaque que vinha sendo atribuído à Educação Física para a construção de uma nação forte desde os idos de 1851, com a Reforma

**As mulheres e o esporte olímpico brasileiro entre as décadas de 1930 a 1960: as políticas públicas do esporte e da educação física**

Couto Ferraz afigurando a ginástica e a dança como obrigatórias no ensino primário e secundário, respectivamente, no Município da Corte. Ainda nesse século, especificamente em 1882, teríamos Rui Barbosa enaltecendo a ginástica como elemento fundamental para a estabilidade da saúde física e mental, propondo sua inclusão nas escolas[3]. Já no século XX, teríamos obras de Fernando Azevedo (autor de obras de grande influência sobre Educação Física) na década de 20. Na década de 30, teríamos a criação do Ministério dos Negócios da Educação e Saúde Pública (1931), a reforma educacional Francisco Campos tornando obrigatória a Educação Física no sistema escolar (1931) e a adoção oficial do Método Francês como norteador de seu ensino no ensino secundário, normal e superior (1931), e a transformação do Centro Militar de Educação Física na Escola de Educação Física do Exército (1933), instituição de grande importância na formação de professores (Castellani Filho, 2007; Betti, 1991; Goellner, 1996).

Anteriormente pôde-se perpassar pelas bases higienistas e eugênicas – como veremos a seguir, talvez melhor seja dizer eutécnicas – sobre as quais se argumentavam a premência de regularizar as práticas corporais tomadas em um sentido amplo, visto que as recomendações não se limitavam ao esporte e a ginástica; a dança também era entendida como uma prática de intervenção, como Goellner (2003) nos mostrou. Entretanto, cabe aqui tecer maiores considerações sobre essas bases.

"A ciência ou disciplina que tem por objetivo o estudo das medidas sociais-econômicas, sanitárias e educacionais que influenciam, física e mentalmente, o desenvolvimento das qualidades hereditárias dos indivíduos e, portanto, das gerações" (Azevedo, 1960, citado por Castellani Filho, 2007, p. 55). É assim que Fernando de Azevedo[4] definia eugenia, a qual, como pode ser inferido a partir

---

[3] Rui Barbosa fez essa defesa em um parecer ao Projeto Nº 224, denominado "Reforma do Ensino Primário e várias insituições complementares da Instrução Pública", proferido na sessão de 12 de Setembro de 1882 da Câmara dos Deputados (Castellani Filho, 2007).

[4] Citação extraída de uma conferência pronunciada a 25 de Janeiro de 1919, na Sociedade Eugênica de São Paulo (Castellani Filho, 2007).

### As Mulheres e o Esporte Olímpico Brasileiro

de outras citações suas, encontraria na Educação Física uma grande ferramenta para o cumprimento de seus princípios.

Essa crença de que a atividade física sistemática poderia "melhorar a raça brasileira" foi muito propagada nessa época. Em 1934, em discurso de encerramento do ano letivo na Escola de Educação Física do Exército, Paulo F. de Araujo, professor dessa instituição, pediu ao governo um plano de ação para promoção da prática de exercícios físicos entre a população, a fim de melhorar a "morfologia do tipo brasileiro", ou ao menos "remediar ou esconder, através de um corpo bem trabalhado, os desequilíbrios morfológicos resultantes das misturas sociais existentes" (Araujo, 1934, citado por Betti, 1991, p. 77). Dois anos depois, Souza Ramos afirmou caber aos esportes "suprir as falhas dos processos de seleção racial e do seu aperfeiçoamento" (Ramos, 1936, citado por Betti, 1991, p. 77).

Em 1935, em artigo publicado na Revista de Educação Física – uma publicação da Escola de Educação Física do Exército – o 1º Tenente Dr. Pacífico Castelo Branco, além de corroborar o discurso de seu colega Paulo F. Araujo[5], afirmou o comprometimento da Escola do Exército para com a eugenia: "a Escola de Educação Física nada mais é do que uma escola de Eugenia, pois tratar da educação física da raça é abordar uma das facetas do ideal eugênico" (Branco, 1933, p. 19).

A cientificidade de tais pressupostos foi logo contestada. Em 1942, Octávio Domingues afirmou existir uma grande confusão entre a eugenia e a eutecnia. A primeira age sobre as espécies em suas origens, visando ao melhoramento genético; já a segunda "constitui-se das medidas de ordem exterior, que agem como estímulo na orientação do desenvolvimento de heranças biológicas ..., [portanto, incapazes] de mudar ou inverter tais heranças" (Domingues, 1942, citado por Betti, 1991, p. 77); logo, a educação física, junto à higiene e à moral, seriam medidas eutécnicas.

---

[5] "A Eugenia tem como propósito organizar a sociedade humana contra os fatores de degeneração; controlar os casamentos, evitando o matrimônio entre tarados e degenerados; vulgarizar e aplicar os conhecimentos úteis para a proteção individual e da raça" (Branco, 1933, p. 19).

**As mulheres e o esporte olímpico brasileiro entre as décadas de 1930 a 1960: as políticas públicas do esporte e da educação física**

Se entendida como medida de eugenia ou eutecnia, o importante é que a promoção das atividades físicas era feita atestando sua premência para o processo de engrandecimento da pátria, e nesse sentido encontramos discursos que atribuem à educação física feminina um papel de destaque nessa empreitada.

Para Fernando Azevedo, a fórmula para a "regeneração de um povo" era "restituir à mulher, a saúde fortemente comprometida, além da estabilidade e do equilíbrio" (Azevedo, 1960, citado por Castellani Filho, 2007, p. 56); em suma, "preciso, é ver na menina que desabrocha, a mãe de amanhã: *formar fisicamente* a mulher de hoje é reformar a geração futura" (Azevedo, 1960, citado por Castellani Filho, 2007, p. 57, itálicos nossos).

Os discursos acima, além de exemplificar como a Educação Física agia em consonância com as eugênicas ou eutécnicas, ainda atrelam os conceitos de maternidade e mulher, de modo que aquela é considerada destino inevitável desta e também função máxima de uma mulher, uma vez que carrega as chaves da "reforma da geração futura".

Castellani sintetizou o discurso de Fernando de Azevedo em relação à Educação Física e aos papéis desempenhados por homens e mulheres na eugenia da raça e no desenvolvimento da Nação:

> O raciocínio era simples: mulheres fortes e sadias teriam mais condições de gerarem filhos saudáveis, os quais, por sua vez, estariam mais aptos a defenderem e construírem a Pátria, no caso dos homens, e de se tornarem mães robustas, no caso das mulheres. (Castellani Filho, 2007, p. 56)

Ainda em relação aos discursos sobre a Educação Física, convém lembrar aqui do chamado "Regulamento nº 7 da Educação Física", ou Método Francês – já citado há pouco –, principalmente em suas considerações sobre a "educação física feminina":

### As Mulheres e o Esporte Olímpico Brasileiro

O exercício é útil aos indivíduos dos dois sexos; entretanto, certas funções particulares às moças, impedem de aplicar--lhes os mesmos métodos que nos rapazes. . . .

As moças não deverão procurar os exercícios que demandem certo desenvolvimento de força. . . .

No momento da puberdade, enquanto o rapaz procura instintivamente ocasiões de produzir esforços musculares intensivos a mulher torna-se, ao contrário, mais calma e reservada. Sua educação física deve ser essencialmente higiênica. . . .

As funções fisiológicas especiais que elas têm de desempenhar e suportar são incompatíveis com um trabalho muscular intenso. . . .

A mulher não é construída para lutar, mas para procriar. . . .

Qualquer exercício que seja acompanhado de pancadas de choques, de choques e de golpes, é perigoso para o órgão uterino. A *higiene* condena sua prática pela mulher. (Regulamento nº 7, 1934, p. 16, itálicos nossos)[6]

O método buscava se fundamentar nos estudos científicos de fisiologia humana da época, a maioria deles advindos da literatura médica.

Com relação à higiene, Goellner (2008) afirmou que esta, atravessando o século XIX e entrando no XX, passa a significar "um conjunto de dispositivos e de saberes que atuam sobre o corpo" (p. 35) com o fim de produzir sujeitos aptos a suportar as demandas de dinamicidade, força física, vigor, retidão e máxima eficiência exigidas nesses novos tempos. A higiene constituía-se em uma série de dispositivos para garantir que homens e mulheres pudessem cumprir seus respectivos papéis na sociedade.

Em relação à literatura médica, Helen Lenskyj, em *Out of bounds – women, sport & sexuality* falou sobre como a profissão médica veio

---

[6] O Regulamento Nº 7 da Educação Física é tradução integral do *"Réglement Géneral D´Education Physique – Méthode Française"*, produzido dentro da Escola Militar de Joinville--le-Pont, finalizado no ano de 1927 e publicado com autorização do Estado-Maior do Exército em 1934.

**As mulheres e o esporte olímpico brasileiro entre as décadas de 1930 a 1960: as políticas públicas do esporte e da educação física**

exercendo um papel chave sobre a saúde da mulher e de seu lugar na sociedade. Lenskyj sintetizou o discurso médico do começo do século passado, sob influência da moral vitoriana:

> Both women's unique anatomy and physiology and their special moral obligations disqualified them from vigorous physical activity. Women had a moral duty to preserve their vital energy for childbearing and to cultivate personality traits suited to the wife-and-mother role. Sport wasted vital force, strained female bodies and fostered traits unbecoming to "true womanhood". (Lenskyj, 1986, p. 18)[7]

A autora cita uma série de artigos médicos, ou que utilizam argumentos médicos, para condenar a prática feminina de atividades físicas, que seriam incompatíveis com a condição fisiológica e psicológica das mulheres, artigos estes produzidos ao longo do século XX, como um artigo de Elmer Ferguson intitulado "I don't like amazon athletes", publicado em agosto de 1938, na *MacLean's Magazine*, nº 51, no qual cita o Dr. Arthur Lamb:

> There are numerous activities suitable for girls and women, but let these be of the type that will be suitable to their physical and mental natures. . . . The tendency for girls to ape the activities of boys is regrettable. In most cases, it is physiologically and psychologically unsound and may be definitely harmful. (Ferguson, p. 32, 1938, citado por Lenskyj, 1986, p. 36)[8]

---

[7] Tanto a anatomia e fisiologia únicas das mulheres quanto suas obrigações morais especiais desqualificavam-nas das atividades físicas vigorosas. As mulheres teriam o dever moral de preservar sua energia vital para poderem engravidar e para cultivar os traços de personalidade apropriados ao papel de esposa e mãe. O esporte despende força vital, lesa os corpos femininos e desenvolve traços físicos impróprios à "verdadeira feminilidade" [tradução nossa].

[8] Existem inúmeras atividades adequadas para meninas e mulheres, mas deixemos que estas sejam aquelas adequadas à sua natureza física e mental. . . . A tendência das meninas em imitarem as atividades dos meninos é lamentável. Na maioria dos casos, isso é fisiologicamente e psicologicamente inaceitável e pode ser, definitivamente, nocivo [tradução nossa].

## As Mulheres e o Esporte Olímpico Brasileiro

A preocupação com a educação física feminina não era de exclusividade dos médicos ou dos educadores; a Igreja também se manifestava a esse respeito. No começo da década de 40, o Ministério da Educação e Saúde Pública divulgou um documento intitulado "A Igreja e a Educação Física", no qual bispos, por ocasião do encontro do Episcopado da Província Eclesiástica de São Paulo, realizado em 1940, reprovam as autoridades educacionais por obrigarem as moças "a se exibirem seminuas e a adestrá-las antes para as lutas dos estádios do que para os sagrados deveres da maternidade" (Ferraz, 1954, citado por Betti, 1991, p. 87), e defendem que a Educação Física feminina deve garantir que as moças se tornem "sadias de corpo e santas de alma" (Ferraz, 1954, citado por Betti, 1991). Focando-nos mais sobre a prática esportiva feminina nas décadas de 30 e 40, já notamos que, diferentemente do que pode parecer, as atividades físicas femininas eram incentivadas. Inatividade física era incompatível com os papéis sociais da mulher nesses novos tempos de desenvolvimento da nação; desse modo, o esporte para mulheres era incentivado como um meio de melhorar sua condição física, desde que não fosse incompatível com as características tidas como femininas (recato, fragilidade, delicadeza, emotividade).

Era comum encontrar médicos que recomendassem a prática de alguns esportes como a natação, o tênis, a esgrima e o hipismo, desde que não fossem praticados em caráter competitivo, já que a fadiga excessiva geraria efeitos "danosos" ao organismo feminino e, além disso, a competição seria incompatível com a estrutura emocional das mulheres. Outros esportes, como o futebol, eram veementemente proibidos em qualquer circunstância.

Goellner (2003) fez referência a um artigo publicado em 1940 na Revista *Educação Physica*, n.49, pelo Dr. Humberto Ballaryni, no qual condena a prática feminina do futebol pelos altos riscos à "frágil" condição física feminina, principalmente seus órgãos pélvicos, além de "exacerbador do espírito combativo e da agressividade" (Ballaryni, 1940, citado por Goellner, 2003) – logo, incompatível com o caráter feminino ideal – e pouco eficiente para o desenvolvimento intelectual. O Dr. Ballaryni concluiu afirmando que o futebol feminino

**As mulheres e o esporte olímpico brasileiro entre as décadas de 1930 a 1960: as políticas públicas do esporte e da educação física**

é "anti-higiênico e contrário à natural inclinação da alma feminina" (Ballaryni, 1940, citado por Goellner, 2003).

Já a natação era o esporte "perfeito" para a mulher. Goellner (2003) citou vários artigos que ressaltam suas inúmeras qualidades em consonância com a "condição física feminina". Referem-se à natação como o *esporte da mulher dada a sua constituição mais rica em panículo adiposo do que o homem*, ou então que possui a dádiva de favorecer a *boa proporção e distribuição do tecido adiposo, modelando a forma em graciosa beleza plástica*; fala-se até mesmo na possibilidade de combater a "emotividade" feminina – substituindo pelo "domínio de si".

Entretanto, o esporte competitivo feminino já era uma realidade no começo da década de 30 no mundo e mesmo no Brasil, principalmente no âmbito dos clubes esportivos fundados e frequentados por comunidades oriundas de países europeus como Alemanha e Itália, nos quais a prática e o engajamento em disputas competitivas por parte das mulheres era mais comum. A nadadora Maria Lenk fez referência a sua primeira participação em uma competição ocorrida em 1930 no Clube Espéria (Lenk, 1982).

Tendo isso em mente, podemos compreender uma série de artigos publicados na *Revista de Educação Física* na década de 30, que ilustram a preocupação de médicos e instrutores de educação física com o esporte competitivo feminino.

O primeiro deles é um artigo de 1934 escrito por Silvio Guimarães, segundo secretário da Liga Carioca de Atletismo, no qual demonstrava sua preocupação em relação ao atletismo feminino no Brasil: "É impressionante o descaso até agora, com relação ao atletismo feminino. Será que a nossa [sociedade] desconhece o papel saliente que a mulher vem demonstrando em provas de atletismo no cenário mundial?" (Guimarães, 1934, p. 14).

O secretário deu exemplos de uma série de países como França, Itália, EUA e Tcheco-Eslováquia, e arrematou afirmando: "As competições femininas nesses países são talvez muito mais importantes hoje do que as nossas masculinas!" (Guimarães, 1934, p. 14).

## As Mulheres e o Esporte Olímpico Brasileiro

Basta lembrarmos que a primeira participação das mulheres no atletismo em Jogos Olímpicos havia ocorrido na edição de 1928, em Amsterdã, e a partir daí os recordes foram sendo quebrados um atrás do outro em um ritmo bastante acelerado. Além disso, desde 1922 vinham sendo realizados os Jogos Mundiais de Mulheres[9] – organizados pela Federação Internacional Desportiva Feminina, fundada pela atleta e militante Alice Milliat –, que contavam com um programa de atletismo (Cruz, Silva & Gomes, 2006).

Esse exemplo parece sugerir algo interessante, que mereceria maior atenção, a existência de uma pressão internacional, mesmo que indireta, para que a prática do desporto competitivo feminino no Brasil acompanhasse a tendência mundial, o que favoreceria, eventualmente, alguma atleta que se destacasse em seu clube. A despeito disso, a primeira participação de atletas brasileiras em Jogos Olímpicos só viria a ocorrer na edição de Londres, em 1948.

Em 1937, foi publicado um artigo de autoria do Cap. Jair Jordão Ramos, professor da Escola de Educação Física do Exército, intitulado "Educação Física feminina", no qual reservava duas seções para discutir o uso do esporte na educação física feminina e a participação da mulher em competições esportivas. O autor dividiu o esporte em três categorias, de acordo com a recomendação em relação à prática feminina:

1ª – aqueles que deviam ser contraindicados e mesmo abolidos;

2ª – aqueles de possível prática desde que as mulheres estivessem sob controle médico cuidadoso e fossem dirigidas por treinador competente;

3ª – aqueles que eram especialmente recomendados.

A primeira categoria incluía o futebol, o boxe, a luta olímpica, os levantamentos de peso, a ginástica de aparelhos, o salto em distância

---

[9] Tais Jogos ocorreram de quatro em quatro anos desde 1922 até 1934; porém, a nomenclatura da primeira edição – "Jogos Olímpicos das Mulheres" – teve de ser alterado, pois o Comitê Olímpico Internacional (COI) reivindicava apenas para si o uso do termo "olímpico" (Cruz et al., 2006).

**As mulheres e o esporte olímpico brasileiro entre as décadas de 1930 a 1960: as políticas públicas do esporte e da educação física**

com impulso, o salto com vara, o *cross-country* em distâncias excessivas ou em terrenos difíceis, a corrida de fundo, certas corridas de velocidade e de barreiras e o motociclismo. Não havia qualquer justificativa a respeito dessas modalidades, além da ressalva de que essa lista pode não ser absoluta, a depender da constituição física da mulher que praticar a modalidade, pois "a mulher é levada à prática de certos esportes pela sua constituição, mas não é o esporte responsável por sua constituição" (Ramos, 1937, p. 37).

A segunda categoria incluía os lançamentos e provas curtas do atletismo, o *cross-country* em distâncias pequenas, o remo em competição, a patinação, a equitação e o ciclismo. Também não haviam quaisquer considerações que justificassem a inclusão desses esportes na lista, a não ser a respeito do cuidado a ser dispensado às praticantes de equitação em função das *indisposições periódicas* e para se evitar o relaxamento da musculatura abdominal.

Por fim, na última categoria encontravam-se os esportes tradicionalmente recomendados. O preferido dos médicos e professores de Educação Física, a natação, é o primeiro da lista, seguido pelo tênis (devendo ser preferencialmente praticado com os dois braços), o vôlei – por sua ação sobre os músculos da coluna vertebral e abdominais –, o basquete, o hóquei, o golfe, a canoagem, o remo não competitivo em barcos leves, de preferência, o tiro ao arco, a esgrima com ambos os braços e o lançamento de dardo. Tais esportes eram indicados pelos supostos benefícios ao aperfeiçoamento físico da mulher por serem fonte de prazer físico.

A seguir, prescreve o que considerava deverem ser as máximas para a organização das competições esportivas femininas nas provas clássicas, das quais transcreverei aquelas que apresentam alguma justificativa:

> – No ponto de vista esportivo, as corridas de velocidade intensa exigindo subitamente o máximo de dispêndio de energia, são pouco apropriadas à mulher. Por isso, em todas as circunstâncias, a sua prática não deverá ultrapassar de 80

metros. É bem verdade que nas últimas olimpíadas foram realizadas para elas provas de 100 metros, mas devemos observar que isso não constitui a regra, pois tal poderá acontecer, quando a mulher possuir o tipo constitucional adequado.

– As corridas de velocidade prolongada deverão ser suprimidas, por exigirem uma despesa energética que ultrapassa o esforço julgado aproveitável e harmonioso com o desenvolvimento físico às concorrentes.

– A distância de 80 metros, sobre a qual se faz a corrida de velocidade, deverá ser reduzida a 75 metros no caso da corrida de revezamento, visto como as lutas por equipes provocam esforços maiores que as corridas individuais. Nas últimas olimpíadas foram realizadas provas de 4 x 100, mas a simples observação da constituição física das concorrentes nos leva à justificação deste fato. (Ramos, 1937, pp. 37-38)

Por fim, o capitão ainda deixava exposta sua aversão à busca por recordes, pensamento também encontrado em outros artigos da época com teor parecido, nos quais alguns autores justificavam esse medo pelo risco da "masculinização" das atletas ao engajarem-se nesta empreitada.

Nesse período era muito comum encontrar asserções médicas que condenavam as práticas esportivas para as mulheres que estivessem menstruadas. Há um artigo de Valdemar Areno, médico da Liga Carioca de Natação, no qual este punha em dúvida a cientificidade de tais asserções:

> A menstruação normal é uma seqüência [sic] periódica, fisiológica e não uma enfermidade que exija repouso; os que contra-indicam [sic] os exercícios nessa época não provaram ainda, satisfatoriamente, como possa o trabalho muscular intenso modificar as características do ciclo catamenial. (Areno, 1938)

**As mulheres e o esporte olímpico brasileiro entre as décadas de 1930 a 1960: as políticas públicas do esporte e da educação física**

Não vem ao caso discutir tal afirmação à luz dos conhecimentos fisiológicos atuais no que se refere aos efeitos do exercício e do ciclo menstrual, mas essa citação é válida para deixar registrado aqui os constantes debates travados na literatura médica da época referindo-se a esse e outros temas relativos à prática esportiva feminina.

Enfim, ecoando grande parte desses discursos, teríamos em 1941 o Decreto-Lei Nº 3.199, dando sequência a toda uma série de investimentos na área da Educação Física e do Desporto, estabelecendo as bases de organização dos desportos em todo o país, instituindo, no Ministério da Educação e Saúde, o Conselho Nacional de Desportos (CND), destinado a orientar, fiscalizar e incentivar a prática dos desportos em todo o país. Em seu artigo 54, aparentemente vago[10], estabelece-se que "[Art. 54.] Às mulheres não se permitirá a prática de desportos incompatíveis com as condições de sua natureza, devendo, para este efeito, o Conselho Nacional de Desportos baixar as necessárias instruções às entidades desportivas do país" (Decreto-Lei Nº 3.199, 1941).

## O *status* da Educação Física e do desporto pós-Estado Novo

Ao longo da II Guerra e com a intensificação do combate ao nazifascismo em nível mundial, o governo discricionário do Estado Novo começou a perder força. As pressões externas para que o Brasil entrasse na guerra ao lado dos Aliados expunha as contradições na vida política brasileira. "Como iríamos lutar contra a opressão e a ditadura na Europa, enquanto aqui mesmo, dentro de nossas fronteiras, vivíamos uma situação semelhante, com prisões, torturas, deportações,

---

[10] Digo "aparentemente" por tratar-se de um Decreto-Lei, acredito eu, já que o mesmo determina que cabe ao CND baixar as necessárias instruções às entidades desportivas do país. E é exatamente isso que encontramos em um artigo publicado, no mesmo ano do decreto, na revista *Educação Physica*, n.59, p.75, transcrevendo as razões apresentadas pelo General Newton Cavalcanti ao CND para o estabelecimento das instruções que regulariam a prática dos desportos femininos no país. Entre muitas das instruções encontramos, inclusive, em plena consonância com o espírito do Decreto-Lei 3.199, algo muito próximo daquilo futuramente determinado na Deliberação Nº 7 do órgão em questão, expressando ser terminantemente proibida a prática de futebol, *rugby*, polo e *water-polo* por constituírem desportos violentos e não adaptáveis ao sexo feminino (Goellner, 2003).

## As Mulheres e o Esporte Olímpico Brasileiro

censura à imprensa, partidos políticos proibidos etc.?" (Gomes et al., 2007, p. 275).

Vários agentes sociais se manifestaram no cenário político brasileiro contra o governo de Vargas. Estudantes, comunistas, liberais, empresários e militares formavam grupos de resistência ao sistema. O racha no principal sustentáculo do Estado Novo, as Forças Armadas, foi decisivo para deixar contados os dias do regime[11]. Em 29 de outubro de 1945, Vargas renuncia, deixando José Linhares em seu lugar até as eleições presidenciais no início de dezembro (Ferreira, 2003a; Gomes et al., 2007).

Com o fim do regime, diversos grupos organizados passaram a defender projetos de sociedade, economia, educação e cultura, inspirados na ideologia liberal-democrática – agentes que haviam ficado um tanto quanto marginalizados durante o Estado Novo. Dentre esses grupos, destacavam-se os educadores da Escola Nova, um movimento educacional presente no país desde a década de 20, inspirado em ideias vigentes nos Estados Unidos e na Europa, baseadas em autores como Dewey e Durkheim. Estes grupos se opunham às formas e princípios da educação tradicional aqui praticada até então. Fundamentados também em estudos da Biologia e da Psicologia, buscavam atender o educando de acordo com suas necessidades específicas em relação à sua faixa etária (Betti, 1991; Ferreira, 2003b).

O movimento escolanovista defendia, ainda, ideais como a coeducação dos sexos, a laicidade do ensino e o monopólio da educação pelo Estado, pontos estes que geraram muita polêmica junto a setores conservadores da educação, particularmente, a Igreja Católica. Tal contenda foi reacesa na Assembleia Nacional Constituinte que elaborou a Constituição de 1946. Esta estabelecia, entre outros pontos, ser competência da União legislar sobre as diretrizes e bases da educação nacional e garantia a educação como um direito de todos, assim como a obrigatoriedade e gratuidade do ensino primário (Betti, 1991).

---

[11] "No início de 1945, sem o apoio dos altos escalões das Forças Armadas, cindindo o grupo que cercava no Palácio do Catete e com a derrota irremediável dos fascismos na Europa, Vargas perdeu a base de sustentação de seu poder, e, portanto, as condições políticas para continuar na presidência da República" (Ferreira, 2003a, p. 16).

**As mulheres e o esporte olímpico brasileiro entre as décadas de 1930 a 1960: as políticas públicas do esporte e da educação física**

A briga continuava, tendo como tema central a expansão da escola pública – defendida pelos escolanovistas – frente à defesa da iniciativa privada – sob a égide dos católicos –, com o projeto de reforma da educação nacional apresentado pelo Ministro da Educação, Clemente Mariani, que foi elaborado por uma comissão de educadores de ambos as partes e enviado à Câmara Federal em 1948. As muitas "idas e vindas" do projeto levaram ao surgimento da "Campanha em defesa da Escola Pública", lançada por educadores escolanovistas unidos a intelectuais, líderes sindicais e profissionais de outras áreas (Betti, 1991).

A despeito dessa mobilização, o anteprojeto final continha princípios como *educação fundamentada nos direitos da família e proteção à escola privada*. Mesmo assim, assiste-se, a partir do final da década de 40, a uma relativa expansão da escola pública no país[12] (Betti, 1991; Pierucci, 2007).

Com relação à Educação Física, neste período foram criados os Centros de Educação Física, atendendo as reivindicações de estabelecimentos particulares de ensino que alegavam dificuldades em desenvolver a educação física no ensino médio. Tais centros seriam propícios à prática de atividades físicas.

Durante as décadas de 50 e 60 foi que a introdução da Educação Física no sistema escolar brasileiro de primeiro e segundo graus foi consolidada, primeiramente com a Portaria Ministerial nº 168, de 17 de abril de 1956 – fixando as disposições em vigor sobre a prática da educação física no ensino secundário e determinando que as atividades escolares fossem suspensas para a participação em competições esportivas e demonstrações de Educação Física – e depois com a inclusão da obrigatoriedade da educação física na LDB de 1961 para os cursos primário e médio, até os 18 anos de idade (Betti, 1991).

Essa importância dada às atividades esportivas, observada na Portaria Ministerial citada acima, ilustra um movimento em ascensão

---

[12] Embora não venha ao caso citar os números de matrícula no ensino primário e secundário deste período e do anterior, este é um indicativo a ser considerado para se avaliar o impacto das políticas públicas de educação física e desporto no âmbito das escolas.

## As Mulheres e o Esporte Olímpico Brasileiro

– que será consolidado na década de 70 –, colocando a *performance* esportiva como razão de planejamento estatal, a Portaria nº 148 do Ministério da Educação e Cultura, de 27 de abril de 1967, definiu a Educação Física como "um conjunto de ginástica, jogos, desportos, danças e recreação", e define as competições esportivas como atividades regulares da Educação Física, se dirigidas ou organizadas por professor habilitado (Betti, 1991, p. 93).

Nesse período, propagaram-se novas conceituações da Educação Física que possuem em comum certa influência da Escola Nova, assim como a crítica ao tradicional reducionismo com que a área aborda a educação e seus educandos, além de críticas ao Método Francês.

Autores como Inezil Pena Marinho, Albino M. Costa, Alfredo Colombo e Antônio B. da Silva traziam em comum o descontentamento com a tradicional desconsideração de aspectos que não os anatômicos e fisiológicos (tais como o psicológico e social) por parte da Educação Física, encarnada principalmente pelo Método Francês. Apontavam a necessidade de se trabalhar com conteúdos mais próximos, e consequentemente atrativos, da tendência "natural" para cada faixa etária com a qual se trabalhará (Betti, 1991).

Toda essa efervescência intelectual se materializou no Decreto 58.130, de 1966, sob a forma do conceito biopsicossocial, que definia o objetivo da Educação Física como sendo o de "aproveitar e dirigir as forças do indivíduo – físicas, morais, intelectuais e sociais, de maneira a utilizá-las na sua totalidade" (Brasil, Presidência da República, 1966, citado por Betti, 1991).

Como pôde ser evidenciado acima, as tradicionais ginásticas estavam fora de moda, e cada vez mais métodos de Educação Física baseados no esporte estavam sendo desenvolvidos, justificados pelas vantagens inerentes a este, como o desenvolvimento da liderança, da solidariedade, lealdade, desenvolvimento intelectual, melhora das condições psicomorfofisiológicas, maior adaptabilidade com relação ao sexo e as diversas faixas etárias etc.

Também se podia observar o crescente interesse dos órgãos oficiais como a Divisão de Educação Física, dentro do Ministério

**As mulheres e o esporte olímpico brasileiro entre as décadas de 1930 a 1960: as políticas públicas do esporte e da educação física**

da Educação e Cultura, que passa a publicar com grande frequência, em seu boletim oficial, artigos sobre esporte e treinamento esportivo, demonstrando a preocupação com o desempenho das equipes nacionais (Betti, 1991).

É bem provável que tal direcionamento de interesses advenha do crescente vulto que as competições internacionais vinham produzindo, entre elas, os Jogos Olímpicos. Podemos observar isso nas recomendações feitas por Luiz dos Santos para melhorar o desempenho atlético brasileiro nas competições esportivas internacionais, no artigo intitulado "O caminho olímpico", publicado no boletim oficial da Divisão de Educação Física, entre as quais se afigura a criação do Ministério da Educação Física e Desportos (Betti, 1991).

Em um artigo de 1953 publicado na *Revista de Educação Física* (editada pela Escola de Educação Física do Exército), Martins Capistrano teceu considerações a respeito da educação feminina, como tantos já haviam feito nessa mesma revista; o destaque estava no papel que o esporte ocupava agora, não mais de forma secundária em relação às ginásticas das décadas anteriores, mas como atividade preferencial para se alcançar os objetivos da educação física. Nesse artigo, procurou chamar as atenções das leitoras para o esporte falando da importância adquirida por este em outros países:

> Em todos os países, notadamente naqueles onde mais se cultiva a estética do corpo e do espírito, há, na atualidade apressada em que vivemos, um grande interesse, entre as mulheres, pelos desportos, que são a prática sistemática dos exercícios físicos. (Capistrano, 1953)

E arrematou: "O organismo feminino, surpreendente e complexo, não pode, de maneira alguma, prescindir das práticas desportivas sob os mais variados aspectos, e que' lhe darão, não só excelente bem estar físico, mas também o sentido da serenidade feliz" (Capistrano, 1953).

A decorrência desse processo é que as competições esportivas escolares constituíram-se em atividades regulares da Educação

## As Mulheres e o Esporte Olímpico Brasileiro

Física – e mais objetivamente tornaram-se vitrine para a seleção de potenciais atletas, fazendo com que a educação física escolar fosse balizada pelo esporte de alto rendimento, como uma ferramenta para alcançar seu desenvolvimento.

Em entrevista concedida a nós, Silvina das Graças Pereira, participante dos Jogos em 1976 na edição de Montreal, atesta esse fim da educação física escolar falando sobre seu início no esporte na década de 60 no Rio de Janeiro. "O atletismo começou em uma aula de Educação Física na escola, sabe aquela coisa do professor ver aquela pessoa magra, com as pernas cumpridas e dizer 'essa menina corre?'" (Silvina das Graças Pereira, em entrevista realizada em 2008). Seu professor lhe disse: "Olha vamos fazer uma seleção aqui para ver quem vai defender o colégio nos Jogos Infantis" (Silvina das Graças Pereira, em entrevista realizada em 2008).

Selecionada para a competição, foi campeã nos 75 m e no salto em distância, batendo ambos os recordes: "No dia seguinte saiu no jornal, na parte de esportes: 'X abafa no salto em distância, bate o recorde nos 75m'" (Silvina das Graças Pereira, em entrevista realizada em 2008). Mais uma vez escolhida para representar a escola, a atleta participa dos Jogos da Primavera, no qual sagra-se campeã mais uma vez nos 75 m e no salto em distância, mas agora também competindo nos 100 m e no revezamento 4 x 75 m.

> Aí quando terminou a competição, três pessoas vieram me procurar. Primeiro foi uma pessoa representando o Flamengo, que veio me procurar, me dizendo que o clube estava interessado que eu entrasse para a equipe deles... Depois veio uma pessoa do Fluminense, veio uma do Vasco, e depois uma do Botafogo. (Silvina das Graças Pereira, em entrevista realizada em 2008)

Esse incentivo à descoberta de atletas, independentes de serem mulheres ou homens – note-se o destaque dado pelo jornal à competição juvenil – contrasta, porém, com a Deliberação n° 7 do Conselho

**As mulheres e o esporte olímpico brasileiro entre as décadas de 1930 a 1960: as políticas públicas do esporte e da educação física**

Nacional de Desportos, de 1965, revogada apenas em 1979, a qual trata da prática de esportes entre as mulheres, estabelecendo que:

> Nº 1 Às mulheres se permitirá a prática de desporto nas formas, modalidades e condições estabelecidas pelas entidades internacionais dirigentes de cada desporto, inclusive em competições, observando o disposto na presente deliberação.
>
> Nº 2 Não é permitida a prática de lutas de qualquer natureza, futebol, futebol de salão, futebol de praia, polo aquático, polo, *rugby*, halterofilismo e *baseball*. (Castellani Filho, 2007, pp. 62-63)

As ideologias de gênero refletidas nas políticas públicas de regulamentação do Desporto e da Educação Física feminina e suas possíveis repercussões nos discursos de atletas e na organização do esporte olímpico feminino no Brasil.

Todas essas asserções presentes do Regulamento nº 7 ao conteúdo das deliberações do CND prescreviam cuidados com o corpo e condutas em relação às atividades físicas femininas; além disso, também delimitavam e pressupunham rígidos papéis sociais, como a maternidade e o matrimônio. Tais asserções fundamentavam-se em uma concepção "naturalizada" do corpo e das condutas femininas.

É interessante notar que tal concepção é reproduzida no discurso de algumas atletas, mas também contestada por outras. Como exemplo, observemos o relato de duas ex-atletas olímpicas brasileiras quando perguntadas a respeito de como foi ser mulher atleta.

A primeira delas – atleta participante nas edições dos Jogos de 1952 e 1960 em Helsinque e Roma, respectivamente –, nos responde entusiasmadamente que:

> ser uma mulher atleta é maravilhoso, é fabuloso, é lindo, é maravilhoso, principalmente quando você se sente mulher, não só atleta, porque a mulher tem que ser bonita, a atleta também, então eu sempre fui uma atleta que sempre

me cuidei, sempre fui mulher e atleta. Então quando eu adentrava na pista eu sempre estava com o meu cabelinho arrumado, o meu rostinho pintado, com o meu "batonzinho" pintado, sempre gostei do meu perfume, sempre me senti como mulher e esportista. (Wanda dos Santos, em entrevista realizada em 2008)

Já Silvina das Graças Pereira participante dos Jogos em 1976 (Montreal), não é tão saudosista em seu relato:

> É uma barra. Uma barra muito pesada, e principalmente na época em que eu comecei a fazer. Agora as pessoas já começam a aceitar um pouco, mas naquela época era uma coisa muito difícil. Porque já de cara as pessoas dizem "aquela menina parece um homem", já começa com essa discriminação. E isso de "parece um homem" já é o caminho para vir uma série de críticas a você... As pessoas sabiam que você era diferente, que você fazia uma coisa diferente, mas não valorizavam aquela diferença. (Silvina das Graças Pereira, em entrevista realizada em 2008)

Esse contraste é algo bastante inquietante. Por que uma atleta apresenta uma postura tão resignada que até reforça rígidas determinações ideológicas às mulheres, como o dever de ser bela, e outra demonstra bastante inconformismo com tais sanções?

A fala da segunda atleta ilustra bem como a sociedade opera com uma identidade normatizada. Da mulher espera-se que seja bela e sempre cuidadosa com sua aparência, de modo algum mais forte do que um homem etc. É interessante o conflito da primeira atleta, cindindo o binômio mulher/atleta, ao afirmar que sempre foi mulher e atleta, como se em princípio pudesse haver algo que impossibilitasse uma mulher de ser atleta. Sua condição como mulher estava assegurada quando se mantinha sempre preocupada em garantir sua beleza, sua maquiagem etc.

**As mulheres e o esporte olímpico brasileiro entre as décadas de 1930 a 1960: as políticas públicas do esporte e da educação física**

A interiorização dessas sanções por parte das mulheres atletas é com certeza um tema sobre o qual pouco se tem debruçado, mas que é fundamental para resgatar o processo de constituição da identidade da mulher atleta no Brasil e reconstituir o imaginário criado nesse processo. Analisar a história de vida das atletas, investigando, conjuntamente o contexto histórico e social em que viviam e vivem, pode nos indicar cominhos para compreender as diferenças nos discursos das atletas.

Voltando-nos para as políticas públicas apresentadas neste trabalho, acreditar que as mesmas foram feitas por indivíduos "iluminados", como os lideres do CND, dos elaboradores das políticas educacionais, editores de revistas entre outras figuras de destaque público, e, portanto, fizeram valer suas concepções de mulher e práticas corporais, pode ser ingênuo. Elas e seus criadores refletem as concepções de gênero, corpo e mulher que permeavam a sociedade e suas instituições no contexto histórico em que foram criadas. Com isso queremos dizer que as políticas públicas citadas são reflexos dos discursos proferidos naquele contexto a respeito da mulher e do esporte.

Uma das coisas mais interessantes sobre todos esses discursos que de um modo em geral restringem a prática feminina de esportes (embora não fossem uníssonos), buscando ao menos cercear seu caráter competitivo, é que foram proferidos, a maioria dos aqui citados, após 1932, ano da primeira participação brasileira feminina em uma Olimpíada (Los Angeles), com Maria Lenk na natação.

Esse feito é sempre destacado, não injustamente, como um marco no esporte feminino nacional. Porém, algumas ressalvas devem ser feitas. É difícil considerá-lo como o "pontapé" definitivo para a massificação do esporte competitivo feminino no país. Basta olharmos que só a partir da década de 70 o número de participantes nos Jogos começa a crescer de forma mais acentuada[13] – embora isso também não nos possa dar maiores garantias.

---

[13] A partir de 1932, o número de participantes cresceu até 1948 (Londres), quando a delegação brasileira contou com onze atletas femininas, e caiu entre 1952 (Helsinque) e 1972 (Monique),

As Mulheres e o Esporte Olímpico Brasileiro

Além disso, a maioria das atletas da década de 30 treinavam em clubes e sociedades esportivas particulares, que como já foi citado, foram fundados e frequentados por imigrantes ou descendentes de imigrantes, advindos de países onde a prática esportiva, inclusive feminina, era muito mais comum do que no Brasil.

Aqui no Brasil, Maria Lenk e sua irmã Sieglind são exemplos; as atletas, filhas de alemães, receberam suas primeiras aulas de natação do próprio pai, Paul Lenk, quando ainda jovens (Lenk, 1982).

As duas modalidades em que o Brasil contou com representantes nas duas edições dos Jogos da década de 30, natação e esgrima, faziam parte das modalidades amplamente recomendadas por médicos e instrutores de educação física do período, devido à compatibilidade de suas características com a "alma" e a "estrutura" física feminina.

A pressão indireta que os desempenhos que as delegações de países europeus e dos Estados Unidos exercia sobre educadores e treinadores brasileiros, como nos sugere o artigo de 1934 de Silvio Guimarães – já discutido anteriormente –, também deve ser levado em conta para compreendermos a abertura das portas para a mulher no esporte competitivo no país.

Esses são alguns fatores, entre tantos outros, que nos chamam a atenção e que devem ser examinados para compreendermos melhor a inserção da mulher no esporte no Brasil.

Com relação às deliberações do CND, deve-se investigar qual a possível relação entre suas publicações e o oscilante número de participantes nos Jogos, porém, é provável que estejam mais associadas ao atraso no desenvolvimento de modalidades como o futebol e o judô femininos no Brasil.

Muito importante, mas não investigado neste trabalho, é o papel do Comitê Olímpico Brasileiro e da extinta Confederação Brasileira de Desportos na implementação ou não dessas políticas públicas, e

---

sendo que em 1956, 1960 e 1964 – Melbourne, Roma e Tóquio, respectivamente – o Brasil contou com apenas uma participante em cada edição dos Jogos.

**As mulheres e o esporte olímpico brasileiro entre as décadas de 1930 a 1960: as políticas públicas do esporte e da educação física**

mesmo se houve alguma relação direta ou indireta com a elaboração das mesmas.

Para concluir, há um trecho de uma entrevista, já diversas vezes aqui citada, concedida por aquela atleta participante da edição de 1976 dos Jogos em Montreal, no qual faz referência a um episódio em 1975, quando esteve treinando na Alemanha em função de um convênio assinado entre este país e o Brasil:

> Na Alemanha minha realidade era uma, aqui no Brasil era outra. Na Alemanha eu não trabalhava, eu ficava só deitada, descansando, treinando e passeando. Aqui não. Aqui eu voltei a morar na Mangueira... O problema não era morar aqui na Mangueira, o problema era que eu tinha que trabalhar, eu tinha que cumprir horário de trabalho... Não adianta nada você ter uma atleta que tem potencial para fazer grandes resultados, para participar de Olimpíadas, e Olimpíadas, e ela trabalha, tem horário de trabalho. (Silvina das Graças Pereira, em entrevista realizada em 2008)

Isso sugere que se não podemos afirmar categoricamente que as políticas públicas não restringiram diretamente e determinantemente o engajamento de mulheres brasileiras em esportes – aquelas modalidades não proibidas pelas deliberações do CND atestam isso –, ao menos a ausência de políticas de incentivo parece tê-lo feito.

## Referências bibliográficas

Areno, V. (1938, julho). A mulher e o esporte. *Revista de Educação Física*. Recuperado em 02 de dezembro de 2008, de http://www.revistadeeducacaofisica.com.br/artigos/1938/40_amulher.pdf

Betti, M. (1991). *Educação Física e Sociedade*. São Paulo: Movimento.

*Constituição dos Estados Unidos do Brasil*. (1937). Recuperado em 8 de outubro de 2007, de http://www.planalto.gov.br/ccivil/Constituicao/Constituicao37.htm

As Mulheres e o Esporte Olímpico Brasileiro

*Decreto-Lei n. 3.199*. Rio de Janeiro, 1941. Recuperado em 8 de outubro de 2007, de http://www6.senado.gov.br/legislacao/ListaPublicacoes. action?id=152593

*Regulamento n° 7 de educação física*. (1934). Recuperado em 08 de outubro de 2007, de http://www.we3m.com.br/cev/regulamento/fla01.htm

Branco, P. C. (1933, novembro). Da eugenia. *Revista de Educação Física* (Rio de Janeiro), 4 p. 19. Recuperado em 02 de dezembro de 2008, de http://www.revistadeeducacaofisica.com.br/artigos/1933/12_daeugenia.pdf

Capistrano, M. (1953, janeiro). A educação física e a mulher. *Revista de Educação Física* (Rio de Janeiro). Recuperado em 02 de dezembro de 2008, de http://www.revistadeeducacaofisica.com.br/artigos/1953/jan_aedfiseamulher.pdf

Castellani Filho, L. (2007). *Educação Física no Brasil: a história que não se conta*. Campinas: Papirus.

Cruz, I., Silva, P., & Gomes, P. B. (2006). *Deusas e guerreiras dos Jogos Olímpicos*. Lisboa: Comissão para Igualdade e para os Direitos das Mulheres.

Ferreira, J. (2003a). A democratização de 1945 e o movimento queremista. In: J. Ferreira & L. A. N. Delgado (Orgs.), *O tempo da experiência democrática: da democratização de 1945 ao golpe civil-militar de 1964* (O Brasil Republicano, pp.13-46). Rio de Janeiro: Civilização Brasileira.

Ferreira, J. (2003b). Crises da República: 1954, 1955 e 1961. In: J. Ferreira, & L. A. .N. Delgado, *O tempo da experiência democrática: da democratização de 1945 ao golpe civil-militar de 1964* (O Brasil Republicano, p. 301-342). Rio de Janeiro: Civilização Brasileira.

Freedman, J. (2004). *Feminismo ¿Unidade o conflito?*. Madrid: Narcea, S.A. de Ediciones.

Goellner, S. V. (1996). O método francês e militarização da educação física na escola brasileira. In A. Ferreira Neto (Org.), *Pesquisa histórica na Educação Física brasileira*. Vitória: UFES, Centro de Educação Física e Desportos.

Goellner, S. V. (2003). *Bela, maternal e feminina: imagens da mulher na Revista Educação Physica*. Ijuí: Editora Unijuí.

Goellner, S. V. (2004). O espetáculo do corpo: mulheres e exercitação física no início do século XX. In M. J. S. Carvalho & C. M. F. Rocha (Orgs.), *Produzindo gênero*. Porto Alegre: Sulina.

**As mulheres e o esporte olímpico brasileiro entre as décadas de 1930 a 1960: as políticas públicas do esporte e da educação física**

Goellner, S. V. (2008). A produção cultural do corpo. In: G. L. Louro, J. Felipe, & S. V. Goellner. *Corpo, gênero e sexualidade: um debate contemporâneo na educação* (4a ed., pp. 28-40). Petrópolis: Vozes.

Gomes, A. M. C. et al. (2007). *Sociedade e política: (1930-1964)* (9a ed.) (História Geral da Civilização Brasileira). Rio de Janeiro: Bertrand Brasil.

Guimarães, S. (1934, julho). O desporto feminino. *Revista de Educação Física* (Rio de Janeiro), (12). Recuperado em 02 de dezembro de 2008, de http://www.revistadeeducacaofisica.com.br/artigos/1934/16_odesporto.pdf

Lenk, M. (1982). *Braçadas e Abraços*. Boa Vista: Grupo Atlântica.

Lenskyj, H. (1986). *Out of bounds: women, sport & sexuality*. Toronto: Women's Press.

Meyer, D. E. (2008). Gênero e educação: teoria e política. In G. L. Louro, J. Felipe & S. V. Goellner (Orgs.), *Corpo, gênero e sexualidade: um debate contemporâneo na educação* (4a ed., pp. 9-27). Petrópolis: Vozes.

Pierucci, A. F. O. et al. (2007). *Economia e cultura: (1930-1964)*. (4a ed.). (História Geral da Civilização Brasileira). Rio de Janeiro: Bertrand Brasil.

Queiroz, M. I. P. (1988). Relatos orais: do "indizível" ao "dizível". In O. M. Von Simson (Org.), *Experimentos com histórias de vida*. São Paulo: Vértice/Editora Revista dos Tribunais.

Ramos, J. J. (1937, dezembro). Educação física feminina. *Revista de Educação Física* (Rio de Janeiro), (37), 35-38. Recuperado em 02 de dezembro de 2008, de http://www.revistadeeducacaofisica.com.br/artigos/1937/37_edfisfeminina.pdf

Rubio, K., Simões, A. C. (1999). De espectadoras a protagonistas: a conquista do espaço esportivo pelas mulheres. *Revista Movimento*, 5(11), 50-56.

Rubio, K. (2001). *O atleta e o mito do herói*. São Paulo: Casa do Psicólogo.

Rubio, K. (2004). *Heróis olímpicos brasileiros*. São Paulo: Zouk.

Rubio, K. (2006). *Medalhistas olímpicos brasileiros: histórias, memórias e imaginário*. São Paulo: Casa do Psicólogo.

Schienbinger, L. (2001). *O feminismo mudou a ciência?* (R. Fiker, trad.). Bauru: EDUSC.

Silva, T. T. (2000). A produção social da identidade e a diferença. In. T. Silva (Org.), *Identidade e diferença: a perspectiva dos Estudos Culturais*. Petrópolis: Vozes.

# "Crimes, espaçonaves, guerrilhas": uma história das brasileiras olímpicas entre as décadas de 60 e 80 do século XX

*Paulo Nascimento*
*Tarsila Firmino Ely Tramontin Batista*

No que tange à geopolítica mundial, a decorrência mais significativa que a II Guerra Mundial (1939-1945) trouxe para o mundo (já assumindo aqui o ônus decorrente de generalizações) foi a divisão do mundo em dois grandes blocos de poder: um, liderado pelos EUA e tido como capitalista; o outro, comandado pela URSS e que se apresentava ao mundo como sendo o bloco socialista. Mais que um momento administrativo de nações de grande poder, que trouxe em seu bojo implicações político-militares e a iminência de uma Terceira Guerra Mundial, a Guerra Fria pode ser percebida como um período histórico que imprimiu aos países sob influência dessas duas grandes potências novos paradigmas e novas experiências de vida (Hobsbawm, 1995, pp. 234-235). No Brasil, nos foram apresentados os Anos Dourados, que resplandeciam graças à política do governo de Juscelino Kubitschek, que trouxe alguma estabilidade política ao país, mesmo com algumas evidências de crise, estabilidade esta importante para a promoção de um alto índice de desenvolvimento econômico (Benevides, 1979, pp. 49-51). A inovação musical da Bossa Nova tomava as rádios, a poesia concreta lançava o seu programa estético, e a tão almejada taça da Copa do Mundo do futebol (esporte cada vez mais associado à identidade nacional), taça que pelo menos desde 1938 era aguardada, fora, enfim, conquistada (Antunes, 2004, p. 284). De acordo com Naves (2003, p. 275),

#### As Mulheres e o Esporte Olímpico Brasileiro

O período compreendido entre meados da década de 1940 e início da década de 1960, no Brasil, é marcado pela experiência da democratização, em termos políticos, e pela emergência de discussões as mais variadas sobre o papel da arte e da cultura. A visão predominante é a de um país que se moderniza e enfrenta uma série de contradições, notadamente no plano social.

Adentrou-se os anos 60, portanto, sob esta recente experiência do nacional-desenvolvimentismo. Os golpes militares na América Latina, bancados pela CIA[1], serviram como estratégia dos EUA para demarcarem território na Guerra Fria e redirecionaram os percursos políticos dos países do continente latino-americano. O Brasil passou a ser governado por João Goulart (tido por alguns, pejorativamente, como comunista), que em seu governo defendeu as "Reformas de Base", projeto que apresentava uma centelha de esperança para a parte da população interessada por uma distribuição de renda menos desigual (Silva, 1985, p. 310). Simultaneamente, tal governo apavorava outra parte da população, temerosa em dividir o bolo prometido, mas até hoje degustado por poucos.

Essa predominância de uma perspectiva dualista para ler o mundo e situar-se nele, repercutia (entre outros âmbitos) na juventude brasileira moradora das grandes cidades (cidades estas que, por sua vez, eram o expoente da aceleração do processo histórico que faria com que o Brasil deixasse de ser um país majoritariamente rural para alcançar, em finais dos anos 90, o posto de país majoritariamente urbano. As cidades, assim, décadas depois alcançariam a condição de metrópoles). A efervescência daquela juventude se expressava, dentre outros espaços, nos festivais de música apresentados nas recém-criadas emissoras de televisão. Uma das principais emissoras brasileiras à época, a TV Record de São Paulo, foi uma das forças que, ao promover programas e festivais de música em sua programação,

---

[1] Sigla em inglês de Agência de Inteligência Secreta Americana – sendo "americana" aqui o equivalente a "estadunidense".

**"Crimes, espaçonaves, guerrilhas": uma história das brasileiras olímpicas entre as décadas de 60 e 80 do século XX**

contribuiu para a assunção de jovens talentos musicais que iniciavam ali o processo de consagração de suas carreiras na história da música popular brasileira. Dentre eles estava Caetano Veloso com sua "Alegria alegria" de 1967 (Veloso, 1989), nos dizendo:

> Caminhando contra o vento
> Sem lenço, sem documento
> Num sol de quase dezembro
> Eu vou

A volúpia por rompimento de paradigmas, modos alternativos de vida e práticas libertárias de vida daqueles anos 60, contudo, estavam com os dias contados em terras tupiniquins. O golpe arquitetado pelos militares em pleno governo civil de João Goulart, em 1º de abril de 1964, instituiu o regime civil-militar de governo, que embora tenha começado a promover a ascensão da economia e de poder de consumo dos brasileiros, o fez sob o auspício de um regime ditatorial de direitos políticos e civis cerceados. Passou a ser comum, para tal regime, governar sob a égide de Atos Institucionais. Dos dezessetes Atos publicados nos vinte anos de regime, o Ato Institucional nº 5 foi o mais emblemático quanto ao cerceamento das liberdades individuais dos cidadãos, como podemos perceber no Artigo 5º do Ato (Brasil, 1968):

> A suspensão dos direitos políticos, com base neste Ato, importa, simultaneamente, em:
> I – cessação de privilégio de foro por prerrogativa de função;
> II – suspensão do direito de votar e de ser votado nas eleições sindicais;
> III – proibição de atividades ou manifestação sobre assunto de natureza política;
> IV – aplicação, quando necessária, das seguintes medidas de segurança:
> a) liberdade vigiada;
> b) proibição de freqüentar [*sic*] determinados lugares;

#### As Mulheres e o Esporte Olímpico Brasileiro

c) domicílio determinado,

§ 1º – O ato que decretar a suspensão dos direitos políticos poderá fixar restrições ou proibições relativamente ao exercício de quaisquer outros direitos públicos ou privados.

§ 2º – As medidas de segurança de que trata o item IV deste artigo serão aplicadas pelo Ministro de Estado da Justiça, defesa a apreciação de seu ato pelo Poder Judiciário.

O AI-5 seria instituído pouco mais de um mês após a cerimônia de encerramento da edição dos Jogos Olímpicos realizados na Cidade do México. Nos Jogos de 1964, tivemos apenas uma atleta, Aída dos Santos, representando o Brasil, competindo no salto em altura. Longe de ser uma exceção, o baixo número de atletas brasileiras nos Jogos Olímpicos foi uma constante entre as edições das décadas de 60 e 70. Contrastar a participação brasileira feminina com a masculina talvez nos ajude a ter uma maior dimensão do quão distantes brasileiros e brasileiras estiveram em termos de representatividade nos Jogos Olímpicos durante este período. Mesmo inconstante, o número de atletas homens nessas décadas foi, em média, de 79 participantes. Com as mulheres, o número da média de participação brasileira nos Jogos cai para cinco.

"Crimes, espaçonaves, guerrilhas": uma história das brasileiras olímpicas entre as décadas de 60 e 80 do século XX

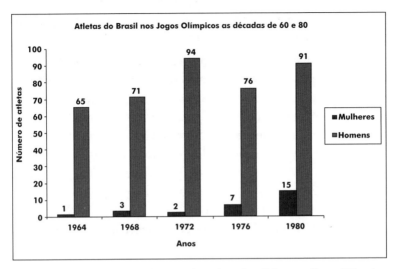

Tabela 1 – Participação, em números, dos atletas brasileiros em Jogos Olímpicos entre as décadas de 1960 a 1980 do século XX. Feita com base nos dados disponíveis em Cardoso, 1996

## "Ela nem sabe, até pensei em cantar na televisão"

Se os jovens músicos brasileiros sentiam-se cada vez mais interessados em se inteirar com o advento da televisão, o mesmo não podia ser dito em relação aos não tão jovens dirigentes do Comitê Olímpico Internacional. O debate sobre a transmissão dos Jogos Olímpicos pela televisão não era consensual e seus dirigentes, reticentes quanto às eventuais intempéries que pudessem decorrer desse novo meio de comunicação, tinham ressalvas em relação aos rumos que o Movimento Olímpico poderia tomar com a televisão servindo de caixa de ressonância literal de suas ações. O presidente do Comitê Olímpico Internacional entre os anos de 1952 a 1972, Avery Bundage, chegou a declarar: "O COI viveu muito bem sessenta anos sem televisão e pode muito bem viver outros sessenta sem televisão" (Bundage, p. 243, citado por Cardoso, 1996.). A frase, ouvida hoje, pode soar estranhamente. Mas não percamos de vista as peculiaridades que tornam os momentos históricos singulares. Ademais, "se o ovo de Colombo é singelo, ele só o é retrospectivamente. O que hoje é transparência nem sempre esteve 'na cara'" (Prado Jr., 1985, p. 110).

Fato foi que os Jogos de Roma marcaram o início das transmissões televisionadas dos Jogos Olímpicos. As cifras que começavam a ser negociadas à época eram bem diferentes comparadas às cifras das negociações que viriam a ser realizadas a partir dos anos 80, quando cresceram vertiginosamente. US$ 50 mil foi o valor recebido pelo COI pelos direitos de transmissão dos Jogos de Roma-1960, valor este que aumentou em US$ 15 mil nos Jogos de Tóquio, em 1964 – acrescido aqui o fato de que, via satélite, a transmissão seria "ao vivo e em cores" para Estados Unidos, Europa e Ásia (Cardoso, 1996, p. 243). Estas cifras são bem diferentes das cifras negociadas atualmente.[2]

## "De um morro lá de Niterói direto pro Japão"

Foi com essa frase que Aída dos Santos, única mulher na delegação brasileira enviada aos Jogos de Tóquio (composta por 64 homens, nenhum deles esportistas da mesma modalidade que a sua), sintetizou seu debute no atletismo dos Jogos Olímpicos. As situações que a jovem atleta teve de enfrentar para alcançar o índice para os Jogos nipônicos envolveram mais do que a concentração em relação ao seu rendimento nas pistas:

> Me obrigaram a fazer o índice cinco vezes. A quinta vez me comunicaram, no dia seis, que no dia sete de setembro era a última eliminatória, outubro já era a Olímpiada. Então eu falei para minha mãe: eu tenho que ir, é a última eliminatória para ir lá e competir. Ela falou: mas antes de você ir você, vai ter que carregar água, lavar roupa, encerar a casa, fazer comida . . . e pegar tua irmã. Então eu fiz tudo

---

[2] Apenas para a negociação dos direitos de transmissão no Brasil, estima-se que a Rede Record, que comprou os direitos de transmissão dos Jogos Olímpicos de 2012 para todas as mídias, tenha pago ao Comitê Olímpico Internacional US$ 60 milhões. Já as redes de televisão Globo e Bandeirantes teriam pago US$ 170 milhões pelos direitos de transmissão dos Jogos de 2016. Para obter mais informações, verifique "Custo de Olimpíada na TV sobe oito vezes em oito anos" (Folha de São Paulo, 28 de agosto de 2009, p. E10).

## "Crimes, espaçonaves, guerrilhas": uma história das brasileiras olímpicas entre as décadas de 60 e 80 do século XX

isso e depois vim aqui para o Maracanã. Cheguei aqui e falei para o meu técnico: olha, eu estou aqui mas eu não quero competir, não. Não quero mais Olimpíada, competir, porque eu estou cansada. "Ué, mas você não se concentrou, não?" Eu falei: "me concentrei: lavei roupa, passei roupa, carreguei água".

Tendo que improvisar um uniforme para ir aos Jogos, sem material adequado para competir, a atleta resolveu-se, com suas próprias palavras:

Quando chegou a uma semana da competição, eu falei: gente eu não tenho sapato de prego! Aí comecei a chorar. Aí um colega meu cubano me levou na representante do Adidas. Aí eu cheguei no Adidas, aí me deram uma bolsa, um sapato de prego e um tênis. Aí na relação pra dar baixa no meu nome, o Brasil não colocou o meu nome. Aí tive que devolver todo o material. Aí eu falei: e agora, como é que vai ser? Aí me levou no Puma, aconteceu a mesma coisa... Como eu chorei muito no Puma, o representante ficou com pena de mim e me deu um sapato de prego do... corredor dos 100 metros.

Depois de outros apuros para deslocar-se ao estádio onde seria realizado as provas classificatórias para as finais, sozinha Aída via suas adversárias acompanhadas por seus respectivos técnicos. Um episódio em específico por ela recordado nos dá alguma dimensão das situações que Aída teve de enfrentar em terra estrangeira, falante de um idioma por ela desconhecido e muito diferente do nosso – recordação esta que despertou alguns risos seus durante o relato: "Chegou um dirigente jßaponês e fez umas perguntas para todos os técnicos, eram quinze concorrentes. Para todos os técnicos, e os técnicos falaram que 'não'. Veio me perguntar e eu falei que não, né? Mas até hoje eu não sei o que ele (*risos*) me perguntou."

Sua participação na final do salto em altura nos Jogos de Tóquio-1964 foi de significativa importância: a atleta conquistou o quarto

## As Mulheres e o Esporte Olímpico Brasileiro

lugar. A expressividade deste resultado pode ser percebida se verificarmos que tal resultado permaneceu por 44 anos como o melhor índice alcançado por uma atleta brasileira em modalidade individual[3]. Com a voz, a realizadora da façanha:

> Eu tava mancando (no dia da final, pela manhã) e a atleta... de Cuba me viu mancando e falou: "¿que te pasa, Brasil?" Eu falei: "Estou com o pé machucado". Ela chamou um médico, cubano, e o médico cubano veio, fez uma botinha de esparadrapo, entendeu, para mim poder ir para a final. Aí na final foi que eu fiquei em quarto lugar, entendeu?, que para mim, o quarto lugar, na hora, a gente não percebe. Quarto lugar, depois, é muito (...). Foi assim que eu me consagrei a quarta do mundo: sem técnico, sem nada, sem material para competir.

Nos Jogos do México-1968, sua segunda participação olímpica, Aída não ficou tão próxima do pódio quanto na edição anterior. Ao contrário de sua participação em Tóquio, Aída foi para a Cidade do México acompanhada por um técnico. Uma informação equivocada dada por este e ela, contudo, influenciou sobremaneira na preparação e, pelo menos, na condição física da atleta para as provas:

> Eu tinha acabado de, eu tinha terminado de treinar, e tava sentada, o repórter chegou, querendo que eu com, fizesse uma sessão na barreira pra ele me ver. Eu falei pro técnico: "Olha, eu tenho que pré-aquecer". "Ah não, mulher não tem distensão". E eu obedeci, né? Na primeira barreira eu caí. Eu destruí o joelho, desandei o joelho... Ele me pegou no colo, me botou no táxi, me levou pra Vila Olímpica, me botou no quarto e falou "Não fala com ninguém".

---

[3] Foram precisos 44 anos (ou onze Olimpíadas) para que o resultado de Aída fosse superado pelo bronze de Ketleyn Quadros no judô. Mais detalhes na reportagem "Do saco..." (Folha de São Paulo, 12 de agosto de 2008, pp. D1-D3.

**"Crimes, espaçonaves, guerrilhas": uma história das brasileiras olímpicas entre as décadas de 60 e 80 do século XX**

Mesmo com a recomendação de não competir, Aída resolveu contrariar médicos e dirigentes:

> Eu saí do hospital, comprei sapato de prego por minha conta e fui pra pista. Quando eu to na pista chega médico, dirigente, técnico... "você não pode se aquecer...", pra fazer a barreira. E eu falei: "Então, eu voltei pra me aquecer!"... Eu terminando a barreira e o médico já me segurando, eu segurando a perna, e ia botando, é, gelo no meu joelho. Então cada prova que eu fazia, que o pentatlo é cinco provas, os médicos do meu lado. Mas eu fiz. Eram trinta e poucos concorrentes, eu fiquei em vigésimo lugar.

Estes relatos contados por Aída dos Santos são emblemáticos da potência própria às histórias de vida, que abrangem e interrelacionam os âmbitos social, familiar, grupal e individual (Bosi, 1994). Em que pese a importância desta história de vida, a primeira (e até hoje única) edição dos Jogos realizada em um país latino-americano ficaria consagrada na História por outra cena também do atletismo, mas não durante a prova – e sim no pódio.

### "Loco por ti, América"

Disse-nos o boxeador Servílio de Oliveira sobre sua participação nos Jogos de 1968, que lhe garantiu a medalha de bronze:

> Eu me relacionava muito bem com os mexicanos e tal! Ih! Realmente é isso que 'cê tá dizendo mesmo, havia assim uma... uma vibração muito forte por parte do povo mexicano, né! E eu me lembro que foi o ano da discórdia também. Os norte-americanos, aquele protesto dos negros contra os... a... o racismo que perdura até hoje. Claro que hoje em dia, mais... mais disfarçado, né! E eu me lembro, e eu cheguei a ver lá, os caras levantando lá, o punho, etc. E depois, tive uma grande surpresa ao ver o George Foreman. Claro que na época, politicamente eu não enxergava muitas

## As Mulheres e o Esporte Olímpico Brasileiro

coisas, né! Mas, o George Foreman, depois que ganhou a medalha de ouro, ele pegou a bandeirinha dos Estados Unidos, cumprimentou todo mundo e tal! E hoje eu, não acho que foi uma atitude legal dele, sendo negro, eu acho que não foi uma atitude legal.[4]

As personagens que emergem do discurso de Servílio são, além do já citado George Foreman, os velocistas John Carlos e Tomie Smith. Foreman conquistou a medalha de ouro na categoria Peso Pesado do boxe. Seu orgulho em ser americano o inspirou, durante a cerimônia do pódio, a ostentar uma bandeirinha americana (Cardoso, 1996, p. 295). Simbolicamente, tal gesto ecoou como potencialmente contraposto em relação ao que Carlos e Smith tinham feito dias antes. Após receberem cada um sua respectiva medalha (Smith foi o campeão da prova, com quebra de recorde mundial, e Carlos garantiu a medalha de bronze), durante a execução do hino nacional americano, levantaram ambos os punhos cerrados, aludindo à saudação dos Panteras Negras. Essas cenas somadas à da atleta tcheca, também no pódio, com ar de menosprezo à soviética com quem dividiu o primeiro lugar no solo (Rubio, 2006, p. 121), foram talvez as mais emblemáticas da edição dos Jogos que, assim como o ano e as movimentações políticas e estudantis, continuam reverberando na vida de atletas, políticos, estudantes e tantos outros.

## Com gritos e com fuzil

Aí, de fato, no dia seguinte, eu fui lá, na Vila Olímpica, e chego lá 'tava cheio de tanque de guerra, polícia, tudo o que pode imaginar. Eu falei: "Meu Deus, estourou a guerra, o que aconteceu". Aí eu soube, depois, né? – porque até divulgarem, né? –, e era do lado do meu quarto que aconteceu. A equipe de Israel era do lado do meu bloco, né...

---

[4] Entrevista cedida à pesquisa *Medalhistas olímpicos brasileiros*, que posteriormente tornou-se fonte do livro *Heróis olímpicos brasileiros*, de Katia Rubio.

**"Crimes, espaçonaves, guerrilhas": uma história das brasileiras olímpicas entre as décadas de 60 e 80 do século XX**

> Depois foi uma tristeza, fizeram um ato fúnebre no estádio, foi muito triste.

A autora deste relato foi uma atleta brasileira classificada para disputar os Jogos de Munique-1972 no adestramento individual do hipismo. Trata-se, tal relato, do seu testemunho da tragédia ocorrida durante a disputa desta edição dos Jogos: um ataque de terroristas palestinos, identificados como membros do comando Setembro Negro, imposto à delegação de Israel, que resultou na trágica morte de dezesseis pessoas (Cardoso, 1996, pp. 303-306). Por conta do imponderável subjacente à condição humana, Ingrid acabou por não disputar a competição. Outro trecho de seu relato transcrito é mais eficiente para nos dar uma maior dimensão do que se passou com a atleta no âmbito competitivo daquela edição dos Jogos:

> Aí fomos pra Munique, e hã, "tava" tudo bem, e, hã, no dia da prova, o meu cavalo amanheceu manco. E, hã, a gente não sabia o que ele tinha, até o Nelson Pessoa ofereceu o veterinário dele e tudo, mas aí essa senhora disse: "No meu cavalo ninguém mexe!". Eu achei estranho, mas depois descobrimos que foi feito um... uma coisa contra o cavalo, porque se ela não entrasse na prova – e ela não ia entrar porque ela não tinha condições – ela não queria que eu entrasse. Então com o próprio cavalo dela ela fez uma, um machucado. Puseram um fio de *nylon* bem fininho, então inchou a pata e ninguém sabia o que que era, né? E aí, hã... isso no dia antes da prova. E o professor só chorava, porque ele soube, só chorava, chorava, falava: "Mas conta, olha aí, a gente pode dar uma injeção..." – porque naquela época não tinha tanto controle de *dopping*, e coisa, né? Mas ela falou "Não, no meu cavalo ninguém mexe!" E nós, cada um "tava" pagando a sua parte lá e tudo, não era ela que tava.

Tendo em vista todas as intempéries as quais fora exposta, a atleta em questão optou por não competir:

## As Mulheres e o Esporte Olímpico Brasileiro

Bom, enfim... aí eu não competi. Porque eu tive dó e não competi, né? Mas eu "taria" mais ou menos entre os vigé..., eu tinha... com o resultado que eu fiz [em competições anteriores], eu taria entre os vinte primeiros colocados.

A entrevista com essa atleta foi uma das que mais nos ofereceu elementos para pensarmos as tensões no esporte que possam ter as questões de gênero como pano de fundo. Em outro momento, disse a mesma atleta, quando convidada a falar sobre eventuais dificuldades que teria enfrentado pelo fato de ser mulher e esportista:

> Hã... nas provas, nem tanto, mas normalmente, quem ganhava eram os militares. E homens. As mulheres não tinham tanto... né? E... hã... foi difícil eu... chegar, e ganhar campeonatos, e tal e tal, e tive que montar muito pra poder ganhar dos homens e dos militares, né? Por exemplo, quando eu... eu fui a primeira mulher a dar aula de adestramento na Hípica Paulista. E eu tinha muitos alunos homens, de salto, que a gente dá o adestramento básico que é, que serve pra qualquer modalidade, que deveriam todos fazer mas não fazem, né? E, hã, no picadeiro da Hípica eu era atropelada por outros caveleiros, porque achavam um absurdo uma mulher dar aula. E havia muito preconceito de montar com uma professora mulher, porque cavalo, hombridade, tal e tal, então como é que uma mulher pode ensinar um homem.

E quando foi falar sobre como estas questões se manifestaram em sua carreira de treinadora, iniciada tão logo a de esportista foi encerrada, disse-nos:

> E aí eu cheguei a dar aula em cima de um cavalo com chicote; se alguém se aproximasse de mim, eu: "Sai", com o chicote [e faz o gesto da chicotada]. Porque era desse jeito. Então, 'cê vê, hoje em dia tem mais mulher dando aula do que homem, né? Mas tinha bastante preconceito contra as

**"Crimes, espaçonaves, guerrilhas": uma história das brasileiras olímpicas entre as décadas de 60 e 80 do século XX**

mulheres. Quando era criança, adolescente, tudo bem, mas depois quando... eu comecei a incomodar os outros, aí... Aí a coisa foi difícil.

No Brasil, viviam-se os anos mais duros da ditadura militar, que ficariam posteriormente conhecidos como "os anos de chumbo":

> A tortura praticada pelo governo não acabou com a derrota das guerrilhas, nem era para surpreender, uma vez que os torturadores não esperaram a ocorrência de uma ameaça armada para começar seu trabalho. . . . Com os roubos de bancos e seqüestros [*sic*] em 1969, os militares da linha dura tiveram a evidência de que necessitavam para justificar a adoção de medidas de força. (Skidimore, 1988, pp. 249-250)

## As novatas

A assunção das crianças na sociedade ocidental não é fenômeno desprezível. Fosse pela perspectiva de verificar parâmetros de comportamento para a análise de vidas adultas, ou a partir da percepção de ser este o momento singular de uma vida, que pouco tem a ver com a ideia de um "adulto em miniatura", esta assunção não é um fenômeno exclusivo do século XX. Abeberados pela fonte de Michel Foucault (2001, pp. 386-387), chegamos a um discurso que se refere à infância como fator de suma importância para o domínio da psiquiatria:

> A infância como fase histórica do desenvolvimento, como forma geral de comportamento, se torna o instrumento maior da psiquiatrização. E direi que é pela infância que a psiquiatria veio a se apropriar do adulto, e da totalidade do adulto. A infância foi o princípio da generalização da psiquiatria; a infância foi, na psiquiatria como em outros domínios, a armadilha de pegar adultos.

### As Mulheres e o Esporte Olímpico Brasileiro

Nos Jogos de Montreal, nos ginásios onde eram disputados os eventos da modalidade Ginástica Artística, uma romena de catorze anos se notabilizaria ao conquistar a inédita nota máxima no evento de barras assimétricas. Na delegação brasileira, representada por apenas sete mulheres nos Jogos Olímpicos do Canadá, a menina romena não passou despercebida entre nossas atletas. Uma destas, à época com dezesseis anos, disse o seguinte sobre como hoje ela tem elaborado para si mesma sua participação em uma competição cercada de tanta repercussão e intensa cobertura midiática em escala global, sendo ela tão novata:

> Assim, pra mim, uma coisa que eu me lembro muito bem, né?, eu "tava" assustada e tudo. Mas quando eu via Nadia Comaneci lá eu falei: "Ah, ela é mais nova do que eu. Então "tá" tudo bem". Aí eu fiquei mais tranqüila [sic], fiquei mais sossegada. Então tinham umas atletas muito, assim, famosas, muito boas. Então aquilo me assustava um pouco.

Disse-nos ainda, sobre as lembranças que ficaram guardadas em relação a este seu debute nos Jogos (a atleta viria a participar de edições futuras):

> Muito bacana. Eu acho assim, que foi a Olimpíada que mais marcou pra mim, que ficou muito marcada. Assim, por exemplo: o desfile, toda aquela festa, aquilo ali ficou muito marcado. Muito mais do que a de Los Angeles, por exemplo, que eu já era madura, papapá... Mas a de Montreal ficou marcada a nível de emoção, de tudo. Essa marcou mesmo.

Entre uma edição e outra dos Jogos, na preparação para o chamado ciclo olímpico, esta atleta nos apresentou uma significativa alteração em sua vida pessoal, que reverberou em sua carreira como atleta:

**"Crimes, espaçonaves, guerrilhas": uma história das brasileiras olímpicas entre as décadas de 60 e 80 do século XX**

É, eu fiz depois que eu... porque eu cheguei nos Estados Unidos, eu ainda era na *High School*, ainda era Ensino Médio. Aí eu terminei o Ensino Médio e depois eu ganhei uma bolsa. Eu ganhei uma bolsa no Colorado e ganhei uma bolsa na Flórida. E aí eu fui pra Flórida porque o meu marido ela ia pra Flórida. Então eu tinha que ir pra onde ele fosse.

Os Jogos de Montreal entraram para a história como a edição mais onerosa da história. A dívida pública contraída pela prefeitura de Montreal alcançou as cifras de US$ 1 milhão, que teve de ser paga em forma de impostos por sua até os recentes anos 2000 (Rubio, 2006, p. 124). Apenas em segurança foram gastos cerca de US$100 milhões de dólares (Cardoso, 1996, p. 326). Tal montante de dinheiro foi investido pelos organizadores com o intuito de domar novas manifestações, terroristas ou protestos, tal qual acontecera nas edições anteriores. Mais um relato de uma atleta brasileira que foi para os Jogos de Montreal pode nos auxiliar a pensar quais eram aqueles tempos para os atletas brasileiros:

Eu sempre fui reivindicadora, eu sempre achei que o atletismo tinha de ter uma posição de destaque, devido aos resultados diante do mundo... Porque, não é nada nem nada, mas nós produzimos três recordistas mundiais de salto triplo. E a nossa condição de treinamento como foram as condições de treinamento deles, não eram boas.

Em vez de resignação ou conformismo ante o estado de seu entorno, o discurso dessa atleta nos permitiu verificar como esta mulher lidava com as questões que ela percebia de algum modo afetar sua vida de atleta, e quais seriam as posturas possíveis para alguma alteração ser, senão executada, ao menos gestada. Prosseguiu ela:

Eu acho que tinha que ter uma situação melhor, nós tínhamos que ficar hospedados em lugar melhor, tínhamos que ter uma alimentação melhor, tínhamos que ter um

## As Mulheres e o Esporte Olímpico Brasileiro

estádio melhor... Então eu sempre reivindiquei isso. Sempre fui um atleta combativa, nunca fui uma atleta que aceitasse as coisas com tranqüilidade [*sic*]. Nunca tive rabo preso, nunca fiz o joguinho... Eu acho que por isso que hoje eu talvez, nunca tenha... o reconhecimento que eu vejo que outras pessoas, que fizeram muito menos, tem.

## Nada no bolso ou nas mãos

A mesma atleta que evocamos há pouco, integrante da equipe olímpica brasileira nos Jogos de 1976, disse o seguinte sobre as diferenças que ela percebeu entre sua vida presente e seu passado: "Comecei a fazer atletismo em uma época em que não se podia falar... Tive que ouvir muito, ver muito, não ver nada e não ouvir nada. Então eu acho que agora eu já posso falar..." Em 28 de agosto de 1979, era promulgada no Brasil pelo então presidente do regime civil-militar João Batista Figueiredo, a lei nº 6.683, consagrada na história política do país como Lei da Anistia. Serviu de importante marco para o novo momento político que se iniciava, de transição lenta e gradual do regime civil-militar para um que fosse oficialmente civil.

A virada da década de 70 para a de 80 se daria com um marco da tensão da Guerra Fria repercutida nos Jogos. Sob o argumento de "retaliação diplomática" ante a invasão soviética ao Afeganistão, o governo americano de Ronald Reagan decidiu declarar boicote aos Jogos de Moscou, a serem realizados em 1980. Quatro anos mais tarde, seria a vez dos soviéticos boicotarem os Jogos. Vamos, contudo, nos conter em relação ao carro e aos bois e, sem pressa, deter primeiro nosso olhar sobre os Jogos sediados na cidade-natal de Fiódor Dostoievski. Com o propósito de termos mais elementos para tratarmos de tal fenômeno, apresentamo-lhes aqui a justificativa de uma atleta olímpica em relação a sua opção por não se envolver nas seletivas para os Jogos de Moscou, que trouxe em seu bojo a não participação nos Jogos de 1980:

**"Crimes, espaçonaves, guerrilhas": uma história das brasileiras olímpicas entre as décadas de 60 e 80 do século XX**

> Eu desisti, eu nem... nem tentei. Eu não queria nem tentar. Porque eu pensava assim: o Brasil sempre foi "Maria-vai-com-as-outras", né? Os Estados Unidos já tinham boicotado a olimpíada. Eu falei: "O quê? O Brasil vai boicotar também". Eu falei: "Eu não vou nem me preocupar com isso. Tô fora. Não quero nem saber porque não quero ficar irritada". E nem me esquentei com isso. Nós deixamos de lado.

A decisão individual desta atleta em boicotar os Jogos soviéticos, entretanto, não incidiu ante as demais atletas brasileiras que conseguiram classificar-se para aquela edição dos Jogos. Sob uma perspectiva pragmática, a significativa ascensão no número de atletas brasileiras naquela edição, se comparada às anteriores, deu-se bastante por conta do início da participação do voleibol. Tal modalidade teve sua vaga assegurada em razão da desistência do bloco de boicote àquela edição, liderado pelos EUA. Foi a oportunidade, então, para que doze jogadoras de vôlei brasileiras debutassem em uma edição dos Jogos Olímpicos. Uma das pioneiras da modalidade nos anos 80, Heloisa Roese, nos relatou:

> O Brasil foi a primeira vez em 80 pras Olimpíadas, mas não foi [por mérito, mas] porque houve o boicote. Porque nós tínhamos aqui o Peru, e na época não havia pré-olímpicos, na época, existiam, hã, iam o pessoal da América do Sul, América do Norte, Europa, e eram só oito equipes... E nós na época tínhamos o Peru, que era campeão mundial. Era uma equipe maravilhosa que a gente foi ganhar delas só em 81.

A partir dos anos 80, os atletas brasileiros seriam cada vez mais expostos àquilo que em edições anteriores dos Jogos poderia macular o feito olímpico de um atleta: o profissionalismo. Exemplos bem-sucedidos (em algumas modalidades) de parcerias entre federações e confederações esportivas e entre mídia e iniciativa privada fizeram com que a popularidade de alguns esportes aumentasse

## As Mulheres e o Esporte Olímpico Brasileiro

vertiginosamente (caso notório do voleibol), apresentando aos atletas brasileiros outra possibilidade de lidarem com sua condição de atleta. Realidade esta que não foi vivida pelas atletas olímpicas durante os anos 80, tal como nos diz a mesma pioneira do vôlei anteriormente citada:

> Nós não ganhávamos dinheiro para jogar, não era profissional... A gente não recebia pra jogar ... tanto que na época meu técnico... dizia: "Não quero que ninguém receba, porque vocês têm que fazer isso por amor, porque o... um... daí eles não vão cobrar de vocês as coisas, se vocês estão fazendo o que vocês querem".

O espetáculo no qual os Jogos Olímpicos estavam se transformando tornar-se-ia irreversível nos anos 90. Contudo, longe de ter sido superado, o amadorismo permaneceria próprio à realidade de muitos atletas. Para as mulheres olímpicas brasileiras, as primeiras medalhas viriam nos Jogos de Atlanta, em 1996. O longo período entre a primeira participação de uma mulher em Jogos Olímpicos e as primeiras medalhas conquistadas por brasileiras acabaram por se apresentar como mais um elemento característico desta sociedade brasileira, dotada de uma ambiguidade que a singulariza, como dissemos ao início do capítulo. E vendo este elemento retrospectivamente, podemos verificar que as situações enfrentadas pelas atletas olímpicas brasileiras nos anos 80 contribuíram para que as futuras gerações de atletas, não tendo mais que se expor à situações peculiares (ou não) ao treinamento que as mulheres nos anos 80 tiveram como percalço, pudessem enfim alcançar o pódio.

Longe de as dificuldades terem sido todas superadas, pensamos que as novas questões apresentadas às mulheres atletas brasileiras a partir dos anos 80 são, sobretudo, uma reconfiguração que se deu em relação a um novo contexto político e social. Possivelmente pela gana de querer seguir vivendo mesmo em condições que em alguns momentos eram-lhes desfavoráveis, as atletas prosseguiam caminhando contra o vento e foram protagonizar outros momentos

**"Crimes, espaçonaves, guerrilhas": uma história das brasileiras olímpicas entre as décadas de 60 e 80 do século XX**

do esporte olímpico brasileiro. Com uma irradiação equivalente a de Caetano Veloso no Festival de Música Brasileira cantando "Alegria alegria", evocando a mesma empolgação apoteótica do final da música, característica de uma resistência afirmativa de alto-astral, encerramos dizendo: "Por que não?".

## Referências bibliográficas

Antunes, F. M. R. F. (2004). *"Com brasileiro não há quem possa!": futebol e identidade nacional em José Lins do Rego, Mário Filho e Nelson Rodrigues*. São Paulo: Editora UNESP.

Benevides, M. V. M. (1979). *O governo Kubitschek: desenvolvimento econômico e estabilidade política* (3a ed.). Rio de Janeiro: Paz e Terra.

Bosi, E. (1994). *Memória e sociedade*. São Paulo: Cia das Letras.

Brasil. *Ato Institucional nº 5*. (Brasília, 13 de dezembro de 1968). Recuperado em 21 de setembro de 2009, de http://www.planalto.gov.br/ccivil_03/AIT/ait-05-68.htm

Bandeira, M. (1993). *Estrela da vida inteira* (20a ed.). Rio de Janeiro: Nova Fronteira.

Cardoso, M. (1996). *100 anos de Olimpíadas: de Atenas a Atlanta*. São Paulo: Scritta.

Foucault, M. (2001). *Os anormais: curso no Collège de France (1974-1975)*. São Paulo: Martins Fontes.

Hobsbawm, E. (1995). *Era dos extremos: o breve século XX: 1914-1991*. São Paulo: Companhia das Letras.

Naves, S. C. (2003). Os novos experimentos culturais nos anos 1940/50: propostas de democratização da arte no Brasil. In J. Ferreira, & L. A. N. Delgado (Orgs.): *O Brasil republicano – o tempo da experiência democrática: da democratização de 1945 ao golpe civil-militar de 1964*. Rio de Janeiro: Civilização Brasileira

Prado Jr., B. (1985). *Alguns ensaios: filosofia literatura psicanálise*. São Paulo: Max Limonad.

Rubio, K. (2006). *Medalhistas olímpicos brasileiros: memórias, histórias e imaginário*. São Paulo: Casa do Psicólogo.

Silva, H. (1985). *O poder militar*. Porto Alegre: L & PM Editores.

Skidmore, T. (1988). *Brasil: de Castelo a Tancredo, 1964-1985*. Rio de Janeiro: Paz e Terra.

Veloso, C. (1989). Alegria alegria. In: *O melhor de Caetano Veloso*. [S.l.]:Polygram.

# A participação da mulher brasileira no esporte a partir dos anos 1980: o que de fato mudou?

*Ana Mesquita*
*Ivarilson Silva do Nascimento*

A década de 80, na América Latina e no Brasil, foi marcada pelo processo de abertura política, além de profundas mudanças sociais e econômicas. Em nosso país, ao mesmo tempo em que a ditadura militar perdia força, cresciam os movimentos sindicais, a estrutura familiar ganhava novos contornos (a lei do divórcio foi aprovada em 1977) e o papel da mulher consolidava mudanças iniciadas nas décadas anteriores, que gradualmente transformavam a estrutura patriarcal da sociedade.

Em 1985 é criado o Conselho Nacional dos Direitos da Mulher, segundo a página do próprio conselho na *internet*[1], com o objetivo de "promover políticas que visassem eliminar a discriminação contra a mulher e assegurar sua participação nas atividades políticas, econômicas e culturais do país". Um esforço que, mais de duas décadas depois, precisa continuar. Ainda são poucas as mulheres no Congresso, nas Assembleias Legislativas ou exercendo cargos executivos públicos ou na iniciativa privada, mas há um movimento em curso. A participação feminina no mercado de trabalho cresceu acentuadamente e as meninas já passam, em média, um tempo ligeiramente maior do que os meninos na escola. Segundo a Pesquisa Nacional por Amostras de Domicílios (PNAD)[2] de 2008, as mulheres estudam, em média, 7,2

---

[1] http://www.presidencia.gov.br/estrutura_presidencia/sepm/conselho/

[2] Pesquisa do Instituto Brasileiro de Geografia e Estatística. Dados disponíveis em: www.ibge.org.br.

anos, e os homens, 6,9 anos. Apesar disso, a mesma pesquisa aponta que o rendimento das mulheres foi 28% menor que o dos homens no ano de 2008.

A transformação dos papéis sociais femininos, que já estava em curso, mas acentuou-se no Brasil nos anos 80, incluiu um aumento da participação da mulher no esporte. O processo de aceitação social da mulher atleta avança devido às conquistas femininas de apropriação do próprio corpo, a partir da difusão dos métodos de contracepção. E o corpo feminino expõe a transformação da mulher:

> quanto mais se impõe o ideal de autonomia individual, mais aumenta a exigência de conformidade aos modelos sociais do corpo. Paradoxalmente, o desenvolvimento do individualismo feminino e a intensificação das pressões sociais das normas do corpo andam juntos. De um lado, o corpo feminino se emancipou amplamente de suas antigas servidões, sejam sexuais, procriadoras ou indumentárias; do outro, ei-lo submetido a coerções estéticas mais regulares, mais imperativas, mais geradoras de ansiedade do que antigamente. (Lipovetsky, 2000, p. 135)

A valorização do corpo feminino magro, quase sem gordura, favorece a identificação das mulheres com as atletas e o crescimento da participação feminina no esporte. Podemos enxergar a transformação da imagem corporal feminina ideal como a manifestação externa da transformação que a identidade feminina sofreu:

> Ao se discutir o esforço das mulheres para conquistar espaço num mundo predominantemente masculino, discute-se também a transformação que o corpo dessas mulheres sofreu para ocupar esse espaço, visto que um dos principais argumentos para sua exclusão no final do século XIX e início do século XX estava assentado sobre argumentos biológicos. (Rubio, 2007, p. 141)

**A participação da mulher brasileira no esporte a partir dos anos 1980:
o que de fato mudou?**

Mas a mulher magra, forte e competitiva não derruba apenas argumentos biológicos. Também representa o deslocamento do feminino em relação ao arquétipo da Grande Mãe para o arquétipo da heroína guerreira. Enquanto o papel feminino primordial era a procriação, as mulheres identificavam-se principalmente com o arquétipo da mãe, que dá e cuida da vida. A importância da maternidade para a identidade feminina se reduziu tremendamente nas últimas décadas, ao mesmo tempo em que o arquétipo da guerreira, com o qual facilmente identificam-se as atletas, ganhava terreno. Dados da PNAD revelam a dimensão dessa mudança na sociedade brasileira: em 1960, a taxa de fecundidade por mulher era 6,3. Reduziu-se para 4,4 em 1980, para 2,3 em 2000, e para 1,89 (abaixo da taxa de reposição populacional) em 2008.

Mesmo com a diminuição da importância da maternidade, a questão aparece com frequência no depoimento de nossas atletas olímpicas, evidenciando o conflito existente entre o desempenho dos papéis de atleta e mãe. Shelda, jogadora de vôlei de praia, medalha de prata em Sidney, 2000, contou: "Não dá para dizer que você vai jogar outra Olimpíada, não é? Porque são quatro anos e em quatro anos muda muita coisa, principalmente a mulher. A mulher decide ter filhos e para voltar você não sabe se vai conseguir". Virna, jogadora de vôlei, medalha de bronze em Atlanta-96 e Sidney-00, que foi capaz de conciliar a maternidade e a carreira esportiva, contou que quando engravidou, aos dezenove anos, "foi aquele estouro, todo mundo preocupado que iria acabar a minha carreira". Poucos meses depois do nascimento do filho, ela recebeu um convite para jogar na Itália e foi para lá com filho, babá e marido, mas não teve uma boa experiência:

> joguei na Itália apenas quatro meses, não foi uma experiência muito boa. Primeiro eu estava fora que de forma, muito tempo sem jogar, então eu emagreci muito rápido, perdi quinze quilos em dois meses. Eu fiquei muito fraca, sem força, sem músculos, sem vigor físico, e não consegui voltar para as quadras com a velocidade que eu esperava.

Virna chegou a pensar em desistir: "eu questionava se realmente valia a pena todo aquele sacrifício. Porque não é fácil, quem é mãe realmente sabe o quanto é difícil ficar ausente". Foi a oportunidade de jogar com o técnico Bernardinho, segundo ela, que fez toda a diferença, pois ele era flexível e oferecia a ela a chance de permanecer próxima do filho, mesmo durante os campeonatos. Adriana Samuel, medalhista olímpica do vôlei de praia em Atlanta-96, não via possibilidades de conciliar a maternidade e as responsabilidades de atleta e deixou o sonho de ser mãe para depois de encerrada a carreira:

> o grande desejo mesmo [para o futuro] é de ter um filho... eu acho que isso é um desejo que, se não 100%, 90% das mulheres tem... E eu abdiquei, abri mão durante a minha carreira. Engraçado, ... eu acho que por ser sempre tão envolvida, e me dedicar sempre tanto, eu nunca vi a possibilidade ou nunca pensei na possibilidade de dividir as coisas.

Provavelmente, o crescimento da identificação feminina com a guerreira ao mesmo tempo reflete e alimenta a transformação social dos papéis femininos. E a participação esportiva da mulher está relacionada a esse fenômeno:

> Mulheres atuando e se destacando no mundo dos esportes constituem um fenômeno social bastante recente, que foi crescendo ao mesmo tempo em que a mulher foi se tornando mais atuante. E também mais independente, forte e poderosa, como manda o arquétipo do guerreiro. (Sant'Anna, 1998, p. 12)

A mulher contemporânea continua sua luta no sentido de tornar-se sujeito, protagonista. Para Lipovetsky (2000), as transformações da identidade social feminina, que se apoiaram no desenvolvimento dos métodos de contracepção e em novas motivações profissionais, são a melhor explicação para a adesão feminina à estética da magreza. A anterior valorização do corpo feminino volumoso estava associada

**A participação da mulher brasileira no esporte a partir dos anos 1980: o que de fato mudou?**

a ideia de fecundidade, e dar à luz era "o destino supremo da condição feminina tradicional" (Lipovetsky, 2000, p. 138). A valorização atual da magreza, em oposição, associa-se a um "novo desejo de neutralizar as marcas muito enfáticas da feminilidade e a vontade de ser considerada menos como corpo e mais como sujeito dono de si" (Lipvetsky, 2000, p. 139).

O ponto de vista de Lipovetsky está longe da unanimidade. Há quem veja uma nova forma de tirania masculina em submeter-se as mulheres nessa nova estética da magreza extrema. No entanto, seja reação feminina à tirania anterior, seja uma nova forma de enfraquecer física e psicologicamente as mulheres em busca de um padrão corporal inatingível, a estética do corpo feminino magro e forte favorece a participação feminina no cenário esportivo. Atletas que, poucas décadas antes, seriam consideradas masculinizadas, passaram a ser vistas como musas. Sob a ótica do movimento feminista, que se esforça para que a mulher deixe de ser objeto, isso não é uma conquista, mas provavelmente tem um reflexo no aumento da participação das mulheres no esporte.

Segundo dados do COB (Comitê Olímpico Brasileiro) recuperados do *site* da instituição, o Brasil participou dos Jogos Olímpicos de Moscou, em 1980, com 109 atletas, dos quais 94 eram homens e quinze eram mulheres (13,8%). Em 1992, em Barcelona, a participação feminina na delegação brasileira foi de 25,9% - 51 mulheres em um total de 197 atletas. Pequim-2008 viu uma delegação brasileira muito bem distribuída entre os gêneros: dos 277 atletas que representaram o país, 133 (48%) eram mulheres. E as mulheres brasileiras em Pequim também se destacaram por suas conquistas. Entre as três ocasiões em que atletas brasileiros estiveram no lugar mais alto do pódio, as mulheres estiveram presentes em duas: Maurren Maggi foi ouro no salto em distância e a equipe feminina de voleibol venceu o torneio da modalidade. As mulheres ainda conquistaram medalhas de prata no futebol e bronze no judô, *tae kwon do* e vela.

Uma leitura apressada desses dados pode fazer crer que a luta da mulher brasileira por espaço e reconhecimento no campo esportivo foi bem-sucedida e está completa. Seria um engano. A mulher ainda recebe muito menor atenção midiática e salários e prêmios menores do que os homens. Marta, jogadora de futebol eleita quatro vezes a melhor do mundo pela FIFA, foi contratada pelo Santos em 2009 por um salário de 150 mil reais mensais. É um valor muito alto quando comparado com a ajuda de custo que muitas de nossas atletas de alto nível ainda recebem, mas baixíssimo se comparado aos salários milionários pagos a jogadores muito menos destacados do futebol masculino.

Mesmo entre atletas olímpicas, percebe-se como o esporte ainda é visto como ambiente privilegiadamente masculino. Algumas delas parecem atribuir parte de sua excelência esportiva ao fato de terem sido "molecas" na infância. Adriana Samuel, por exemplo, contou:

> uma irmã com dois homens, dois meninos e eu era uma moleca, queria acompanhar tudo que eles faziam. Acampar em morro, uma série de coisas assim, coisa de moleque mesmo... Eu jogava com eles, futebol mesmo, bola, adorava... E jogava vôlei, que poucas meninas faziam.

Janete, jogadora de basquete que durante muitos anos representou o Brasil e conquistou com a seleção nacional uma medalha de prata e outra de bronze em Jogos Olímpicos, contou algo semelhante: "eu sempre fui muito moleca, né? Eu brincava muito na rua, minha mãe sempre deixou". E Juliana Cabral, medalha de prata com a seleção feminina de futebol em Atenas-04, relatou: "eu comecei a jogar desde criança. Acho que como um menino eu comecei". Também Mariana Ohata, do triátlon, relembrou: "sempre fui muito competitiva, então brincava muito com os meninos, de andar de bicicleta, de correr, de saltar, ... sempre gostei de praticar esporte". Ou ainda, Lucimar Moura, do atletismo:

> Sempre fui de brincar também. Quando era menor a minha mãe falava: 'Ah, só fica no meio da rua jogando bola'. Adorava bola. Os meninos me chamavam: 'Ah, Lucimar,

**A participação da mulher brasileira no esporte a partir dos anos 1980: o que de fato mudou?**

vem jogar'. E a minha mãe: 'Não, ela tem que ficar aqui, brincar de boneca'. E eu: 'Não mãe, quero ficar aqui no meio dos meninos, brincando'. Acho que nisso aí que eu peguei um pouco da velocidade, né?!.

Já Mayara, judoca que representou o Brasil em Pequim-08, lembra-se de ter sido "moleca" ao falar de sua relação com a dor: "É, tive que aprender isso muito cedo mesmo, [conviver com a dor], mas eu, quando era criança, era bem molequinho, gostava de brincar, de sair correndo com os meninos também, então não tem muito esta preocupação".

Chega a ser estranho constatar que a participação feminina na delegação brasileira, nas duas últimas edições dos Jogos Olímpicos, tenha sido semelhante à masculina. Se voltarmos nossa atenção à participação esportiva massificada, veremos que de um modo geral, os homens ainda são ampla maioria. Na primeira etapa do Circuito Paulista de Maratonas Aquáticas 2010, por exemplo, houve um total de 457 homens e apenas 204 mulheres. Na última etapa de 2009 do Circuito Caixa de Corridas, um total de 1.278 homens e 589 mulheres disputaram as provas de cinco e dez quilômetros. Na relação de atletas filiados à Confederação Brasileira de Triatlon em 2009, publicada na página da instituição na internet, contam-se mais de 1.300 homens e aproximadamente 300 mulheres.

A razão pela qual a disparidade desaparece em nível olímpico merece ser investigada, mas o fato de que o esporte ainda é visto e vivido pela sociedade como atividade prioritariamente masculina talvez seja um indicador de que as atletas que representam o Brasil em Jogos Olímpicos continuam sendo desbravadoras e agentes de transformação, estejam conscientes desse fato ou não.

O caminho percorrido rumo à diminuição da discriminação e ao reconhecimento da mulher como atleta fica evidente quando se sabe que há apenas trinta anos modalidades como futebol, polo, halterofilismo e todas as lutas eram proibidas às mulheres:

## As Mulheres e o Esporte Olímpico Brasileiro

> Faz parte da nossa história deliberações como a de n.7, de 1965, do CND (Conselho Nacional de Desportos) que instruiu entidades esportivas no Brasil sobre a participação feminina em modalidades esportivas, estabelecendo: não é permitida a prática de lutas de qualquer natureza, futebol, futebol de salão, futebol de praia, pólo [sic], halterofilismo e beisebol. (Taffarel e França, 1994)

Essa disposição do CND, que continuou válida até 1979, instruía as federações conforme o previsto no Decreto-Lei 3.199, de 1941, que em seu artigo 54 determina: "Às mulheres não se permitirá a prática de desportos incompatíveis com as condições de sua natureza, devendo, para este efeito, o Conselho Nacional de Desportos baixar as necessárias instruções às entidades desportivas do país"[3]. Sob essa lei discriminatória, quatro judocas brasileiras participaram do Campeonato Sul-Americano de 1979, no Uruguai, com nomes de homens, fato que desencadeou a substituição da disposição do conselho. Em 1985 foi criada uma Comissão de Reformulação do Esporte Nacional, que propôs mudanças na estrutura legal do esporte brasileiro. A Constituição Federal, em seu artigo 217, abriu caminho para um novo conceito legal, constitucionalizando e indiscriminando o esporte, "como um direito de cada um" (Tubino, 2000, itálicos nossos).

Devido à Lei 9.981, chamada Lei Maguito Vilela, pensou-se em maior amplitude sobre a prática esportiva no Brasil, porém ainda apresentando problemas específicos, gerando desigualdades. A Lei 10.264, chamada Lei Agnelo/Piva, determinou que recursos de loterias administradas pelo Governo Federal fossem repassados aos órgãos ligados ao Ministério dos Esportes, como os Comitês Olímpico e Paraolímpico Brasileiro, para que supostamente contribuíssem na formação, preparação técnica e locomoção dos atletas aos locais de competição. Os recursos são fiscalizados pelo Tribunal de Contas da União. De concreto em termos de melhorias, a lei instituiu a

---

[3] Texto integral da lei disponível no site do Senado Federal: http://www6.senado.gov.br/legislacao/ListaPublicacoes.action?id=152593

**A participação da mulher brasileira no esporte a partir dos anos 1980:**
**o que de fato mudou?**

bolsa-atleta, paga com os recursos da lei; porém, a falta de recursos e infra-estrutura para manutenção da carreira esportiva ainda são fatores que interferem na prática esportiva em nosso país (Teixeira & Moore, 2007).

Um estudo realizado pelo Instituto Noos em 2007, entrevistando mulheres esportistas jovens, entre doze e dezoito anos, das cidades do Rio de Janeiro e São Paulo, avaliou (dentre outras questões) as dificuldades e motivações para a prática esportiva. Segundo a pesquisa, as dificuldades financeiras aparecem como um ponto consensual entre todos os atores sociais ouvidos, ou seja, como empecilhos para a participação em competições e treinamentos e na compra de materiais esportivos. Também foram citadas questões como a necessidade de ganhar dinheiro e a falta de infra-estrutura como sendo dificuldades muitas vezes determinantes no abandono da carreira. As atletas surgem muito mais da vontade interna do que de planejamento (Devide, 2003). Entre suas principais motivações para a prática esportiva, encontram--se a saúde e o prazer (Teixeira & Moore, 2007).

A evolução da participação da mulher no esporte se deu acompanhando a emancipação feminina na sociedade, e também pelo esforço de protagonistas do nosso esporte, como a jogadora de voleibol e campeã olímpica do vôlei de praia nos Jogos de Atlanta, Jacqueline Silva. Atuando em uma época em que quase todas as modalidades esportivas eram organizadas e praticadas de maneira amadora, Jacqueline ousou desafiar a (des)ordem estabelecida e reivindicar melhores condições:

> Os uniformes da seleção brasileira ganharam patrocinador e Jackie decidiu reivindicar participação nos lucros gerados por aquela transação. Diante da negativa dos dirigentes, ela passou a usar a camiseta e demais peças do lado avesso, levando à sua dispensa da seleção. (Rubio, 2004, p. 231)

Como muitas vezes acontece, Jacqueline não esteve entre as maiores beneficiadas pelo resultado da sua luta. Ao contrário; acabou mudando de país e de modalidade depois de perder seu espaço no voleibol de quadra brasileiro, mas conseguiu nos Estados Unidos a profissionalização que buscava e, mais tarde, tornou-se, junto com Sandra Pires, a primeira mulher brasileira a conquistar o ouro olímpico no vôlei de praia.

Nem sempre as atletas parecem perceber a discriminação de gênero que sofrem. Questionadas durante as entrevistas, muitas respondem que nunca se sentiram discriminadas. Esmeralda, do atletismo, por exemplo, ao ser perguntada se já sofreu algum tipo de preconceito por ser mulher, afirmou:

> Não, não. Nenhum. E também, se eu vivi não prestei atenção, porque eu não prestava muita atenção nessas coisas não, que os incomodados que se retirem. Meu pai sempre falava assim, ó: 'Quem está incomodado com você que vá dar uma volta em outro canto'. Então nunca dei importância a isso porque isso não tem valor.

A nadadora Fabíola Molina disse que nunca sofreu preconceito, mas em seguida, falou dos problemas:

> Não, acho que sendo mulher não... Assim: é porque a natação do Brasil sempre teve uma tradição maior na parte masculina do que na parte feminina. E os critérios no Brasil, na natação, eles... Por exemplo: a gente vai convocar os dez melhores índices técnicos pra ir ao campeonato tal. Aí os dez melhores índices técnicos do Brasil são de homens. Eu tenho o décimo terceiro. Você é a melhor mulher, você é a melhor nadadora brasileira. Mas o teu índice técnico é o décimo terceiro. Então, você não vai porque tem dez homens que são melhores que você, e vão esses dez homens. Então, assim na natação do Brasil sempre teve essa disparidade, sempre teve alguns critérios que não ajudaram as meninas a se desenvolverem ao longo do tempo.

**A participação da mulher brasileira no esporte a partir dos anos 1980: o que de fato mudou?**

Na visão de várias atletas olímpicas, a disparidade se deve, na verdade, apenas ao fato de as mulheres serem inferiores aos homens em relação a resultados e conquistas. Como são atletas que superaram todos os obstáculos e alcançaram destaque internacional, de certa forma provaram o engano do preconceito, e talvez por isso acreditem que acabaram com ele. Lucimar Teodoro, do atletismo, afirmou: "Olha, acho que as mulheres no esporte tiveram uma evolução muito grande... Antigamente as mulheres não eram reconhecidas como são hoje". E, ao ser perguntada se sofreu algum preconceito por ser mulher, respondeu: "Não, nunca... Que eu saiba, não". Mariana Ohata contou como o *status* do triatlon feminino mudou:

> a gente começou a aparecer, começou a botar o triatlon pra cima, começamos a aparecer em pódios em Circuito Mundial, inclusive tivemos vitórias dentro do Circuito Mundial, aí a coisa começou a mudar – eu falo isso no triatlon – começou a mudar, a gente começou a ser respeitada, é engraçado que nessa época que a gente começou a subir, os meninos começaram a descer em termos de resultado, então foi muito importante porque a gente começou a ter esse respeito da confederação brasileira.

Como nossas atletas de alto nível não sentem haver contra elas um preconceito por serem mulheres, nem seria de se esperar que se organizassem para superá-lo. Mas a falta de organização dos atletas profissionais para reivindicar melhores condições de trabalho é problema inclusive no caso dos homens. O esporte talvez seja o mais injusto entre todos os mercados de trabalho, aquele no qual a diferença de remuneração entre pessoas que exercem a mesma função é a mais abissal. Mesmo no futebol, o esporte mais popular, aquele há mais tempo profissionalizado e aquele que, de longe, recebe maior atenção da imprensa no Brasil, vemos pouca organização por parte dos jogadores. O passe, que fazia do jogador uma propriedade do clube, coisa que remete à ideia de escravidão, só começa a ser abrandado no Brasil devido à Lei Pelé, de 1996. Mesmo na Comunidade Europeia, o passe acabou apenas em 1995, como fruto da luta de um único jogador, Jean-Marc Bosman, que em entrevista à *Folha de São Paulo* em 25 de fevereiro de 1996, "se queixa da falta de solidariedade dos companheiros no início do processo" (Kfouri, 2009, p. 83).

Parte da dificuldade de se superar os problemas de gestão no esporte brasileiro, com dirigentes que se perpetuam durante décadas em seus cargos e, frequentemente, parecem mais empenhados em trabalhar pelos próprios interesses do que pelos dos atletas ou do esporte que dirigem, pode estar ligada ao fato de que os atletas, quando finalmente chegam à posição de ter voz e influência para liderar mudanças, também têm muito a perder em um embate contra cartolas. César Cielo, por exemplo, nadador medalhista de ouro nas Olimpíadas de Pequim 2008, chegou a reclamar da falta de apoio da CBDA (Confederação Brasileira de Desportos Aquáticos) logo após sua conquista. Depois se calou, provavelmente porque teve suas reivindicações atendidas. Aparentemente, os dirigentes brasileiros negligenciam sistematicamente a assistência aos atletas em formação (que são os que de fato precisam), mas oferecem todo o apoio àqueles que, apesar da negligência, conseguiram destacar-se.

José Cruz, jornalista especializado na cobertura do esporte sob a ótica da política e da economia, observou em seu *blog* como o atleta, que é o verdadeiro sujeito, sem o qual não haveria esporte, acaba refém de um sistema esportivo:

> O atleta, enfim, é o ente mais forte, o mais poderoso nesta cadeia de resultados e rendas que se transformaram os eventos esportivos. Porque, como dizem os especialistas em *marketing*, "esportes provocam emoções e emoções vendem". Mas é o atleta que também se revela frágil nas relações com o poder do sistema. Nem sequer faz força para ali interferir ou tentar fazer sua opinião ser ouvida. O atleta, na verdade, teme confrontar com a elite dos dirigentes. E essa omissão interessa ao sistema, pois perpetua os poderosos em suas cadeiras. (Cruz, 2009)

Mesmo que o planejamento e a gestão de recursos no esporte brasileiro fossem irrepreensíveis, seria difícil considerar positiva a falta de renovação que se vê em relação ao comando das confederações. Os atuais presidentes das Confederações brasileiras de Atletismo, Desportos Aquáticos, Canoagem e Futebol, por exemplo, já estão no poder há mais de 20 anos. E vale observar: são todos homens.

O caso das mulheres, no entanto, envolve dificuldades maiores do que as enfrentadas pelos homens. Elas tiveram que lutar até mesmo pelo direito de praticar esportes, estão sub-representadas no nível organizacional e, apesar de todo o espaço conquistado, ainda enfrentam preconceito. O fato de que o corpo feminino atlético passou a ser considerado bonito em larga medida, longe de encerrar a questão, mostra como as mulheres ainda precisam superar a "extrema valorização do olhar do outro" (Rubio, 2007, p. 145). Se as meninas deixam de praticar esportes porque temem – ou porque seus pais temem – a masculinização de seus corpos, ou se, ao contrário, buscam praticá-los em busca do corpo ideal, o que está se valorizando é um contorno.

Juliana Cabral contou que se arrepende de ter participado do Torneio Paulistana, em 2001:

> todas as jogadoras tinham que fazer teste... Eu já tinha três anos de Seleção, quatro anos de Seleção, tinha que fazer teste. Tinha limite de idade, se eu não me engano era de 22 ou 23 anos; meninas com cabelo curto não podiam jogar; eles davam preferência no teste para meninas de cabelo comprido, bonitas, olhos claros, todas essas coisas, e eu, muito tempo sem jogar, achei que "não, vai ser legal, vai ser o retorno". Fui, fiz o teste, joguei no time do Corinthians. Todas as equipes usavam uniformes que eram um parâmetro pra todos, que eram *shorts* assim, extremamente curtos, não tinha como praticar a modalidade, ainda mais eu, que sou zagueira, que costumo dar muito carrinho. O primeiro carrinho que eu desse eu ficava sem roupa. Uma camiseta minúscula, tudo isso pra levar homens pro estádio e pros homens olharem as mulheres e não em si o futebol.

Quanto à falta de estrutura e à diferença de remuneração, a mulher ainda precisa até mesmo tomar consciência do preconceito sofrido. Inclusive, algumas atletas parecem considerar normal que os homens sejam mais bem remunerados. Andrea Vieira, tenista que foi a última mulher brasileira a representar o país em um torneio *Grand Slam*, diz que não era uma pessoa que quisesse lutar por direitos iguais. "Por quê? Porque eu acho que um *Grand Slam* diz tudo: o masculino é melhor de cinco sets, o feminino é melhor de três. Tem os jogos femininos que duram 45 minutos, e eles ficam cinco horas jogando". Continuamos a ter um caminho a ser percorrido para que a mulher seja de fato um sujeito histórico, na sociedade em geral e no esporte em particular.

## Referências bibliográficas

Aldeman, M. (2006). Mulheres no esporte: corporalidades e subjetividades. *Revista Movimento*, 3,12-19.

Bosi, E. (2003). *O tempo vivo da memória*. São Paulo: Ateliê Editorial.

*Lei de Incentivo ao esporte*. (2006). Recuperado em março de 2008, de http:// www.esporte.gov.br.

*Brasil nos jogos*. (2008). Recuperado em novembro de 2008, de http:// www.cob.org.br.

Cruz, J. (agosto de 2009). *O judô fora do pódio*. Recuperado em 4 de setembro de 2009, em http://blogdocruz.blog.uol.com.br/arch2009-08-01_2009-08-31.html

Devide, F. P. (2003). História das mulheres na natação feminina brasileira no século XX: das adequações às resistências sociais. *Motus Corporis*, 10(1).

Diniz, E., & Azevedo, S. (Orgs). (1997). *Reforma do Estado e Democracia no Brasil: dilemas e perspectivas* (p. 16-21). Brasília: Editora Universidade de Brasília.

Hall, S. (1997). *Identidade cultural na pós-modernidade* (p. 37-38). Rio de janeiro: DP&A.

Kfouri, J. (2009). *Por que não desisto – futebol, dinheiro e política*. São Paulo: Disal.

Lipovetsky, G. (2000). *A terceira mulher – permanência e revolução no feminino*. São Paulo: Companhia das Letras.

**A participação da mulher brasileira no esporte a partir dos anos 1980: o que de fato mudou?**

Oliveira, S. R. (2006). O futebol feminino de competição: uma análise das tendências de mulheres/ atletas em competir,vencer e definir metas. *Revista Brasileira de Educação Física e Esporte*, *20*(3), 209-218.

Perelli, M. T. (2008). *Mulheres em ocupações tradicionalmente masculinas: sentidos do trabalho* In M. C. de S. Lago, M. J. F. Tonelli, A. Beiras, M. B. Vavassori & R. de Cássia F. Müller (Orgs.), Gênero e pesquisa em Psicologia Social (1a ed, pp. 261-271).

Rago, M. (2003). Os feminismos no Brasil: dos anos de chumbo à era global. *Revista Labrys Estudos Feministas*, 3. Recuperado em setembro de 2008, de http//:www.unb.br/ih/his/gefem/labrys3/.../marga1.htm

Rubio, K. (2004). *Heróis Olímpicos Brasileiros*. São Paulo: Zouk.

Rubio, K. (2006). *Medalhistas olímpicos brasileiros: memórias, histórias e imaginário*. São Paulo: Casa do Psicólogo.

Rubio, K. (Org.). (2007). *Educação Olímpica e Responsabilidade Social*. São Paulo: Casa do Psicólogo.

Sant'anna, A. A. M. (1998). *O papel do atleta como herói na sociedade contemporânea – uma relação com a mitologia de Joseph Campbell*. Dissertação de Pós-Graduação em Comunicação e Semiótica, Pontífica Universidade Católica, São Paulo.

Silva, R. L. (2004). O corpo feminino no contexto esportivo. *Motus Corporis*, *10*(1), 118 -131.

Silva, P., Gomes, P. B., Graça, A.; & Queirós, P. (2005). Acerca do debate metodológico na investigação feminista. *Revista Portuguesa de Ciências do Desporto*, *5*(3), 358 – 369.

Sola, L., & Paulani, L. M. (1995). *Lições da década de 80* (p. 9; p. 155; p. 196). São Paulo: Editora Universidade de São Paulo.

Souza, G. C. (2006). *Narrativas do judô feminino b rasileiro: construção da historiografia de 1979 a 1992* (p. 1). XII Encontro Regional de História ANPUH-RH.

Taffarel, C. N. Z., & França, T. A. (1994). A mulher no esporte: o espaço social das práticas esportivas e de produção do conhecimento científico. *Revista Brasileira de Ciências do Esporte*, *3*(15).

Teixeira, M. S. & Moore, F. E. (2008). *A mulher e o esporte: experiência dos municípios do Rio de Janeiro e São Paulo – relatório final*. Rio de Janeiro: Instituto Noos.

Tubino, M. G. (2001). *Plano Nacional de Esportes* (v. 1). Brasília: Ministério da Educação e do Desporto.

# A atleta, o técnico. O atleta, a técnica. Treinadores e atletas: questões de liderança e gênero

*Julio Cezar Soares da Silva Fetter*
*Elisa Martins da Silva*

Desde o momento do nascimento, meninos e meninas recebem atenção diferenciada. Daolio (1997) afirmou que a partir do instante em que nascemos, nos é atribuída uma série de características, ditas naturais, que nos separam e vinculam às possibilidades de prática em nossa vida: enquanto o menino recebe um uniforme do time de futebol do pai e uma bola como primeiros presentes de sua vida, para estimulá-lo à prática, a menina recebe bonecas e miniaturas de utensílios domésticos, sendo criada para não suar e não se sujar. Essa diferenciação não pode ser vista como natural.

Grande parte das características que nos determinam como homens e mulheres foram construídas historicamente. Para Stearns (2007), o início da construção dessa diferenciação cultural entre os gêneros surgiu com a formação de uma sociedade patriarcal e vem desde o desenvolvimento/domínio da agricultura (e com novas formas de compreender o mundo daquele tempo), dando ao homem uma condição de provedor e à mulher a função materna:

> O deslocamento da caça e coleta para a agricultura pôs fim gradualmente a um sistema de considerável igualdade entre homens e mulheres. Na caça e na coleta, ambos os sexos, trabalhando separados, contribuíam com bens econômicos importantes. . . . À medida que os sistemas culturais, incluindo religiões politeístas, apontavam para a importância de deusas, como geradoras de forças criativas associadas com fecundidade e, portanto, vitais para

### As Mulheres e o Esporte Olímpico Brasileiro

a agricultura, a nova economia promovia uma hierarquia de gênero maior. Os homens agora eram responsáveis, em geral, pela plantação; a assistência feminina era vital, mas cabia aos homens suprir a maior parte dos alimentos. (Stearns, 2007, pp. 31-32)

Essa forma de enxergar o mundo, atribuindo ao homem uma liderança "natural", acaba por penetrar em todos os segmentos da sociedade brasileira atual. Não obstante de ser um panorama em mudança, o homem ainda ocupa a grande maioria dos cargos de liderança (Reszecki, 2001), tanto em empresas como no esporte. No esporte brasileiro, esse fato possui grande evidência: ainda que a participação feminina esteja sendo ampliada, os cargos de decisão, como de dirigentes e treinadores são predominantemente masculinos. Toma-se por exemplo a delegação brasileira que participou dos últimos Jogos Olímpicos, em Pequim (2008): das três modalidades principais de quadra (basquetebol, handebol e voleibol) e das equipes de futebol de campo, em um total de sete equipes, todas eram comandadas por técnicos homens (COB, 2009). Ainda, dentro das seleções masculina e feminina de voleibol, havia apenas duas mulheres envolvidas na comissão técnica dessa modalidade, em um total de dezessete indivíduos (CBV, 2009).

O destaque dado ao técnico está posto nos diferentes segmentos sociais, como discutiremos a seguir. Embora a cada edição dos Jogos Olímpicos o número de mulheres participantes em relação ao número de homens, em especial as brasileiras, cresça (COB, 2009), o número de mulheres ocupando cargos de liderança nessas delegações não cresce na mesma proporção. Cabe, então, um questionamento e reflexão sobre as causas dessa significativa diferença numérica relatada acima, e faz-se ainda mais necessário buscar possíveis soluções para a alteração desse quadro. Posto isso, buscamos encontrar o porquê de, mesmo com a crescente população de atletas mulheres nas diferentes modalidades, a participação destas na função de líder de uma equipe técnica ainda ser bastante diminuída e sem perspectiva de mudança.

A atleta, o técnico. O atleta, a técnica. Treinadores e atletas:
questões de liderança e gênero

# O treinador

> "Sem exagero, o técnico é uma
> espécie de super homem."
> (Silva, 1967, p. 118)

Compreendemos que equipes esportivas não são constituídas apenas por variáveis físicas, técnicas e táticas, mas são também microssistemas sociais de rendimento que influem decisivamente no comportamento dos "indivíduos membros" (Simões et al., 1998 p. 135) Dessa maneira, entendemos a preocupação crescente na busca de informações sobre todos os elementos envolvidos nesse sistema, de forma a compreendê-lo e fazer com que funcione da melhor forma possível. Dentro da área da Psicologia do Esporte, são vários os estudos (Simões et al., 1998; Vilani, 2004; Weinberg, Reveles & Jackson, 1984; Smith, Smoll & Cumming, 2007; Moreno & Machado, 2004) que vêm tratando dos papéis, implicações de comportamento e relações do treinador com seus jogadores e a equipe esportiva de forma geral. Uma vez que este "indivíduo membro" encontra-se em nível hierárquico mais elevado, torna-se o responsável por estabelecer e manter valores dentro da cultura do grupo. O treinador é peça central do time, mas mais do que isso, ele é *o técnico*, é o indivíduo especializado, o estrategista, o conhecedor da técnica. Dessa maneira passa a exercer papel de líder, chefe, figura parental dentro do círculo esportivo. Espera-se, assim, que o atleta encontre nessa figura não apenas o professor, mas também o conselheiro e protetor (Silva, 1967), como referenciado por Juliana Cury, atleta da natação, presente nos Jogos Olímpicos de Pequim, 2008: "... não era um técnico, era um amigo, era um pai, era um conselheiro"[1].

Além da sua competência técnica na direção da equipe, o treinador exerce outros papéis dentro dessa atmosfera: é um educador, já que exerce influência durante a formação e o desenvolvimento de seus atletas (principalmente nas faixas etárias menores), é o líder que

---

[1] Os depoimentos que constam deste capítulos foram apresentados em entrevistas concedidas e gravadas pelos autores e organizadores do presente livro.

motiva e satisfaz seus atletas levando-os a melhorar seu desempenho, estabelecendo e atingindo objetivos individuais e coletivos:

> Normalmente, o técnico é o líder natural da equipe perante a qual desempenha uma função catalisadora. Os atletas tendem a se identificar com ele e até introjetá-lo. Sendo um líder, deve o treinador ser capaz de assumir a responsabilidade dos feitos, positivos e negativos do grupo. Precisa ter sensibilidade psicológica, precisa ter muita capacidade de estabelecer comunicação, deve usar, cuidadosamente, os métodos persuasivos de influenciar, de ter a atitude de comando sem a coação. (Silva, 1967, p. 118)

Vários são os estilos de liderança descritos na literatura e, portanto, várias são as formas de abordagem passíveis de uso pelo treinador[2]. Dessa maneira, o técnico esportivo precisa encontrar um modelo de intervenção que ajude os atletas a alcançar seu pleno desenvolvimento, tanto no papel de executantes técnicos como no papel de modelos sociais, respeitando as regras e normas da competição. Se os objetivos, a personalidade e as crenças dos atletas forem consistentes com os do técnico, cria-se uma atmosfera interpessoal positiva, o que facilita a convergência de percepções acerca dos comportamentos do líder, melhora a comunicação e gera produtividade (Willians et al., 2003, citado por Rocha & Cavalli, 2006).

Estejam eles trabalhando com crianças em idade escolar ou com indivíduos adultos no esporte de alto rendimento, os treinadores são frequentemente tomados como modelos por seus alunos/atletas, influenciando fortemente a natureza e a qualidade da experiência esportiva que proporcionam. As metas que definem e promovem, as atitudes, os valores que transmitem e a natureza de suas interações

---

[2] Para maiores detalhes, consulte Vilani, L. (2004). *Liderança Situacional II e a relação treinador-atleta em diferentes categorias de base no tênis de mesa nacional.* Dissertação de Mestrado, Escola de Educação Física, Fisioterapia e Terapia Ocupacional, Universidade Federal de Minas Gerais;,e Hoshino et al. (2007). Perfil de liderança: uma análise no contexto esportivo de treinamento e competição. Revista da Educação Física/UEM. 8(1), pp 77-83.

## A atleta, o técnico. O atleta, a técnica. Treinadores e atletas: questões de liderança e gênero

com os atletas podem influenciar claramente nos acontecimentos relacionados à participação de crianças e jovens no esporte (Smith et al., 2007). Smith & Ogle (2006) explicitaram essa influência em estudo com atletas estadunidenses de *cross-country* ainda em categorias de base. Os resultados da pesquisa mostram que as atletas moldam comportamentos relacionados à representação do próprio corpo de forma a atender às expectativas de seus técnicos: "através de suas interações uns com os outros, treinadores e atletas negociam valores e, particularmente, definições sobre imagens corporais viáveis e aceitáveis" (Smith & Ogle, 206, p. 301) para a cultura do grupo.

> ... o técnico esportivo cumpre um papel de transcendental importância no desenvolvimento cognitivo-afetivo dos jovens sob sua tutela, auxiliando a emergência na vida adulta desses parâmetros de conduta e percepção da realidade, tanto esportiva quanto na vida cotidiana. (Moreno & Machado, 2004, p. 25)

Os comportamentos do treinador, principalmente nas fases de iniciação esportiva, têm efeito marcante na forma como crianças/adolescentes definem e enfrentam o sucesso e o fracasso, reagem emocionalmente (ansiedade, evitamento etc.), na forma como produzem significados e ainda na decisão pela continuidade (ou não) na prática esportiva (Smith et al., 2007, p. 41). De posse do conhecimento de todos esses fatores envolvidos na relação técnico/atleta, mostra-se imprescindível educar o técnico para que entenda seu poder de influência e utilize-o de forma a proporcionar experiências agradáveis e positivas aos atletas dentro de um ambiente aprobativo e de construção/domínio das técnicas envolvidas na prática.

Ainda dentro da dinâmica técnico/atleta, Smith e Smoll (1989) indicaram que as relações desse par sofrem influência de fatores situacionais (tipo de esporte e nível de competição, por exemplo) e de fatores individuais relacionados ao técnico (objetivos pessoais, formação, experiência) e aos atletas (gênero, idade, maturidade). Alguns exemplos presentes na literatura corroboram esta ideia: Chelladurai e

## As Mulheres e o Esporte Olímpico Brasileiro

Saleh (1978), em estudo realizado com atletas de nível universitário, mostraram que indivíduos mais experientes têm preferência por técnicos que adotam comportamentos voltados à realização da tarefa, ou seja, com um estilo que prioriza o treinamento e a instrução técnica. Vilani (2004) apontou em seus estudos que atletas do sexo masculino preferem treinadores com estilos de liderança mais autocráticos[3], enquanto atletas do sexo feminino têm preferência por treinadores mais democráticos[4] e participativos, que lhes permitam ajudar nas tomadas de decisão. Hoshino et al. (2007), por sua vez, ao investigar diferentes modalidades esportivas, mostrou que técnicos de esportes coletivos tendem a apresentar mais comportamentos autocráticos (principalmente em situações de competição) do que técnicos de esportes individuais. Podemos entender, assim, que a adoção desse tipo de comportamento pode ser explicada a partir do momento em que entendemos que o esporte coletivo exige uma maior coordenação e estruturação em função do grupo.

Na questão das diferenças de gênero entre técnicos, o estudo de Fasting e Pfister (2000) com jogadoras de futebol de vários países mostrou que as atletas atribuem às técnicas mulheres maior capacidade de empatia, bem como maior competência comunicativa e disposição para cooperar do que treinadores homens. Neste mesmo artigo, as autoras citam outros estudos apontando que treinadoras veem como prioridade no desenrolar de sua carreira ajudar os atletas a alcançarem seu potencial máximo, não se preocupando apenas com o desenvolvimento técnico e físico, mas também com a vida pessoal e o desenvolvimento emocional de seus "subordinados".

Apesar desses apontamentos positivos sobre o desempenho e comportamento da mulher como técnica esportiva, Weinberg et al. (1984), ao desenvolverem pesquisa com atletas de 14 a 21 anos de

---

[3] Autocrático – comportamento do treinador que preconiza a independência nas tomadas de decisão de acordo com sua autoridade pessoal (Leitão, 1999, p. 92).

[4] Democrático – comportamento do treinador que favorece a participação dos atletas nas decisões relativas aos objetivos do grupo, aos métodos de trabalho, as táticas e estratégias do jogo (Leitão, 1999, p. 92).

**A atleta, o técnico. O atleta, a técnica. Treinadores e atletas:
questões de liderança e gênero**

idade, mostraram que os atletas (principalmente homens/meninos) apresentam diferentes percepções ao comparar técnicos por gênero. Meninos/homens exibem mais atitudes negativas frente às treinadoras, enquanto técnicos homens não são percebidos diferentemente por meninos e meninas. Esses achados indicam que as realizações da mulher enquanto técnica ainda são menos valorizadas por homens quando comparadas às idênticas realizações de treinadores do sexo masculino.

Estudos como este nos fazem perceber que, embora meninas tenham sido tradicionalmente treinadas por homens, um crescente número de mulheres está tendo experiências competitivas na infância e ganhando conhecimento para tornarem-se técnicas competentes, um dos componentes necessários para essa função. Assim, podemos pensar que a formação de modelos femininos no cargo de técnico pode auxiliar nesse panorama; entretanto, as atitudes dos atletas homens não mudaram suficientemente para encarar a técnica da mesma forma que o treinador. A princípio, esse fator se deve em virtude de o pano de fundo do esporte ainda enfatizar competitividade e masculinidade como um par compatível, enquanto feminilidade e competitividade não são vistas como qualidades associáveis (Weinberg et al., 1984). "Em essência, não se julga apropriado à mulher estar competindo, treinando [*coaching*] e desempenhando funções em campo de domínio masculino" (Harris, 1979). Visando esse questionamento, discorreremos a seguir.

## A mulher no espaço esportivo

Tradicionalmente, parece haver uma forte tendência ao referir-se à participação esportiva em nível competitivo como uma atividade primariamente masculina. Encoberta nesse pensamento encontra-se a prerrogativa de que a participação e, consequentemente, o sucesso da mulher no esporte competitivo poderia masculinizá-las física e psicologicamente, fazendo-as parecer menos femininas (Weinberg et al., 1984). Assim, portanto, a pouca participação da mulher brasileira em cargos de decisão no cenário esportivo nacional pode

As Mulheres e o Esporte Olímpico Brasileiro

ser compreendida como uma consequência natural desse processo. Mourão & Votre (2003) afirmaram que enquanto centenas de homens são treinadores em clubes do Rio de Janeiro, esse número é de apenas 34 mulheres na mesma função, sendo sua atuação restrita às categorias de base. Os autores destacam ainda que raramente uma técnica acompanha seus atletas até seu desenvolvimento para categorias mais elevadas, sendo ainda mais difícil encontrarmos uma mulher treinadora no esporte de alto rendimento.

A presença da mulher essencialmente nas categorias de base pode ser uma inferência de sua construção social como referente a uma imagem materna, cuidadora. De acordo com Goellner (2003), à mulher é dada a condição de trabalhadora e participativa das cidades, desde que essas funções não comprometam sua função natural: a maternidade, sendo que esta última coroa a existência feminina. À mulher cabe, dessa forma, preparar o indivíduo para o futuro, formá--lo para a sociedade, aplicar a sua função materna dentro do esporte.

Somados, além de um processo de estereotipia da função de treinador/técnico como uma função masculina, o baixo número de mulheres técnicas pode ser resultante da escassez de modelos desse papel, o que pode proporcionar um efeito negativo nas atletas mulheres: uma vez que há a busca constante por referências pelos atletas nos seus treinadores, a falta de modelos femininos proporciona uma não visualização da mulher nesses cargos (Knoppers, 1987).

O domínio dos homens em cargos de liderança é um fenômeno amplo, de longa duração, que tem causas diversas e efeitos profundos. Nos espaços de treinamento essa realidade se propaga e, como já referenciado, o crescente número de "vagas" no mercado do esporte não se reflete em uma maior participação das mulheres nos cargos de decisão (Pfister & Radtke, 2007). Todavia, cabe ressaltar que a busca pela inserção da mulher nesse campo não é uma luta nova: em 1963, Benedicta Oliveira foi colocada à frente de uma equipe de alto rendimento em São Paulo, com o Atletismo do Clube Esperia, participando posteriormente como treinadora da seleção paulista e brasileira (Goellner, 2004).

**A atleta, o técnico. O atleta, a técnica. Treinadores e atletas:
questões de liderança e gênero**

Primeiro, podemos observar uma indisposição dos homens em aceitar uma mulher como líder de sua comissão técnica, enquanto colegas de trabalho. Weinberg et al. (1984) reforçaram essa afirmação com estudos os quais atletas homens demonstram grande restrição quando são comandados por uma técnica mulher.

A resistência por parte dos homens ao pensar/ter uma mulher como companheira ou liderando sua comissão técnica torna-se também mais um obstáculo nessa caminhada feminina. Somado a esse aspecto, sua função de "provedora do lar" é vista como outra barreira, impedindo o sucesso na carreira. O grande número de viagens, jogos aos finais de semana, quantidade de horas dispensadas com as/os atletas e com os treinamentos, entre outras características do esporte de alto rendimento, são constantemente postos como concorrentes à opção da maternidade e do casamento. Nas palavras da triatleta brasileira Sandra Soldan, participante dos Jogos Olímpicos de Atenas, 2004:

> É, o grande desafio de ser mulher é você conseguir lidar com tudo ao mesmo tempo. Eu acho que as mulheres hoje em dia não estão conseguindo lidar com tudo e estão ficando muito estressadas. Estão perdendo saúde. Então acaba que explode em algum ponto, um ponto fraco. Então lidar com profissão, com saúde, com esporte, com dona de casa né, com eu marido, muitas vezes filhos, que eu não tenho ainda, porque não dá tempo de ter. São muitas coisas pra eu me preocupar, mas as mulheres hoje em dia carregam muitas funções. O que é fruto da independência, do grito de independência de alguns anos atrás, então realmente é uma sobrecarga.

Contudo, podemos observar também a decisão, por uma significativa parcela das mulheres, de não incorporar cargos de chefia por uma indisposição ao alto rendimento (Mourão & Votre, 2003) como uma das diversas barreiras presentes no campo do esporte quando tratamos da equiparação de proporções nos papéis de liderança. Muitas vezes, a mulher encontra em si mesma e em suas pares uma limitação. Tawil e Costello (1983) observaram em seu estudo que as mulheres, como um grupo, incorporaram um sentido de inferioridade em consequência de sua posição secundária histórica em nossa sociedade.

Inferimos, dessa forma, que as características da maternidade e do lar, social e culturalmente impostas a uma função feminina, contribuem para que a mesma possua dois campos de atuação "imprescindíveis" à condição de mulher: à frente de uma equipe esportiva e também como a dona de casa. Percebemos então que as oportunidades oferecidas não são as mesmas para ambos os gêneros. A carreira de treinadora provavelmente será vista como uma opção inviável para mulheres casadas ou que almejem ter filhos (Knoppers, 1987). Acker (1990) afirmou que:

> o corpo do homem, sua sexualidade, sua responsabilidade mínima com a procriação, seu controle convencional das emoções perpassam o processo laboral e organizacional. Os corpos das mulheres – a sexualidade feminina, sua habilidade de procriar e sua gravidez, a amamentação, o cuidado com os filhos, a menstruação e a emocionalidade mítica – são suspeitos, estigmatizados e utilizados como argumento para controle e exclusão. (Acker, 1990, p. 153)

Se a inserção já é posta como uma grande dificuldade, a permanência de uma mulher dirigindo uma equipe não se mostra um papel simples.

No campo de trabalho, as diferenças estão presentes inclusive nas dificuldades encontradas: enquanto os homens relatam a infraestrutura da instituição que trabalham dentre as principais dificuldades encontradas, as mulheres destacam problemas vinculados à superação de fatores da área comportamental afetiva (autoconfiança). Em outras palavras, o homem possui uma estrutura subjetiva, tanto no nível individual quanto no ambiente coletivo, que suporta e solidifica seu trabalho, enquanto a mulher deve provar para si e para os outros que é capaz deste ofício:

**A atleta, o técnico. O atleta, a técnica. Treinadores e atletas:**
**questões de liderança e gênero**

Você tem que fazer o dobro, o triplo de esforço que os homens pra dar valor, pra se ter um valor... tem que mostrar serviço o dobro pra eles te convidarem porque é sempre tripulação masculina, barcos grandes onde... você tem que se esforçar muito pra ser chamada. Então eu acho que a mulher acaba se esforçando muito mais do que um homem... nós somos mulheres, nós temos hormônios, nós ficamos "naqueles dias" que a gente tem as nossas baixas e as nossas altas e os homens são mais constantes... mulher não, mulher tem sentimento, emoção muito mais aflorada que os homens. Então a gente tem muito, muito mais que trabalhar do que os homens nesse ponto. (Adriana Kostiw – Atenas, 2004)

Algo que também podemos encontrar no discurso da atleta da natação Tatiane Sakemi, presente nos Jogos Olímpicos de Pequim, 2008:

tem esse preconceito de achar que é só os homens, que as mulheres não tem tanta capacidade; ... não se dedicam tanto, que eu acho que é uma besteira, que eu vejo mulheres treinando muito mais forte do que homens, agüentando [*sic*] muito mais, assim, cansaço, dor. (Tatiane Sakemi)

Por fim, há a questão corporal. Para permanecer em um espaço de domínio masculino, a mulher acaba por ser obrigada a transformar suas subjetividades enquanto mulher:

a imagem corporal, dos técnicos e técnicas, durante sua atuação profissional se equivalem, construindo uma identidade única ao espaço esportivo . . . Para ocupar esse espaço de comando nas beiras das quadras de voleibol, as mulheres superam preconceitos sociais associados a seu corpo, que as inferioriza e as invisibiliza . . . as mulheres constroem seus lugares de sujeito neste universo assemelhando a sua imagem corporal a um modelo tradicional construído, ancorado no símbolo masculino. (Romariz, 2008, pp. 4-5)

## As Mulheres e o Esporte Olímpico Brasileiro

Neste ponto, podemos pensar a questão da mulher ocupando cargos de liderança por um viés da macro[5] e da micropolítica[6] (Rolnik, 1996). Em uma visão macropolítica, a disputa entre os gêneros é condição irrefutável para a conquista de igualdade de direitos e dignidade. Já em um olhar micropolítico, essa mesma disputa reduz as subjetividades dos gêneros, podendo brecar os processos de mudança: ao modificar suas subjetividades para entrar nesse "espaço masculino", a mulher pode acabar por transformar sua identidade feminina. Contudo, é esse espaço esportivo que a mulher brasileira busca ocupar, com as limitações e obstáculos individuais e socioculturais.

Analisamos, então, o corpo e suas subjetividades como contributo para a formação deste pensar, posto o corpo como meio pelo qual há a maior parte da nossa expressividade e linguagem (Manzi Filho, 2007). Para Fontanella (1995), tornou-se pertinente pensar que nessas situações as quais se renega (ou adapta-se) suas subjetividades corporais a mulher pode, de certa forma, esquecer-se da opressão sofrida. Entendemos, assim, que a forma de encarar seu corpo e suas subjetividades no espaço esportivo pode ser um meio para sua aceitação nesse mesmo espaço, alertando, porém, para os prejuízos dessa escolha.

As contradições do corpo feminino, ora pondo-se de forma masculina, ora buscando reforçar suas subjetividades, dentro do campo esportivo, são reforçadas por Fofão, atleta do voleibol, medalhista nos Jogos de Pequim, 2008, adicionando as pressões sociais sobre essa questão:

---

[5] Macropolítica: ações que "intervêm na realidade visível, estratificada entre polos em conflito na distribuição dos lugares estabelecidos pela cartografia dominante num contexto social (conflitos de classe, de raça, de gênero, etc.)", objetivando a luta por uma configuração social mais justa (Rolnik, citado por Carvalho, 2008).

[6] Micropolítica: "intervém na tensão da dinâmica paradoxal entre, de um lado, a cartografia dominante com sua relativa estabilidade e, de outro, a realidade sensível em constante mudança, (...) são aquelas investidas no cotidiano, que se vivenciam as propostas e se acompanham com proximidade possíveis transformações nos sujeitos e nas comunidades (Rolnik, citado por Carvalho, 2008).

**A atleta, o técnico. O atleta, a técnica. Treinadores e atletas: questões de liderança e gênero**

Eu acho que uma questão do vôlei feminino é não deixar transparecer tanto... A gente é muito grosseira, assim, na hora de sentar, a gente fica reparando, a gente tem gestos assim muito, sabe, muito masculinizados. Então a gente tenta de alguma forma dento de quadra mostrar esse lado feminino, mostrar esse lado mais bonito mesmo, da mulher, porque se você ver uma mulher atleta ela é totalmente relaxada, assim, quando 'tá' de uniforme. Então, mas eu acho que são as pessoas, a imprensa, a mídia toda que busca esse lado da beleza, esse lado da vaidade.

Assim, a mulher insere-se e busca cada vez mais espaço no campo esportivo enfrentando uma forte contradição sobre seu corpo, meio de expressão e linguagem. Ao transformar as suas subjetividades acaba por se inserir em uma maior amplitude; todavia acaba por renegar as suas essências, algo que a faz perder força neste contexto complexo.

## Pensando novas possibilidades

Todavia, refletir sobre essa realidade ou apenas criticá-la, não é, ao nosso olhar, uma forma adequada de abordar o tema. Para tal, pensamos ser imperativo pensar e propor caminhos e mudanças neste cenário brasileiro atual. Embora a escassez de mulheres técnicas, especialmente no alto rendimento, não ser uma exclusividade da realidade brasileira[7], vislumbramos possibilidades para que esse cenário seja alterado. Segundo Freud, as primeiras experiências de um sujeito servirão como referência para as futuras ações dos sujeitos em suas interações e relacionamentos sociais:

> são nestas primeiras relações que ocorrem, que se determinam todos os relacionamentos posteriores, referindo-se de várias formas aos modos pelos quais estes

---

[7] Segundo Hall (2003), diversos países apresentam uma realidade próxima a brasileira, entre os quais o Canadá: as poucas mulheres trabalhando com o esporte de rendimento encontram-se essencialmente nas categorias de base.

relacionamentos iniciais foram construídos e mantidos. Os primeiros relacionamentos funcionam como protótipos (modelos) e servem de referência (parâmetros) àqueles que se construirão *a posteriori*, mostrando-se, até certo grau, recapitulações da dinâmica, das tensões e das gratificações anteriormente vividas – repetições das vivências modeladoras e norteadoras das experiências e anseios construídos. (Freud, 1927, p. 19, citado por Moreno & Machado, 2004)

Dessa forma, ponderamos que a falta de mulheres e de sua aceitação como técnicas/treinadoras é diretamente afetada pelas experiências dos indivíduos em suas fases iniciais de familiarização com o esporte. Se o indivíduo nunca teve em sua vida esportiva a experiência de ser comandado por uma mulher, as chances de refuta quando a presença feminina for fato no alto rendimento são muito maiores do que daquele indivíduo que já experienciou essa liderança durante seu desenvolvimento, em outros momentos de sua vida (Weinberg et al., 1984). Diferentes experiências terão consequências no comportamento, atitudes e valores do atleta jovem. Além disso, em estudo conduzido em 1998, Everhart e Chelladurai mostraram que meninas/atletas que tiveram uma treinadora mulher percebem menos discriminação no campo esportivo e estão, dessa forma, mais inclinadas a entrar para o "mundo dos treinadores" quando comparadas a meninas/atletas que só são treinadas por homens. Como treinadoras, exercem importante papel, posto que se enquadram como modelos para seus/suas atletas, motivando meninas não só a serem mais ativas no esporte, mas também a almejarem outras posições no mundo esportivo (Fasting & Pfister, 2000).

No entanto, acreditamos que a inexistência de políticas efetivas de inserção seja o principal fator limitador da presença feminina no campo das decisões no esporte. Apesar das políticas invocadas pelo próprio Comitê Olímpico Internacional (COI), como a *Brighton Declaration*[8], o simples acréscimo numérico das mulheres como

---

[8] Documento endossado por 82 países em maio de 1994 durante a "1ª Conferência Internacional sobre Mulheres no Esporte" realizada em Brighton, Reino Unido. A Declaração estabelece

**A atleta, o técnico. O atleta, a técnica. Treinadores e atletas:**
**questões de liderança e gênero**

líderes não é suficiente, pois a cultura machista presente no esporte ainda exclui, não acomoda e não atrai as mulheres para essa área. Rebeca Gusmão, atleta da natação, presente nos Jogos Olímpicos de Atenas, 2004 corrobora a dificuldade de inserção da mulher no Esporte:

> Você ser mulher e viver numa sociedade... já é complicado. E você viver no esporte é mais complicado ainda, porque se a gente comparar em termos de ser mulher na sociedade e no esporte, o esporte está ainda atrasadíssimo, em relação a várias coisas.

Não obstante, introduzir a mulher na organização esportiva sendo esta mera imitação daquilo que o homem realiza nessas funções torna-se ineficaz, pois altera na mulher sua identidade própria. É preciso reconhecer que são diferentes as contribuições de cada gênero para a organização esportiva e social (Hall, Cullen & Slack, 1989). Compartilhamos da visão de Fasting e Pfister (2000), acreditando que essa mudança cultural é necessária, refletindo não apenas no número de mulheres conduzindo equipes, mas também na forma a qual essa inserção ocorre.

Como relatado, algumas políticas já foram criadas. Mister se faz neste momento, efetivá-las, promover meios de tirá-las do papel, da teoria. A mulher deve buscar o espaço esportivo e enfrentá-lo. A criação de um espaço esportivo que agregue a mulher com todas as subjetividades deve ocorrer. Segundo Knoppers (1987), é necessário dar oportunidade para o acesso, promovendo uma melhor proporção e, consequentemente, uma maior conquista de poder para a mulher. A *Brighton Declaration* (COI, 1994) é um documento que se põe na mesma direção. Assim, a mulher se tornará protagonista não apenas das ações, mas, fundamentalmente, das decisões dentro do espaço esportivo.

---

os princípios que devem guiar as ações voltadas ao aumento do envolvimento da mulher no esporte de todos os níveis, em todas as funções e papéis (COI).

As Mulheres e o Esporte Olímpico Brasileiro

# Referências bibliográficas

Acker, J. (1990). Hierarchies, jobs, bodies: a theory of gendered organizations. *Gender & Society, 4*(2), 139-158.

Confederação Brasileira de Voleibol. Recuperado em 21 de março de 2009, de http://www.cbv.com.br/v1/selecao/adultas.asp.

Chelladurai, P., & Saleh, S. D. (1978). Preferred leadership in sports. *Canadian Journal of Applied Sport Science*, 3, 85-92.

Comitê Olímpico Brasileiro Recuperado em 23 de março de 2009, de http://www.cob.org.br/brasil_jogos/edicao_interna.asp?id=43.

*The Brighton Declaration*. (1994). Recuperado em 09 de abril de 2009, de http://www.sportdevelopment.org.uk/brightondeclaration1994.pdf

Daolio, J. (1997). A construção cultural do corpo feminino ou o risco de transformar meninas em 'antas'. In *Cultura, educação física e futebol*. Campinas: Editora da Unicamp.

Everhart, C. B., & Chelladurai, P. (1998). Gender differences in preferences for coaching as an occupation: the role of self-efficacy, valence, and perceived barriers. *Res Q Exercise Sport* (Ohio), *69*(2), 188-200.

Fasting, K., & Pfister, G. (2000). Female and male coaches in the eye of soccer players. *European Physical Education Review, 6*(1), 91-110.

Fontanella, F. C. (1995). *O corpo no limiar da subjetividade*. Piracicaba: Ed. Unimep.

Fraga, A. B. Concepções de gênero nas práticas corporais de adolescentes. *Revista Movimento* (Porto Alegre), *2*(3), 35-41.

Goellner, S. V. Mulher e esporte em perspectiva. Recuperado em 10 de abril de 2009, de http://www.cbtm.com.br/scripts/arquivos/esporte_mulher.pdf

Hall, M. A.(2003). Girls' and Women's' sport in Canada: from playground to podium. In I. Hartmann, & G. Pfister (Orgs.), *Sport and Women: social issues in international perspective* (pp.161-178). Londres: Routledge.

Hall, M. A., Cullen, C., & Slack, T. (1989). Organizational elites recreating themselves: the gender structure of national sport organizations. *Quest, 41*(1), 28–45.

Harris, D. V. (1979). Female sport today: psychological considerations. *International Journal of Sport Psychology*, 10(3), 168-172.

Hoshino et al. (2007). Perfil de liderança: uma análise no contexto esportivo de treinamento e competição. *Revista da Educação Física/UEM* (Maringá), *8*(1),77-83.

**A atleta, o técnico. O atleta, a técnica. Treinadores e atletas:
questões de liderança e gênero**

Klenke, K. (1996). *Women and leadership: a contextual perspective.* Nova York: Springer Publishing Company.

Knoppers, A. (1987). Gender and the coaching profession. *Quest, 39*(1), 23-35.

Leitão, J. C. (1999). *A relação treinador atleta: percepção dos comportamentos de liderança e de coesão em equipas de futebol.* Tese de Doutorado em Psicologia do Desporto, Faculdade de Motricidade Humana, Universidade Técnica de Lisboa, Lisboa.

Manzi Filho, R. (2007). *Em torno do corpo próprio e sua imagem.* Dissertação de Mestrado, Faculdade de Filosofia, Letras e Ciências Humanas, Universidade de São Paulo, São Paulo.

Moreno, B. S., & Machado, A. A. (2004, janeiro/dezembro). O simbolismo inconsciente de jovens atletas frente à figura do técnico esportivo. *Movimento & Percepção* (Espírito Santo do Pinhal), *4*(4-5), p. 18-27.

Mourão, L., & Votre, S. (2003). Brazilian women and girls in physical activities and sport. In I. Hartmann & G. Pfister (Orgs.), *Sport and Women: social issues in international perspective* (pp. 179-191). Londres: Routledge.

Nielsen, J. T. (2001). The forbidden zone: intimacy, sexual relations and misconduct in the relationship between coaches and athletes. *International Review for the Sociology of Sport, 36*(2), 165-182.

Pfister, G., & Radtke, S. (2007, maio/agosto). Mulheres tomando a liderança ou mulheres tomando a liderança nas organizações esportivas alemãs. *Revista Movimento* (Porto Alegre), *13*(2), 91-129.

Rocha, C. M., & Cavalli, F. (2006, janeiro/junho). Percepção de atletas adolescentes acerca de comportamentos de liderança de seus técnicos esportivos. *Movimento & Percepção* (Espírito Santo de Pinhal), *6*(8), 105-127.

Reszecki, M. C. (2001, abril/junho). Diversidade cultural: analisando a ocupação de mulheres em cargos de media e alta administração. *Caderno de Pesquisas em Administração* (São Paulo), *8*(2), p. 19-26.

Rolnik, S. (1996). *Guerra dos gêneros & guerra aos gêneros.* Recuperado em 02 de abril de 2009, de http://caosmose.net/suelyrolnik/pdf/genero.pdf

Romariz, S. B. (2008). As representações de gênero nas quadras de voleibol de alto rendimento. Recuperado em 10 de abril de 2009, de http://www.fazendogenero8.ufsc.br

#### As Mulheres e o Esporte Olímpico Brasileiro

Silva, A. R. (1967). *Psicologia esportiva e preparo do atleta* (3a ed.). Rio de Janeiro: Fundação Getúlio Vargas,

Silva, L. C. (2009). *Transitando entre experimentações culturais: mapeamento e estudo das propostas de pontos de cultura.* Trabalho de conclusão de curso de Terapia Ocupacional, Departamento de Fonoaudiologia, Fisioterapia e Terapia Ocupacional, Faculdade de Medicina, Universidade de São Paulo, São Paulo.

Simões et al. (1998, julho/dezembro). Liderança e as forças que impulsionam a conduta de técnico e atletas de futebol em convívio grupal. *Revista Paulista de Educação Física* (São Paulo), *12*(2), 134-44.

Smith, P. M., & Ogle, J. P. (2006). Interactions among high school cross-country runners and coaches: creating a cultural context for athletes' embodied experiences. *Family and Consumer Sciences Researches Journal, 34*(3), 276-307.

Smith, R. E., & Smoll, F. L. (1989). Leadership behaviors in sport: A theoretical model and research paradigm. *Journal of Applied Social Psychology, 19*(18), 1522-1551.

Smith, R. E., Smoll, F. L., & Cumming, S. P. (2007). Effects of a motivational climate intervention for coaches on young athletes' sport performance anxiety. *Journal of Sport & Exercise Psychology, 29*(1), 39-59.

Stearns, P. N. (2007). *História das relações de gênero.* São Paulo: Contexto.

Tawil, L., & Costello, C. (1983). The perceived competence of Women in traditional and nontraditional fields as a function of sex-role orientation and age. *Sex Roles, 9*(12), p. 1197-1203.

Vilani, L. (2004). *Liderança Situacional® II e a relação treinador-atleta em diferentes categorias de base no tênis de mesa nacional.* Dissertação de Mestrado em Treinamento Esportivo, Escola de Educação Física, Fisioterapia e Terapia Ocupacional, Universidade Federal de Minas Gerais, Belo Horizonte.

Weinberg, R., Reveles, M., & Jackson, A. (2004). Attitudes of male and female athletes toward male and female coaches. *Journal of Sport Psychology, 6*(4), 448-453

# Quem pode? Quem quer poder? Quem diz que pode? Políticas de cotas para mulheres em federações e confederações esportivas brasileiras

*Paulo Nascimento*
*Alexandre Demarchi Bellan*
*Lígia Silveira Frascareli*

## Introdução

A epígrafe deste texto foi escolhida por nós a dedo, por acreditarmos que tal poema contempla – com a devida sofisticação que singulariza a obra de Fernando Pessoa e seus consagrados heterônimos – assuntos tão exigentes a serem abordados tais como a identidade e a condição feminina no esporte contemporâneo, tendo em vista as manifestações ambíguas, complexas e sem resoluções definitivas que nossa discussão suscita. O não encerramento dessa discussão, contudo, não nos priva de tomarmos alguns partidarismos, bem como explicitar quais serão as premissas norteadoras desta discussão. Nosso intuito é apresentar uma leitura sobre esporte brasileiro, mulheres brasileiras, poder e suas capilaridades. Para tanto, iremos acompanhar alguns referenciais teóricos provenientes do universo acadêmico, procurando diálogos possíveis entre temas que possam nos levar a uma maior compreensão em relação às políticas de cotas.

Não é segredo que Pierre de Coubertin, tido como o principal idealizador dos Jogos Olímpicos da Era Moderna, nutria certa resistência quanto à participação das mulheres naquele evento em vias de ser concretizado. Os Jogos Olímpicos da Era Moderna foram inspirados

## As Mulheres e o Esporte Olímpico Brasileiro

nos Jogos Olímpicos da Antiguidade, sendo que estes relegavam as mulheres à condição de espectadoras. Portanto, em 1896, quando foram realizados os primeiros Jogos Olímpicos da Era Moderna (disputado em Atenas), não houve participação de mulheres dentre os aproximadamente 300 atletas (Cardoso, 1996, p. 20). Contudo, já na segunda edição dos Jogos, realizados na cidade de Paris, em 1900, concomitantemente à realização da Exposição Internacional de Paris, as mulheres realizaram seu debute nas disputas dos Jogos Olímpicos (Cardoso, 1996, pp. 38-39). Essa posição de Coubertin não deixa de ser uma representação típica do período histórico que o Ocidente viveu entre a virada do século XIX para o XX, quando as mulheres não raro eram relegadas à tutela da família patriarcal (Albornoz, 2008, p. 54).

À medida que as Olimpíadas modernas passavam – considera-mos Olimpíadas o ciclo temporal de quatro anos que se altera a cada nova edição dos Jogos Olímpicos (Rubio, 2006, p. 59) – e os Jogos aconteciam – ou não, como foi o caso nos anos de 1916, 1940 e 1944, nos quais os Jogos previstos foram cancelados por conta das duas grandes Guerras Mundiais (Rubio, 2006, pp. 101-102) –, o Movimento Olímpico paulatinamente adquiria sua pretensa chancela de evento internacionalista promotor do congraçamento entre os povos por intermédio da prática esportiva. Também ficava claro com o passar dos anos que, em alguns momentos, este mesmo Movimento Olímpico não conseguiria sobrepor-se a determinadas questões tidas como políticas, tal como pretendiam seus idealizadores. Não raro, os Jogos Olímpicos serviram de palco, inclusive, para que estas tensões ganhassem novos contornos – caso dos boicotes deflagrados por EUA e URSS, respectivamente, nos Jogos de Moscou-1980 e Los Angeles-1984, repercutindo a Guerra Fria protagonizada por ambos os países durante a segunda metade do século XX (Rubio, 2006, p. 60). Outras tensões, com forte imbricamento entre o político e as tensões sociais, também tiveram repercussão em Jogos Olímpicos, sendo que o protesto dos "Panteras Negras" nos Jogos Olímpicos realizados na Cidade do México, em 1968, foi um caso emblemático (Rubio, 2006, p. 121).

**Quem pode? Quem quer poder? Quem diz que pode? Políticas de cotas para mulheres em federações e confederações esportivas brasileiras**

Imaginamos que a razão da participação feminina nos Jogos ter aumentado gradualmente desde as primeiras edições foi mais um fenômeno de beneplácito (consentimento) que de mérito junto ao Comitê Olímpico Internacional. A discussão sobre a presença das mulheres nos Jogos Olímpicos e no âmbito esportivo como um todo é dotada de algumas nuances, como pretendemos apresentar.

Temos por objetivo, então, elaborar uma reflexão acerca da participação das mulheres brasileiras em comitês esportivos brasileiros a partir dos anos 80. Tal recorte temporal é feito tendo por base dados bibliográficos que configuram os anos 80 como o início da fase de profissionalismo nos Jogos (Rubio, 2006, pp. 36, 92). Imaginamos que este período pôde ser propulsor de maior participação de mulheres em tais instituições. Para tratarmos das idiossincrasias relacionadas ao foco deste trabalho (ou seja, a presença dessas mulheres nas instituições de poder esportivas), buscaremos realizar um breve resgate histórico, conferindo como o discurso de inclusão social, por intermédio de ações afirmativas, intensificou sua repercussão nos últimos quarenta anos.

Um importante referencial teórico em relação à discussão sobre mulheres em instituições esportivas é a obra da norueguesa Gertrud Pfister. Detentora de uma respeitável bibliografia acerca do assunto, Pfister realizou, em um de seus trabalhos, um extenso levantamento de dados quantitativos em federações e confederações pelo mundo, interessada em problematizar como, a partir das noções de práticas esportivas criadas "pelo homem e para o homem" (Pfister, 2003, p. 11), as instituições que gerenciam o esporte foram primeiro alicerçadas para que depois fosse discutido como as mulheres teriam acesso às instâncias de macropoder destes espaços.

No tocante às singularidades da formação da sociedade brasileira, recorremos ao aporte teórico de Sérgio Buarque de Holanda (1963), intelectual brasileiro que investigou como a tradição de colônia – rural, escravocrata e patriarcal – passou a reverberar em nosso país com o advento dos preceitos republicanos, da modernidade e do trabalho livre.

A perspectiva dos autores deste texto quanto à metodologia constitui-se da noção de que as fontes e os documentos oficiais são de importância incontestável, mas empobrecem qualquer análise sobre fenômenos humanos se consideradas suficientes por si só, referidas sem apurada contextualização ou desassociadas de outras fontes. Para que tenhamos uma dimensão mais vigorosa dos objetos desta pesquisa, recorremos também a alguns trechos de relato de histórias de vida de algumas ex-atletas brasileiras que, a partir dos anos 80 do século XX, ingressaram em instituições esportivas de poder no Brasil. A partir dessas narrativas, temos interesse em contemplar uma subjetividade (Simmel, 1908) demasiado presente nas histórias de vida, situada em âmbito de difícil alcance pela documentação oficial, mas nem por isso menos importante (Bosi, 1994). Esta foi a metodologia utilizada por toda a pesquisa com as mulheres olímpicas brasileiras, e se encontra citada em outros capítulos deste livro. Remeteremo-nos também às observações de Michel Foucault (2005) quando este, ao tratar de como os pensadores ocidentais lidaram com o conhecimento e com o sujeito do conhecimento, defendeu que ao contrário da perspectiva que ficou consagrada em uma leitura de Marx que ele denotou como "marxismo acadêmico" (Foucault, 2005, p. 8), não existe um sujeito *a priori*, mas sim um dado tal de configurações sociais, que interferem indelevelmente em como as práticas sociais serão construídas (Foucault, 2005, p. 27).

## Mulheres no poder?

Para que entendamos mais sobre a condição feminina na sociedade contemporânea, sem nos delongarmos – posto que não é nosso principal objetivo neste texto –, partiremos da hipótese de que na pré-história, mais precisamente no desenvolvimento dos homínidas, ocorreu um processo evolutivo sustentado também pelas diferenças em relação aos padrões de comportamento, que são as principais ferramentas para conhecermos a adaptação cultural do homem ao longo do tempo. Neste primeiro momento configurou-se a divisão

**Quem pode? Quem quer poder? Quem diz que pode? Políticas de cotas para mulheres em federações e confederações esportivas brasileiras**

do trabalho baseada no sexo (Hallowell, 1974, p. 349). A estrutura familiar sofreu alterações sob considerável influência das relações econômicas e do trabalho; neste plano, ao homem cabiam as atividades referentes à caça, enquanto a mulher seria incumbida de ser a mantenedora da casa e da família. Com o decorrer do tempo, as interações sociais destes povos dos primórdios da história foram se transformando. Nesta perspectiva, entendemos que o ser humano, ao se apropriar do trabalho como elemento de transformação da natureza, materializando-a em objetos utilitários e produzindo cultura, se afirma como ser cultural.

Cabe mencionar que, se nos primeiros momentos de evolução da espécie tal distinção entre os sexos supostamente teve importante papel na sobrevivência e na organização da vida social, hoje algumas dessas mesmas ideias acerca das conotações físicas de sexo são ainda transportadas para as conotações sociais de gênero. Mas é justamente o termo "gênero" (em termos de categoria analítica) que possibilita a desconstrução da representação naturalizada de que homens e mulheres vivem o masculino e o feminino unicamente pelas diferenças corporais, e são essas diferenças que justificam desigualdades e atribuem papéis/funções sociais a serem desempenhadas por um ou outro sexo (Goellner, 2007).

Um dos caminhos encontrados para minimizar os efeitos atuais de períodos históricos marcados por preconceitos e exclusão de gênero (bem como de classe e raça) foi a instituição de políticas de cotas. Embora as ações dos movimentos sociais na década de 1960 nos Estados Unidos tenham sido indiscutivelmente importantes e tenham contribuído para trazerem à tona a discussão acerca da pertinência de medidas como cotas e ações afirmativas (Faria Santos, 2005), vale lembrar que cabe aos indianos o pioneirismo em tal medida política. Interessados na inclusão social de uma casta historicamente depreciada ao longo da história daquele país (os dalits), foram criadas as primeiras políticas que, através de respaldo judiciário, buscavam a concretização de uma sociedade mais igualitária (Menezes, 2001).

## As Mulheres e o Esporte Olímpico Brasileiro

O recorte para este estudo é justamente analisar como se dá a inclusão de mulheres em cargos de liderança no esporte brasileiro. Para tal objetivo, vamos inicialmente demarcar as políticas de cotas para mulheres estipuladas pelo Comitê Olímpico Internacional (COI).

Foi estipulado em 1995 que os Comitês Olímpicos Nacionais teriam que obter, até o ano de 2000, um mínimo de 10% de mulheres em postos diretivos, e o dobro dessa percentual em 2005 (Comitê Olímpico Internacional [COI], Carta olímpica, Regra 2, n°5). A intenção adjacente a tal estipulação foi minimizar efeitos de discriminação de gênero, buscando diminuir a exclusão das mulheres do cenário de liderança política esportiva.

Para desenvolvermos esse polêmico assunto, procuramos consultar materiais que demonstrassem como se dá a inserção de mulheres em cargos de liderança no esporte. Dados encontrados por um estudo realizado acerca da liderança de mulheres nas organizações esportivas alemãs (Pfister & Radtke, 2007) apresentaram diferenças significativas em relação à obtenção e manutenção dos cargos de liderança entre homens e mulheres, a começar pela quantidade: apenas cerca de 15% dos cargos encontravam-se ocupados por mulheres, em sua maioria mais jovens do que os homens, o que reflete o desenvolvimento e as mudanças no esporte e na própria sociedade nos últimos 20-30 anos. De acordo com o encontrado nas diferentes etapas dessa pesquisa, as autoras concluíram que:

> é pequena a chance de chegar a cargos de liderança quando se trata de mulheres pouco envolvidas com o esporte ou com uma federação esportiva, sem qualificação ou sem emprego prestigiado, com companheiro ou filhos, e sem família compreensiva ligada ao esporte. (Pfister & Radtke, 2007, p. 115)

Tais dados corroboram, de maneira geral, a situação das mulheres também nas organizações, uma vez que são encontradas segregações específicas de gênero em todos os países industrializados. Tais

**Quem pode? Quem quer poder? Quem diz que pode? Políticas de cotas para mulheres em federações e confederações esportivas brasileiras**

segregações ocorrem baseadas na justificativa que as mulheres, devido ao maior comprometimento em relação à procriação e ao cuidado com a família, tendem a disponibilizar menos tempo ao trabalho e não teriam o nível de comprometimento, qualificações e motivações necessários para justificar os investimentos em treinamento e a colocação em cargos de liderança e confiança. As estatísticas apresentadas no estudo mostram que, de fato, as mulheres que chegam a altos níveis hierárquicos, ao contrário dos homens nas mesmas funções, são solteiras e sem filhos. Mostram também que as mulheres que se mantêm em seus cargos de liderança adotam estratégias muito parecidas às dos colegas homens em relação ao gerenciamento de conflitos, à ambição, à assertividade e à insensibilidade a questões pessoais (Pfister & Radtke, 2007). Pode-se compreender que a cultura organizacional (e nessa dimensão podemos incluir as organizações esportivas) tende a conceber líderes ideais como homens – e mulheres que culturalmente ajam como homens...

### Enquanto isso, no Brasil...

O linguista búlgaro Tzvetan Todorov nos apresentou em suas obras clássicas (*A conquista da América – a questão do outro e Nós e os outros: a reflexão francesa sobre a diversidade humana*) sua leitura sobre como teria sido o choque entre as visões de mundo dos nativos e dos europeus aqui chegados:

> Ou ele [Colombo] pensa que os índios . . . são seres completamente humanos, com os mesmos direitos que ele, e aí considera-os não somente iguais, mas idênticos, e este comportamento desemboca no assimilacionismo, na projeção de seus próprios valores sobre os outros. Ou então parte da diferença, que é imediatamente traduzida em termos de superioridade e inferioridade (no caso, obviamente, são os índios os inferiores): recusa a existência de uma substância humana realmente outra, que possa não ser meramente um estado imperfeito de si mesmo. Estas duas figuras básicas

### As Mulheres e o Esporte Olímpico Brasileiro

da experiência da alteridade baseiam-se no egocentrismo, na identificação de seus próprios valores com os valores em geral, de seu eu com o universo; na convicção de que o mundo é um. . . . Toda a história da descoberta da América, primeiro episódio da conquista, é marcada por esta ambigüidade [*sic*]: a alteridade humana é simultaneamente revelada e recusada (Todorov, 1993, p. 41, 47).

Passados alguns séculos, a situação no Novo Continente mudou, como não poderia ser diferente. Os processos históricos tidos pelo marxismo universitário desenrolaram-se ao longo do tempo, fazendo com que a colônia portuguesa ao sul do Equador, embora permanecendo no hemisfério sul, se alçasse à condição de nação independente do pacto colonial imposto por Portugal. Proclamou então sua independência monárquica para depois ser golpeada pela república, e entre altos e baixos, planos de metas e prendo-e-arrebento, chegou à condição de República Federativa do Brasil – democrática, portanto. Detenhamo-nos ao Artigo 5º da Constituição desta República, e reparemos ao trato da questão de igualdade que nos é apresentada:

> Art. 5º: Todos são iguais perante a lei, sem distinção de qualquer natureza, garantindo-se aos brasileiros e aos estrangeiros residentes no País a inviolabilidade do direito à vida, à liberdade, à igualdade, à segurança e à propriedade, nos termos seguintes:
>
> I – homens e mulheres são iguais em direitos e obrigações, nos termos desta Constituição. (Constituição da República Federativa do Brasil, 1988)

A Constituição brasileira data de 1988. Cabe um exemplo de como se davam os processos institucionais e o tratamento às mulheres inseridas em uma prática vista como de exclusividade masculina: Ao ser perguntada sobre as estratégias de enfrentamento adotadas diante do fato de ser mulher, Ingrid Troyko, atleta olímpica de adestramento, respondeu:

**Quem pode? Quem quer poder? Quem diz que pode? Políticas de cotas para mulheres em federações e confederações esportivas brasileiras**

... nas provas, nem tanto, mas normalmente quem ganhava eram os militares. E homens. Foi difícil chegar, e ganhar campeonatos. Tive que montar muito para poder ganhar dos homens e dos militares. Por exemplo, eu fui a primeira mulher a dar aula de adestramento na Hípica Paulista. E eu tinha muitos alunos homens, de salto, nós damos o adestramento básico que serve para qualquer modalidade. No picadeiro da Hípica eu era atropelada por outros cavaleiros, porque achavam um absurdo uma mulher dar aula. E havia muito preconceito de montar com uma professora mulher, porque cavalo tinha relação com hombridade, e então como uma mulher poderia ensinar um homem?... E aí eu cheguei a dar aula em cima de um cavalo com chicote; se alguém se aproximasse de mim, eu: "Sai", com o chicote [e faz o gesto da chicotada]. Porque era desse jeito. Tinha bastante preconceito contra as mulheres.

Quando nos detemos sobre a situação atual da mulher nas instâncias de gestão do esporte brasileiro, observamos alguns números marcantes: a participação das mulheres em cargos de comando dos principais órgãos da gestão esportiva brasileira representa 7,7% dos cargos existentes (Gomes, 2008), valor consideravelmente distante do estipulado pelo COI.

Ainda que os percentuais de participação entre as instâncias de poder esportiva da Alemanha e do Brasil (15% e 7,7%, respectivamente) sejam relativamente comparáveis, as histórias sociais dos países não o são, e algumas outras nuances podem ser indicadas quando observamos a presença (ou ausência) da mulher nos cargos de poder do esporte olímpico brasileiro.

Uma delas, que sem dúvida transpassa o âmbito esportivo e que caracteriza praticamente todas as relações políticas no Brasil, é a questão de familiaridade e favorecimento. Data da formação de nosso país, realizada pelo povo português, a herança de certas características socioculturais até hoje reproduzidas. Tais características refletem a própria formação do povo português, marcada pela forte miscigenação, a forma de colonização aqui realizada (com fins lucrativos, portanto rápida e exploratória), e a estrutura das relações sociais aqui estabelecidas, baseadas na familiaridade, proteção e práticas de favorecimento, provenientes da estrutura patriarcal desenvolvidas nas grandes propriedades rurais. O poder das grandes propriedades escravocratas fez importar seus modelos de administração à urbanização então nascente no país e desenhou, de acordo com Sérgio Buarque de Holanda (1963), o estabelecimento de relações tipicamente afetivas, irracionais, baseadas em distribuição e cobrança de favores e em protecionismos, inclusive nas esferas públicas que, no estado burocrático (tal como definido por Weber), deveriam se fazer notar pela imparcialidade e racionalidade.

Como indica o próprio Sérgio Buarque (2008, p. 146): "A função dos homens que irão exercer funções públicas faz-se de acordo com a confiança pessoal que mereçam os candidatos, e muito menos de acordo com as suas capacidades próprias". Faz-se curioso notar que uma das maiores preocupações em relação às políticas de cotas é que estas possibilitariam a obtenção de vagas e cargos para os quais a população em questão não estaria preparada, ou que tais vagas poderiam ser obtidas de forma injusta...

Assim, a primeira possível particularidade que podemos arriscar, a partir dos elementos de constituição da sociedade brasileira, é a de que a pequena participação feminina na gestão do esporte brasileiro se faz menos por preconceito de gênero (embora este também se faça presente) do que por um acentuado esforço na manutenção de cargos de prestígio e privilégio em tais instituições. As mulheres brasileiras talvez não possuam altos cargos menos pelo fato de serem mulheres do que pelo fato de não se encontrarem no "esquema"...

Outra particularidade se faz notar na forma como a reivindicação feminina se deu e se dá em nosso país. De acordo com Mourão (1998, p. 80, citado por Gomes, 2008, p.16),

> a inserção e crescente participação das mulheres na prática de atividade física e nos esportes, deu-se pela via da conciliação, com demandas explícitas, mas sem lutas, nem

**Quem pode? Quem quer poder? Quem diz que pode? Políticas de cotas para mulheres em federações e confederações esportivas brasileiras**

embates, na medida em que esse processo de visibilidade da mulher no esporte, não foi marcado pela intenção de mudar a condição feminina nessa área, a ordem social que se impunha, ou mesmo a hierarquia de gênero que se estabelecia na sociedade brasileira.

Associamos essa forma de condução das mais variadas lutas também como outra característica marcante em nossa sociedade como um todo. De acordo com Sérgio Buarque de Holanda, a maior contribuição que o brasileiro dá à Humanidade é a da *cordialidade*. Sendo o avesso da polidez, a cordialidade do brasileiro se mostra no desejo de proximidade, de relações afetivas tanto nos espaços privados como nos públicos, aparentemente sem caracterizar-se qualquer distinção entre eles.

Sendo uma característica cultural do povo brasileiro, não nos cabe julgar valores, mas cabe apontar um traço talvez negativo (ou perverso) dessa particularidade cultural: talvez seja justamente essa cordialidade no trato com os outros que impeça o brasileiro de envolver-se em indisposições necessárias, de lutar abertamente e de expressar-se firmemente por seus direitos e necessidades.

O brasileiro cordial (embora existam exceções), não parece ter por característica a vontade de lutar pela desconstrução ou revolução de instituições ou governos, mas apresenta interesse em procurar por pontos de flexibilidade e rachaduras (que são muitas) destas organizações e adaptar-se a elas – adaptando-as, muitas vezes, aos seus interesses e aos interesses de seus próximos. Do que falamos aqui senão de nosso íntimo conhecido "jeitinho brasileiro"?

E se esse "jeitinho" nos torna um país sem desavenças institucionais, sem guerrilhas e sem divisões territoriais, também tem função repressora quando mostra não ser de "bom-tom" lutar e falar por aquilo que poucos querem ouvir, quando ameniza ânimos contestadores, quando amolda a personalidade do brasileiro à flexibilidade capoeirista do nosso sistema político ou quando faz imperar a voz do "deixa disso".

Assim, a mulher brasileira não se defronta apenas com o preconceito de gênero e com instituições sob a égide masculina, mas com os inúmeros disfarces e concessões que tornam de difícil percepção o que deve efetivamente ser combatido, pois mesmo nosso preconceito tem características especiais: nasceu dentro da casa do senhor de engenho, sendo o negro da convivência diária e muito próxima, para não dizer afetiva. Nosso preconceito (seja ele de qual espécie for) não é institucionalizado ou segregador – é piadista, íntimo, perverso, pois se faz sentir sem mostrar-se abertamente.

A mulher brasileira não é *proibida* de almejar altos cargos, seja na esfera do esporte ou em qualquer outra esfera social ou política, mas é capturada por imagens e arquétipos ou pela sátira. Suas possibilidades de ascensão ou competência, não raro, são deduzidas ou reduzidas aos seus atributos sexuais, às suas especificidades femininas demarcadas como defeito e à sua condição de mulher pejorativamente evocada, seja qual for a discussão em pauta.

## Considerações finais

No Brasil, cumprir a imposição de cotas para participação de mulheres nos cargos de gestão esportiva encontra-se ainda, a nosso ver, distante da realidade. Se considerarmos que apenas na década de 90 começamos a ter uma participação expressiva de mulheres nos Jogos Olímpicos, sendo que apenas em 2004 o número de brasileiras ultrapassou a marca de cem participantes (Gomes, 2008), e que os gestores esportivos brasileiros atuam, em sua grande maioria, graças aos conhecimentos e à intuição adquiridas pela prática quando eram atletas, dirigentes ou técnicos (DaCosta, 2005), talvez não tenhamos sequer contingente de mulheres ex-atletas que possam ocupar esses cargos destinados à elas por intermédio das cotas.

Na República brasileira, a construção social do espaço privado como responsabilidade feminina (mãe e esposa) e do espaço público como domínio masculino (política e poder) – assim como a elaboração de suas consequentes identidades atribuídas – somada aos padrões de

**Quem pode? Quem quer poder? Quem diz que pode? Políticas de cotas para mulheres em federações e confederações esportivas brasileiras**

comportamento teoricamente exigidos pelo esporte enquanto instituição legitimou a construção do espaço esportivo como masculino, o que gerou quase automaticamente determinadas exclusões e preconceitos. A mulher atleta era vista ou compreendida (e muitas vezes também assim se via) como mulher/homem, pois não havia espaço para a construção de um imaginário de mulher forte, determinada, capaz e independente. Perguntamo-nos se nos dias atuais esse espaço existe genuinamente... Não raro, mesmo nos discursos científicos mais elaborados, podemos notar pressuposições descuidadas de que as mulheres atletas são mais frágeis, dependentes e até "problemáticas" do que seus pares homens ou, quase como um "avesso inevitável", são vistas como homossexuais (Frascareli, 2008).

Conforme apontou Gomes (2008, p. 47):

> a revisão do imaginário feminino no universo desigual das relações sociais na sociedade brasileira leva-nos ao entendimento de que o estabelecimento da identidade feminina como um ser passivo e subordinado ao homem se configurou como um discurso natural em nossa sociedade. Discurso difícil de ser quebrado, pois as diferenças simbólicas continuam sendo reproduzidas pelas estruturas patriarcais, também pelas próprias mulheres.

Por intermédio de mais um trecho de entrevista, percebemos como as próprias mulheres inseridas no âmbito esportivo não nos deixam mentir:

> Então os ex-atletas vão dar aulas para estas crianças, né? E esse projeto só tinha homem, e eu era a única mulher. E eu achei que eu ia ter problema. Nunca tive nenhum problema – muito pelo contrário, sabe? E hoje eu continuo, assim, trabalhando muito mais com homens do que com mulheres – que eu prefiro trabalhar com homens, dez vezes. Se alguém me pedir pra contratar mulher, Deus me perdoe, eu não contrato, nem meia... Juro por Deus! Mulher é um

bicho complicado, muito encrenqueiro. E com eles eu não tenho problema, nenhum, muito pelo contrário. Existe um respeito muito grande, sabe? Deles com relação a mim. Então, assim, é uma coisa muito bacana, muito legal, mesmo. E onde, às vezes quando eu entro no meio de mulheres, ah... aí já tem uma complicação. Meu Deus do céu... Mas é verdade! (Esmeralda de Jesus[1])

Mais que uma reprodução de discursos, o exemplo acima nos mostra uma hierarquia de valores ainda vigente no mundo profissional brasileiro (e talvez mundial), no qual a conduta desejada, como já dissemos acima, é aquela que corresponde às formas masculinas de exercício de atividades.

A história nos mostra quais caminhos tem sido percorridos pelas mulheres no âmbito da ocupação profissional e participação na sociedade. Reforçado pelas estatísticas oficiais, que nos oferecem ainda mais subsídios para elaborarmos nossas percepções acerca do tema, vemos na contemporaneidade um novo campo de tensões de poder, bem como de reconfigurações sociais. Estas reconfigurações permitem-nos atestar, por exemplo, maior representatividade destas mulheres na política, maior presença no mercado de trabalho e em outros tantos campos sociais, sendo que os esportes são mais um deles. Sob um forte impacto das ações afirmativas ou políticas compensatórias, os seguimentos das sociedades que não foram historicamente contempladas no Brasil pelo poder patriarcal vêm elencando alguns ganhos devido às leis de cotas propostas pelos macropoderes, que por sua vez as realizam sob a retórica de serem medidas de inclusão.

Por outro lado, também há de se fazer notar que as mulheres "pisaram na armadilha de uma definição hesitante de igualdade" (Gomes, 2008, p. 48), atravessando as fronteiras impostas a elas por séculos em um piscar de olhos com ares de transgressão, por parte delas, e de concessão, por parte deles. Porém, um olhar atento à

---

[1] Ex-atleta olímpica de atletismo. Trabalha atualmente em um projeto realizado pela FPA em parceria com a secretaria de esporte da cidade de São Paulo

**Quem pode? Quem quer poder? Quem diz que pode? Políticas de cotas para mulheres em federações e confederações esportivas brasileiras**

História mostra que, longe de ser uma transgressão, a ocupação do espaço público pela mulher foi uma necessidade capitalista: a mulher *pôde* ser trabalhadora em um momento que *precisava* ser mão de obra barata e consumidora independente. Os movimentos feministas, aparentemente cegos a este viés histórico, não atentaram para que, ao fim e ao cabo, acabaram lutando não apenas por condições iguais as dos homens, mas por condições iguais de exploração (Adorno & Horkheimer, 1986).

Aventa-nos a possibilidade de que uma inclusão efetiva ainda está para ser realizada, sobretudo nas instâncias oficiais de poder. Políticas de cotas para garantir o acesso à educação, aos esportes em geral, aos partidos políticos e aos cargos de poder ainda geram muitas controvérsias e discussões. Porém, mesmo sabendo que estas políticas de inclusão isoladamente não resolverão os problemas em relação à pobreza e à exclusão, é difícil negar que tais políticas chamem a atenção da população para a questão da inclusão destes grupos entre os mais distintos nichos e entre as mais profundas capilaridades do poder presentes em nossa sociedade.

## Referências bibliográficas

Adorno, T. W., & Horkheimer, M. (1986). *Dialética do esclarecimento*. Rio de Janeiro: Zahar.

Albornoz, S. (2008). *As mulheres e a mudança nos costumes: ensaios da igualdade e da diferença* (p. 54). Porto Alegre: Movimento; Santa Cruz do Sul: EDUNISC.

Bosi, E. (1994). *Memória e sociedade*. São Paulo: Cia das Letras.

Cardoso, M. (1996). *100 anos de Olimpíadas: de Atenas a Atlanta*. São Paulo: Scritta.

Comitê Olímpico Internacional. (2001). Carta Olímpica. Lausanne: Comitê Olímpico Internacional.

Constituição da República Federativa do Brasil. (1988). Recuperado em 19 de maio de 2009, de http://www.planalto.gov.br/ccivil_03/constituicao/constitui%C3%A7ao.htm.

## As Mulheres e o Esporte Olímpico Brasileiro

DaCosta, L. P. (Org.). (2005). *Atlas do Esporte no Brasil*. Rio de Janeiro: Shape.

Faria Santos, J. P. de. (2005). *Ações afirmativas e igualdade racial: a contribuição do Direito na construção de um Brasil diverso*. São Paulo: Loyola.

Futada, F. M. (2007). Educação olímpica: conceito e modelos. In K. Rubio (Org.), *Educação olímpica e responsabilidade social* (pp. 13-28). São Paulo: Casa do Psicólogo.

Foucault, M. (2005). *A verdade e as formas jurídicas*. Rio de Janeiro: NAU Editora.

Frascareli, L. S. (2008). *Interfaces entre Psicologia e Esporte: sobre o sentido de ser atleta*. Dissertação de Mestrado, Instituto de Psicologia, Universidade de São Paulo, 2008.

Goellner, S. V. (2007). Feminismos, mulheres e esportes: questões epistemológicas sobre o fazer historiográfico. *Revista Movimento* (Porto Alegre), *13*(2), 171-196.

Gomes, E. M. P. (2008). *A participação das mulheres na gestão do esporte brasileiro: desafios e perspectivas*. Rio de Janeiro: FAPERJ.

Hall, S. (2006). *A identidade cultural na pós-modernidade*. Rio de Janeiro: DP&A.

Hallowell, I. (1974). As bases protoculturais da adaptação humana. In G. Mussolini, *Evolução, raça e cultura: leituras de antropologia física*. São Paulo: Editora Nacional.

Hobsbawm, E. (1988). *A era dos impérios*. Rio de Janeiro: Paz e Terra.

Holanda, S. B. (1963). *Raízes do Brasil*. 4ª ed. Brasília: Editora da Universidade de Brasília.

Lima, J. A. (abril de 2009). *Ter um filho de um dalit é anomalia social*. Recuperado em 21 de abril de 2009, de. http://revistaepoca.globo.com/Revista/Epoca/0,,ERT67869-15220-67869-3934,00.html

Menezes, S. P. L. (2001). *A ação afirmativa (Affirmative Action) no Direito Norte Americano*. São Paulo: Revista dos Tribunais.

Morgan, W. J. (2006). *Why sports morally matter*. New York/London: Routledge.

Pfister, G. (2003, maio/agosto). Líderes femininas em organizações esportivas – tendências mundiais. *Revista Movimento* (Porto Alegre), *9*(2), pp. 11-35.

**Quem pode? Quem quer poder? Quem diz que pode? Políticas de cotas para mulheres em federações e confederações esportivas brasileiras**

Pfister, G., & Radtke, S. (2007). Mulheres tomando a liderança ou mulheres tomando a liderança nas organizações esportivas alemãs. *Revista Movimento* (Porto Alegre), *13*(2), 91-129.

Rubio, K. (2001). *O atleta e o mito do herói*. São Paulo: Casa do Psicólogo.

Rubio, K. (2006). *Medalhistas olímpicos brasileiros: memórias, histórias e imaginário*. São Paulo: Casa do Psicólogo.

Simmel, G. (1908). *On Individuality and Social Forms*. The University of Chicago Press.

Simmel, G. (1999). Referenciais teóricos para o conceito de Olimpismo. In O. Tavares & L. P. DaCosta (Eds.), *Estudos olímpicos*. Rio de Janeiro: Editora Gama Filho.

Tavares, O. (2003). *Esporte, movimento olímpico e democracia: o atleta como mediador*. Tese de Doutorado, Programa de pós-graduação em Educação Física, Universidade Gama Filho, Rio de Janeiro.

Tavares, O. (1999). *Referenciais teóricos para o conceito de Olimpismo*. In: O. Tavares & L. P. DaCosta (eds.), *Estudos Olímpicos* (pp. 15-49). Rio de Janeiro: Editora Gama Filho,.

Todorov, T. (1993). *A conquista da América - a questão do outro*. São Paulo: *Martins Fontes*.

Todorov, T. (1993). *Nós e os outros: a reflexão francesa sobre a diversidade humana* (vol. 1). Rio de Janeiro, Jorge Zahar Editor.

# A Grande Mãe

*Raoni Perrucci Toledo Machado*

Os Jogos Olímpicos são a solene
e periódica exaltação da atlética
masculina com base no internaciona-
lismo, lealdade como significado, a
arte como cenário e aplausos femininos como recompensa.
(Barão Pierre de Coubertin)

## Introdução

O homem pré-histórico surgiu há cerca de 3 milhões de anos, deixando como rastro de sua história uma vasta gama de objetos e desenhos atualmente denominados como vestígios arqueológicos, por meios dos quais podemos estudar e tentar compreender a evolução do ser humano através do tempo.

A principal evolução biológica encontrada foi em relação às modificações que ocorreram na base do cérebro, alterando sua funcionalidade e interferindo diretamente no seu comportamento. Vialou e Vialou (2005) disseram que essa evolução morfológica e estrutural do esqueleto craniano do *Homo* contribuiu para um maior equilíbrio dinâmico em relação à posição ereta e, consequentemente, à locomoção. Além disso, essa modificação anatômica contribuiu para o desenvolvimento da região do lobo frontal do cérebro, responsável pela interação do indivíduo com o mundo exterior, assim como pelos sistemas de representações, como a linguagem e a arte. Então, a verticalização da face e os novos modos de comunicação verbal,deram ao homem pré-histórico outra forma de interação com o mundo exterior, direcionando sua evolução para as melhoras das inter-relações entre os acontecimentos do mundo e, principalmente, na compreensão e ligação com o meio ambiente ao qual pertence.

Dessa forma, as representações podem ser entendidas como a principal relação das imagens mentais com o mundo exterior. Elas são produtos diretos do imaginário humano, tornando-se representações individuais que, por intermédio de meios de codificação comum, serão transmitidas ao grupo.

## A cultura e os símbolos

A evolução da estrutura cerebral foi possivelmente uma das principais colaboradoras para que a espécie *homo sapiens* produzisse o mesmo tipo de comportamento simbólico em todo o mundo, fruto de um mesmo órgão de percepção sensorial, o qual podemos chamar de unidade antropológica (Vialou, n.d.), ou figurações do imaginário coletivo, tal como denominado por Jung (1991). O que diferenciará uma sociedade da outra, ou mesmo um grupo de homens de outros grupos, serão as diferentes variáveis culturais inerentes a cada uma delas.

A cultura, segundo Ferreira Santos (2004), pode ser entendida como um universo de criação, transmissão, apropriação e interpretação dos bens simbólicos e suas relações. O que caracteriza as várias culturas são os processos simbólicos envolvidos no ato criativo, bem como aqueles envolvidos em nossa capacidade de nos apropriarmos de seus conteúdos, sentidos e significados. Rodrigues (1989) afirmou que as culturas, em um sentido menos abstrato, são sistemas simbólicos, ou seja, mais que somatórias de vetores, artefatos, crenças, mitos, rituais, comportamentos etc., cada cultura é uma "gramática" que delineia e gera os elementos que as constituem e lhe são pertencentes, além de atribuir sentidos nas relações entre os mesmos. As culturas não se definem apenas por seus "vocabulários", mas principalmente pelas regras que regulam a "sintaxe" das relações entre os seus elementos.

Logo, se torna muito estreita a relação entre cultura e mito. De forma geral, o mito, segundo Ferreira Santos (2004), é a narrativa dinâmica de imagens e símbolos que orientam as ações na articulação do passado e do presente, em direção ao futuro.

## A Grande Mãe

Como já foi dito, a principal característica das várias culturas são os processos simbólicos envolvidos no ato criativo, bem como aqueles envolvidos na nossa capacidade de nos apropriarmos dos conteúdos, sentidos e significados, de poder difundi-los pela comunicação e, sobretudo, de interpretá-los para compreender ao mundo, e consequentemente, a nós mesmos. Os processos simbólicos podem ser transmitidos e comunicados envolvendo uma aprendizagem de auto-apropriação e interpretação, fechando e ao mesmo tempo ampliando o conceito simbólico cultural.

Quando estamos nos referindo aos povos do passado, como apontou Jensen (1998), muitos costumes e representações nós podemos compreender, mas há um tanto de outras ações que soam estranhas à nossa forma de ver o mundo, mas que, no entanto, estão de alguma forma ligadas ao contingente de imagens de quem as realizou. Portanto, ao estudarmos as representações dos povos da Antiguidade, estamos estudando a história da própria transformação cultural do ser humano em busca de respostas sobre a realidade em que está e a que criou. Campbell (1997) concluiu que o material do mito lida com os termos que se mostram mais adequados à natureza do conhecimento da época, além de estar intimamente associado à sociedade no qual está inserido. O mesmo autor (Campbell, 1992) mostra que a mitologia acompanha a evolução do homem há muitos anos, e indica que em aproximadamente 600.000 a.C., no Período Paleolítico, mais precisamente no Estágio do Plesiantropo, há indícios de que os seres primitivos daquela época se apegavam a alguns objetos de forma mais racional.

## Representações

As representações da antiguidade são codificações de uma série de escolhas de modos gráficos de expressão, com relação simbólica à sociedade em que está inserido, ou seja, com quem possui capacidade de absorver seu conteúdo, de forma que está em relação direta com quem a está observando.

O contexto e as representações destas criações, segundo Vialou (citado por Kern, 2000, p. 383), corresponde a um período de tempo vivido, com sua própria ordem cultural e rede simbólica, durante um espaço limitado e por um tempo determinado. Ela, por meio desta consciência simbólica coletiva, reflete a identidade cultural da sociedade da qual pertenceu. Otte (2003) disse que existem dezenas de milhares de formas que testemunham os comportamentos simbólicos e sociais dos povos paleolíticos. No início, as representações simbólicas tinham o corpo como objeto central de valorização, a arte de ornamentação foi a mais antiga forma de arte inventada por eles. Eram também produzidos adornos e utensílios para simbolizações em sepultamentos. Em relação aos desenhos, eram predominantes as figurações de animais sobre as outras, como o próprio corpo humano, algumas faces, e simbolizações de sexo feminino, ilustrando forte domínio do matriarcado, vitima ainda da incompreensão dos mistérios da fertilidade, e total submissão às forças da natureza. O grande número de bisões contidos nas representações europeias são uma grande evidência do respeito a essas forças, já que de acordo com a estrutura idealista de Leroi-Gourhan (1965), este animal simboliza o princípio feminino, ao contrário do cavalo, que possui ligação com o masculino.

As figurações animais, as mais numerosas, raramente não eram completas, com o animal quase sempre representado por inteiro. Podiam ter cerca de cinquenta centímetros a até dois metros de tamanho, com exceção às gigantescas figuras de Lascaux, na França, chegando a até cinco metros. Os corpos humanos frequentemente tinham o sexo bastante enfatizado, carregado geralmente de significado próprio. O sexo isolado feminino, como citado anteriormente, era mais comumente encontrado do que o masculino. Além destas, as representações podem ser feitas apenas de sinais, sem nenhum propósito contido nelas mesmas, a não ser em sua abstração dentro de seu próprio contexto da época (Otte, 2003).

Essas representações, portanto, procuravam dar sentido a existência humana. Nenhuma sociedade pode viver em mundo que

## A Grande Mãe

não compreende, e a principal forma que diferentes culturas em um passado remoto tiveram para se apropriar do meio a qual pertencem, foi de criar diversas formas de divindades que poderiam explicar o mundo da forma como ele é, ou seja, personificando-os em princípios universais da natureza (Lesko, 2002; Shafer, 2002). Jaeger (1952) completou dizendo que essa crença nas forças divinas da natureza constitui um estágio intermediário entre a velha fé realista em particulares personagens divinos e a etapa em que o divino se dissolve, por completo, no universo.

Os primeiros rituais religiosos, segundo Campbell (1992), podem ser atribuídos ao *Homem de Neandertal* (200.000 a.c. a 75.000 a.c./25.000 a.c.), que viveu em um período no qual já havia o domínio do fogo e o uso de vestimentas, além disso, as evidencias mostram rituais predominantemente voltados à caça, assim como a existência de sepultamentos cerimoniais. No período do *Homem de Cro-Magnon*, especialmente os *Aurinhacenses* e *Salutreanos* (30.000 a 10.000 a.c.), a alusão aos mistérios da fertilidade se tornaram ainda mais claros, como demonstrados nas estatuetas femininas com seios e quadris bem enfatizados. Mais tarde, no período Neolítico, que se inicia em cerca de 7500 a.c., marca o início dos primeiros assentamentos, principalmente facilitados pelo desenvolvimento da agricultura e da criação de gados, promovendo o surgimento de aldeias autossuficientes.

Se por um lado começam a aparecer vestígios de ideias conscientes de oferendas aos deuses, associado a uma consequente estruturação de motivos mitológicos, é exatamente nesta fase que se inicia o conflito entre o poder masculino da conquista contra os mistérios da fertilidade feminina. O ser humano já não estava mais totalmente submisso às forças da natureza, já conseguia compreender coisas que antes o assustava e, em meio a essa realidade, o mito da serpente, criado por diversas culturas e que representava as forças obscuras da natureza, passou a ser atacado por figuras humanas, como podemos ver na Bíblia, que narra a luta entre Jeová e Leviatã, na poesia grega, que descreve a batalha entre Zeus e Tifão, e na Índia,

## As Mulheres e o Esporte Olímpico Brasileiro

entre Indra a Vritra. Em todos os casos era a serpente o monstro derrotado, símbolo do matriarcado, destruída pelo ímpeto guerreiro do patriarcado (Campbell, 1992).

## Grécia

Segundo Jaguaribe (2002), por volta de 3000 a.C., durante a Idade de Bronze, ao mesmo tempo em que as primeiras vilas e formas iniciais de governo iam-se desenvolvendo nos arredores do Egeu, o imperialismo começava a ganhar força nas cidades-Estados de quase todo o território europeu e asiático como hoje o conhecemos. Partindo de uma região localizada aproximadamente no sul da Rússia, ao norte do Mar Negro entre o Cáucaso e os Cárpatos, os povos indo-europeus, antes pacíficos, tiveram uma grande transformação em seu modo de ser com o desenvolvimento das técnicas de fabricação e uso do bronze, favorecendo a manufatura de utensílios e armas mais resistentes, motivando-os a conquistas de outros territórios, marcando este período com diversas formas de guerra.

De acordo com o mesmo autor, uma destas guerras, ocorrida em aproximadamente 1950 a.C., envolveu um destes povos, os aqueus, com os primeiros habitantes da Península do Peloponeso, que por lá haviam se estabelecido em cerca de 3500 a.C., mas que pouco se desenvolveram. Provavelmente por conta de algum distúrbio climático na região onde viviam, os aqueus migraram para a região do Peloponeso em procura de terras mais férteis e, consequentemente, entraram em conflito com os habitantes das pequenas tribos locais, denominados de Pelasgos. Estes, acuados frente aos invasores, acabaram fugindo para o sul, encontrando refúgio em algumas ilhas do Mar Egeu, principalmente em Creta, unindo-se aos moradores locais, que por ser uma ilha, estava longe das disputas territoriais continentais. Como consequência disso, encontraram lá condições ideais para dar prosseguimento aos antigos cultos à Deusa-Mãe, gestadora, nutridora e sepultadora, longe da influência dos invasores que se estabeleceram no continente, onde era mais valorizada a figura

## A Grande Mãe

do homem guerreiro, capaz de defender seu território e de realizar grandes feitos nos campos de batalha.

Posteriormente, por volta de 1450 a.c., durante a Fase Heládica Tardia II, os jônios invadiram a Grécia continental e se fixaram em Micenas. Eram caracterizados por sua força militar, possuindo uma estrutura social baseada em uma unidade familiar doméstica (oikos), semelhante à encontrada nas obras de Homero, cujas poesias teriam se originado durante esta época, entre os séculos XV e XII a.C. (Finley, 1980). Por ter essa característica, os valores de fertilidade essencialmente femininos foram perdendo importância em relação à crescente imagem do homem guerreiro, capaz de defender esta primeira forma de comunidade. Nessa época, iniciaram o intercâmbio com os minoicos, gerando uma grande transformação no campo mitológico. O encontro entre essas duas civilizações, embora na prática não se tenha dado de forma pacífica, no campo da mitologia ela ocorreu de forma harmoniosa, fazendo com que os deuses originais predominantemente patriarcais dos invasores indo-europeus se unissem às deusas de tradição local, culminando com a formação da grande família Olímpica, visto não só pela aproximação entre o feminino com o masculino, mas também no modelo da guerra dos Titãs, no qual as forças elementares acabaram sendo derrotadas em conjunto por deuses antropomórficos e por humanos.

Essa batalha, segundo Campbell (1994), representou a luta entre dois aspectos da psique humana, e ocorreu em um momento crítico de sua história, quando os símbolos masculinos heroicos claros e racionais superavam os misteriosos e obscuros símbolos femininos encravados no interior de seu próprio inconsciente.

Na ilha de Creta, a representação desses valores permaneceu visível em um dos cerimoniais mais conhecidos daquela cultura, que era o salto sobre o touro, uma atividade consistida em saltar de frente para ele, segurando em seus chifres para que estes sirvam como uma espécie de impulso para depois se apoiar em suas costas, terminando com a saída para o chão. Independentemente de se tratar de um espetáculo muito bem treinado ou de um desafio real, representava o

## As Mulheres e o Esporte Olímpico Brasileiro

enfrentamento e superação do humano frente à natureza. As figuras, segundo estudo de Reese e Rickerson (2000), mostram homens e mulheres participando deste ritual, inclusive existe um copo de ouro pertencente à civilização Minoica (1900 a.C.), atualemente exposto no Museu Arqueológico de Atenas, mostrando uma garota lutando contra um touro.

Na Grécia continental, onde a disputa territorial era bastante intensa, uma das principais formas que os gregos encontraram de demarcar seus territórios quando as cidades ainda estavam em formação foi, segundo Polignac (1984), por meio de santuários localizados nos limites de sua área. Estes tinham como principal função religiosa os cultos para o florescimento daquela cidade, por meio de rituais às forças da natureza, como associação da fertilidade natural com a fecundidade humana e, além disso, possuía também o motivo político de estabelecer os limites de seus territórios.

A cidade surge, portanto, a partir da organização de um culto, fazendo com que exista um limite para a sua área, cuja consequência direta é fazer com que os habitantes daquela região se sintam pertencentes ao mesmo grupo social, fato reforçado pelas crenças nos mesmos deuses, personificados pelos cultos públicos. Os cerimoniais inicialmente eram em honra a Gea, sendo depois substituído para Reia, em virtude da transição dos valores que acompanhavam as constantes mudanças culturais que ocorriam na Grécia em sua pré-história, porém, estas divindades já não possuíam a mesma significação no imaginário grego quando sua civilização estava se consolidando, e com isso uma importante transformação ocorreu nestes rituais, de herança micênica, que foi quando começou a surgir homenagens a herois, que segundo as lendas locais, fundaram a maior parte das cidades, e tinham nos cerimoniais uma relembrança daquele tempo.

Polignac (1984) disse que normalmente se atribui a origem destes rituais como resultado da influência dos poemas homéricos, que por sua vez atribuem importante papel à figura heroica, mas que provavelmente nestes antigos templos se realizavam cultos divinos mal definidos do que cultos heroicos propriamente ditos. No entanto,

## A Grande Mãe

independentemente de sua verdadeira função na origem, estes se desenvolveram para se tornarem os grandes Jogos Públicos, como por exemplo, o mais famoso realizado em Olímpia, os Jogos Olímpicos. Mesmo que nesses cerimoniais os valores patriarcais fossem colocados em evidência, o prêmio alcançado por quem triunfasse era uma coroa com ramos de Oliveira, de valor especial para o atleta grego, pois as oliveiras eram e continuam sendo árvores abundantes no vale do Alfeu, embora se conte que nem sempre tenha sido assim. É creditado a Héracles o fato de ter trazido as primeiras mudas para proteger o Monte Cronos do sol e do calor abundante que assolava a região, mas, de qualquer forma, por ser uma das grandes riquezas naturais da região, tinha importante significado feminino, e é por isso que, depois de preparadas as coroas com seus ramos, eram depositadas no *Heraión*, o Templo de Hera, esposa de Zeus e aguardavam os vencedores (Durantez, 1979; Machado, 2006). Como Hera, juntamente com Deméter, era denominada de *"Grande Mãe"*, este pode ser um forte indício da continuidade dos valores de fertilidade e fecundidade que deram origem aos Jogos. Paralelo a esses cerimoniais, ainda existiam rituais à Deméter, Hera e Atena, refletindo o estilo de vida essencialmente agrário, ainda sujeitos aos caprichos da natureza, os dois últimos também eram realizados em forma de jogos atléticos, sendo os Jogos à Hera restrito à participação apenas de mulheres virgens.

Em Olímpia, segundo Cabral (2004) e Christopoulos (2003), além dos Jogos Olímpicos, existiam os Jogos Heranos, restrito à participação de mulheres, tendo em vista que estas, se casadas, não poderiam comparecer aos Jogos Olímpicos, sob pena de morte, mas que, no entanto, nunca foi executada. Apenas uma vez foi descoberta uma mulher, Kallipatira, mãe de Pisirodos, que vibrou após seu triunfo, mas por ser esposa e mãe de vencedores, sua vida foi-lhe poupada. Os únicos registros que temos de vencedoras, são as proprietárias dos cavalos, sendo Kyniska a primeira delas, em 392 a.C. Os Jogos Heranos, embora não fizessem parte do circuito dos grandes Jogos Pan-Helênicos, eram cercados dos mesmos tipos de honrarias de sua versão masculina. Consistia apenas da corrida do *stádion* e eram realizados um mês antes ou um mês depois da cerimônia dos homens.

Resse e Rickerson (2000) disseram que existiam Jogos Heranos em várias localidades da Grécia antiga, porém, o mais grandioso era mesmo o realizado em Olímpia. Muitas tomadas de decisões, segundo Finley (1983), foram realizadas após a conclusão de um ritual, mostrando a relevância deles para os povos da Antiguidade. Outro símbolo cultural bastante importante, como disse Hansen (1998), foi o culto público a Héstia, simbolizado por meio de um altar com uma chama representando a imortalidade da *pólis*.

Essa significação sagrada dos valores femininos, de acordo com Massey (1988), acabaram por direcionar o próprio papel da mulher na sociedade daquele tempo. Diferenças baseadas nas características principais de cada cidade-estado logicamente existiam, como podemos ver nos exemplos clássicos de Atenas e Esparta. A mulher ateniense era centrada em sua família, não participando da vida pública, ao contrário da mulher espartana, que por lei tinha que ser treinada igual aos homens para que pudessem defender seu território e gerar soldados igualmente fortes, porém não lhes era permitido ir ao campo de batalha (Reese & Rickerson, 2000).

O mito de Pandora, apresentado por Hesíodo tanto em *O trabalho e os dias* como em *A teogonia*, nos mostra a mulher feita e adornada como um vaso, e como tal, fica em casa, acolhe o grão e serve o alimento (Lafer, 2002). Além disso, era preparada para ser mãe, se possível de um filho homem. Por essa realidade, era consequência que independentemente da colocação dela na sociedade, não possuísse nenhum direito de participação política, não havendo qualquer tipo de discussão ou tentativa de reversão a respeito disso, sendo entendido como algo completamente natural. Temos no poema *Antígona*, de Sófocles, um retrato do que seria essa dominação masculina exposta no diálogo entre a própria Antígona, filha de Édipo e personagem central da história, com Creonte, o então rei de Tebas, com este último dizendo "enquanto eu viver, mulheres não governam" (Almeida & Vieira, 1997, v. 525), sustentando essa posição até o final da história,

###### A Grande Mãe

mesmo que todos a ela dêem razão (Almeida & Vieira, 1997). O contrário vemos na religião, sendo este o único lugar público onde ela possuía participação direta, principalmente como sacerdotisas (Hansen, 1998).

## Roma

Segundo Rodrigues (2005), Roma nasceu em 753 a.c., contrastando com a já relativamente desenvolvida cultura helênica, a qual se conhece as suas datas com precisão a partir de 776 a.c., ano da primeira Olimpíada. Já nesse momento, havia na Grécia um Homero recebido de culturas pré-helênicas, que por intermédio da poesia documentou o modo de ser do verdadeiro homem nobre grego. Os romanos iniciavam, séculos depois, sua poesia, não oral, mas autoral. Homero e seus mitos vinham do folclore milenar, feito poesia oral e anônima. Talvez por isso, os deuses romanos eram da mesma forma arbitrados, adotados, e caso não dessem o esperado, eram também repelidos.

A antiga civilização etrusca, segundo Yanguas (1977), durante os séculos VI e V a.c., teve um grande desenvolvimento cultural sustentado principalmente por uma sólida base econômica, fortalecida pelas descobertas de minas de ferro e cobre na costa tirrena e na ilha de Elba, fazendo com que surgissem cidades grandes e importantes, que posteriormente entraram em conflito com colônias gregas no sul da Itália.

Por volta de 509 a.C., estava estabelecido um regime aristocrático e bem consolidada as noções de interior e de exterior. Iniciou-se então uma disputa entre os Patrícios, os então habitantes de Roma, e os plebeus, a população mais pobre da cidade, vencendo estes últimos. Isso se deu, pois ocorreu uma grande crise econômica agrária na Itália, que acabou por favorecer um desequilíbrio social originando a luta de classes, cujo resultado foi a queda do sistema monárquico. A aristocracia surgiu com planos de partir para a conquista de novos terrenos a fim de ter mais espaço para o trabalho. A escravidão, que constituiu a base da civilização romana, foi ao mesmo tempo sua ruína. O trabalho de baixíssimo custo dos escravos suplantou o trabalho livre de pequenos agricultores, jogando-os ao ócio. Juntamente com isso, os constantes saques a outras províncias na busca de novos escravos serviram para minar a força produtiva, sendo a Itália, a primeira a ser presa nesta crise.

Portanto, o fim da aristocracia etrusca e início da oligarquia romana se deu frente ao enfraquecimento dos etruscos e tinha como objetivo o declínio do recém- adquirido poder da plebe, e início da política de conquista, culminando com a formação do Império Romano (Yanguas, 1977). O poder passou a estar nas mãos de um senado, que via seus interesses e controlavam a constituição.

Em meio a este quadro, por volta do ano 40 a.C. e por ordem do imperador Otávio, Roma ganhava sua grande epopeia, feita pelo poeta Virgilio, que contava as aventuras de Eneias no livro denominado *A Eneida*. Feita em doze cantos, os seis primeiros foram inspiradas na *Odisseia*, e os seis últimos na *Ilíada*. Eneias era filho de Vênus e Arquises, primo de Príamo, o rei de Troia. Em bravura, ficava abaixo apenas de Heitor, sobreviveu ao assalto de Troia, pois lhe pouparam a vida, e carregando seus familiares, seguiram até a terra em que teriam fundado Roma, ao menos, é esse o parecer poético de Virgilio. O herói chegou na Itália, cerca de trezentos anos antes de Remo e Rômulo.

Portanto, praticamente desde que nasceu a cultura romana esteve envolvida em um ambiente bélico, não favorável ao desenvolvimento de um imaginário matriarcal. Ser mulher nesta época, segundo Massey (1988), se resumia a ser primeiramente filha e depois esposa, ou seja, ser cuidada primeiro pelo pai e depois pelo marido, mesmo que, assim como na Grécia, pais e maridos frequentemente iam à guerra e muitas vezes não voltavam, e como disse Rawson (1995), era pequena a probabilidade de uma mulher na época de seu primeiro casamento ter estes dois parentes vivos. Enquanto filha, era preparada para o casamento, que invariavelmente era arranjado pelos seus pais, obedecendo quase sempre alguma motivação política. Depois de casada, o que era uma obrigação social, a mulher tinha que ter e cuidar

**A Grande Mãe**

dos filhos com o máximo de zelo possível, dado que a mortalidade era bastante alta não só dos recém-nascidos, mas também das mães durante o parto. Como os casamentos eram arranjados, aconteciam muitas infelicidades, os escritores daquela época sempre retratavam histórias de amor entre namorados ou entre homens casados e suas amantes, mas nunca entre casais. O sexo com escravas era também comum, e esperava-se que as esposas mesmo que sabendo, fechassem os olhos para essa realidade.

Portanto, a prática de atividades atléticas para as mulheres nesta época era algo praticamente impensável, mesmo que encontremos na *Eneida* a descrição da guerreira Camila, rápida com os pés e precisa com o arco, trata-se de uma lenda virgiliana, não possuindo forte representação para àquele povo. Mas por outro lado, da mesma forma que os gregos, as mulheres romanas também possuíam posição de destaque em rituais religiosos direcionados a deusa do fogo sagrado, Vesta, e como ela, também protegiam sua virgindade. As sacerdotisas Vestais, como eram conhecidas, tinham como função garantir em seus cerimoniais a imortalidade da cidade, representada pelo fogo. A escolha das virgens, futuras sacerdotisas, obedecia a uma série normas para se garantir que tanto esta como sua família, eram honradas e não iriam ferir os princípios deste ritual (Yanguas, 1977).

## Egito

O antigo Egito, no entanto, é um caso a parte. Mesmo que tivessem possuídos muitos deuses centrais em virtude da constante troca de poderes entre os diversos povos que habitavam as margens do Nilo, nenhuma deusa chegou a este posto. Não existiu nenhuma personalidade feminina associada a criação, elas eram geralmente associadas ao amor e ao prazer, sendo as principais Hathor e Bastet.

Um dos principais motivos deste fato é que os antigos egípcios, segundo Assmann (2001), viam a morte como algo terrível, e construíram um mecanismo de defesa baseado principalmente na passagem da história de Osíris em que este é assassinado e posteriormente ressuscitado para se tornar o senhor do mundo dos mortos, que fundamentou o pensamento imaginário daquela sociedade. Para Hart (1992), não era seu governo terreno que tinha o maior significado, mas sim o milagre de sua ressurreição, oferecendo a esperança de continuidade da existência no mundo inferior. Sua ideia surge aproximadamente entre 3000 e 2400 a.C. e, segundo Clark (s/d.), foi a mais vivida e mais complexa realização do imaginário egípcio. Ele foi o símbolo do sofredor com sua morte, mas ao mesmo tempo é todo o poder de renascimento e fertilidade do mundo, é o poder germinativo das plantas e da reprodução dos animais e seres humanos. É juntamente a morte e a fonte de toda a vida, é a representação cósmica do ciclo entre morte renascimento. Araujo (2000) acreditava que era exatamente essa a simbolização do Faraó, que sendo o criador, oculto, onisciente, previdente, compreensivo e justo, era a imagem do deus neste mundo, e por isso, trazia esperança de renovação do mundo, ele incorporava o passado, realizava novos feitos e gerava exposições idealizadoras de como o mundo deve ser.

Em todas as fases do desenvolvimento egípcio, e bem descrito por Cruz-Uribe (1994), o Faraó, portanto, ocupava uma posição central na dinâmica social, colocando-o em posição privilegiada de ligação do humano com o divino, o que fez com que as possibilidades de transcendência se focassem em sua figura, não dando espaço para a população geral. Segundo Baines (2002), era certo que um Faraó ao morrer, era identificado com Osíris, o Rei dos mortos, e também a Rá, porém, alguns alcançavam tamanha popularidade que possuíam seus cultos separados. Sempre houve essa reciprocidade entre eles, os Reis ao realizarem os cultos aos deuses, estes, em troca, lhes concediam sucesso e prosperidade. Os próprios rituais de iniciação indicavam essa ligação, o novo Rei era associado a Hórus depois da morte de seu pai, Osíris, na sucessão do mundo.

Porém, como nos mostrou Watterson (1998), ao contrário do que vimos na Grécia e em Roma, as mulheres tinham liberdade de agir na sociedade sem pedir permissão para seu marido ou pai, sendo um possível reflexo do sistema monárquico egípcio, no qual a

## A Grande Mãe

Rainha frequentemente desempenhava importante parte no governo e até mesmo na guerra. Com isso, elas possuíam direitos iguais aos homens de sua mesma classe social, mesmo que ficassem voltadas predominantemente para a esfera doméstica enquanto os homens ficavam para a pública. Uma interessante evidência deste modo de vida é a cor da representação dos corpos nos afrescos, sendo o da mulher mais amarelo, enquanto o do homem tendia ao vermelho-marrom, podendo indicar o grau de exposição ao sol, e consequentemente, da exposição à vida pública. Da mesma forma, a educação formal era quase que exclusiva aos homens e poucas mulheres tinham acesso à escola; a educação delas era feita em casa, pela mãe.

A prática de esportes como a caça, o tiro e a pesca também eram exclusivos ao sexo masculino, temos, no entanto, em uma história chamada *A separação das águas* (Papiro Berlim, início do Reino Novo, citado por Araújo, p. 66, 2000), um Faraó que pede para um grupo de mulheres peladas remarem em seu lago particular com o intuito de distraí-lo, enquanto ele fica admirando seus belos corpos, e da mesma forma, na história dos *Dois irmãos* (Papiro d'Orbiney, Reino Novo, citado por Araújo, p. 80, 2000) a mesma referência a um corpo belo é feita, mostrando que a busca por esse ideal possa ter existido naquela época. Talvez por isso a dança no antigo Egito fosse bastante valorizada, tanto como forma de lazer como em rituais, e eram as mulheres que as executavam. Era corriqueiro que garotas com essa habilidade se tornassem uma espécie de profissionais, com seus serviços sendo prestados em banquetes e festas, contudo, nada nos resta de referencias a treinos ou notas coreográficas (Watterson, 1998).

Apesar de não vermos a repreensão observada na Grécia e em Roma, pouquíssimas mulheres tiveram alguma participação fora da esfera doméstica, influenciando no curso da história egípcia. De todos os mais de quinhentos governantes divididos entre as trinta dinastias (a primeira teve início em 3100 a.C. e a ultima terminou em 343 a.C.), apenas quatro foram mulheres. Segundo Watterson (1998), a primeira Rainha foi Nitocris, a ultima do Reino Antigo, tendo se suicidado em 2180 a.C. A segunda Rainha foi Sobekneferu (1790 a.C.)

que da mesma forma foi a ultima de uma era, denominado de Reino Médio. Hatshepsut foi em 1490 a.c. a terceira Rainha e a quarta foi Twosret, em 1216 a.c. Após o período das dinastias, que teve fim em 343 a.c., o Egito ficou sob domínio Persa até 332 a.c., quando Alexandre, o Grande, anexou-o ao seu império. A ultima dinastia de Reis foram os descendentes de Ptolomeu, e a mais ilustre figura desta geração foi a Rainha Cleópatra VII, que ascendeu ao trono aos dezessete anos em 51 a.c., e com sua enorme inteligência política conseguiu por meio de ligações com Roma levar o Egito de novo a sonhar com a prosperidade.

## Considerações finais

Como vimos ao longo deste texto, as imagens femininas tiveram diferentes formas de representação nas diversas culturas da antiguidade. No entanto, algo comum entre todas elas foi a presença, no início, de uma Deusa-mãe, responsável se não pela criação da humanidade, pelos não compreendidos mistérios de fertilidade e reprodução. Além das culturas citadas neste capítulo, o mesmo comportamento simbólico pode ser visto em outros povos, como, por exemplo, na antiga cultura chinesa, na qual existiam no início do Período Neolítico estatuetas femininas que faziam parte de rituais associados à fertilidade; na antiga Índia, a mesma coisa pôde ser vista até o final do Período Védico (aproximadamente 500 a.C.), e por quase toda a antiga história japonesa a mulher ocupava uma posição central na sociedade em função de seu poder reprodutivo. Na antiga Mesopotâmia, um dos cultos mais importantes era à deusa Ishtar, a deusa do amor e da sexualidade, e no Levante (costa leste do Mediterrâneo), Athirat, esposa de El, era tida como responsável pela criação (Vivante, 1999).

A forma como estas imagens se desenvolveram, foi um fiel reflexo do desenvolvimento da estrutura social da sociedade a qual está inserida. Seu enfraquecimento foi também uma constante, sendo baseado essencialmente na maior compreensão da realidade, além da crescente imagem do homem guerreiro.

**A Grande Mãe**

A mulher, inevitável personificação da imagem mítica da *Grande Mãe*, viu seu *status* social se alterar na medida em que o imaginário coletivo também se alterava, primeiramente desfrutando de grande prestigio, e depois assumindo papel de submissão. Portanto, a forma como cada cultura desenvolveu seus mitos influenciou diretamente o seu papel na sociedade.

## Referências bibliográficas

Almeida, G., & Vieira, T. (1997). *Três tragédias gregas: Antígone, Prometeu prisioneiro, Ájax*. São Paulo: Perspectiva.

Araujo, E. (2000). *Escrito para a eternidade: a literatura no Egito faraônico*. São Paulo: Imprensa Oficial do Estado.

Assmann, J. (2001). *Rites et au-delá de la mort*. Munich: C. H. Beck.

Baines, J. (2002). Sociedade, moralidade e práticas religiosas. In B. E. Shafer, (Org.), *As religiões no Egito Antigo: deuses, mitos e rituais domésticos*. São Paulo: Nova Alexandria.

Cabral, L. A. M. *Os Jogos Olímpicos na Grécia Antiga*. São Paulo: Odysseus.

Campbell, J. (1992). *As máscaras de Deus: mitologia primitiva*. São Paulo: Palas Athenas.

Campbell, J. (1994). *As máscaras de Deus: mitologia oriental*. São Paulo: Palas Athenas.

Campbell, J. (1997). *As transformações do mito através do tempo*. São Paulo: Cultura.

Christopoulos, G. A. (2003). *The Olympic Games in Ancient Greece*. Athens: Ekdotike Athenon.

Clark, T. B. (n./d.). *Símbolos e mitos do Antigo Egito*. São Paulo: Hemus.

Cruz-Uribe, E. (1994). A model for the political structure of the Ancient Egypt. In E. Teeter & J. H. Johnson *For his Ka: Essays offered in memory of Klaus Baer. The Oriental Institute* (pp. 49-53). Chicago: University of Chicago Press.

Durantez, C. (1979). *Olímpia e los Juegos Olímpicos antiguos*. Madrid: Delegacion Nacional de Educacion Física e Deportes, Comitê Olímpico Espanhol.

### As Mulheres e o Esporte Olímpico Brasileiro

Ferreira Santos, M. (2004). *Crepusculário: conferências sobre mitohermenêutica e educação em Euskada*. São Paulo: Zouk.

Finley, M. I. (1980). *A economia antiga*. Porto: Afrontamento.

Finley, M. I. (1983). *Politics in the Ancient world*. Cambridge: Cambridge University Press.

Hansen, M. H. (1998). *Polis and City-State: an Ancient concept and its Modern equivalent*. Copenhagen: Acts of the Copenhagen Polis Centre, V.5.

Hart, G. (1992). *Mitos egípcios*. São Paulo: Editora Moraes.

Hesíodo (2002). *O trabalho e os dias* (M. C. N. Lafer, trad.). São Paulo, Iluminuras.

Jaeger, W. (1952). *La teologia de los primeiros filósofos griegos*. México: Fondo de Cultura Econômica.

Jaguaribe, H. (2002). *Um estudo crítico da História*. São Paulo: Paz e Terra.

Jensen, A. E. (1998). *Mito y culto entre pueblos primitivos*. México: Fondo de Cultura Econômica.

Jung, C. G. (1991). *Um mito moderno sobre coisas vistas no céu*. Petrópolis: Vozes.

Leroi-Gourhan, A. (1965). *Préhistorie de l'art occidental*. Paris: Mazenod.

Lesko, L. H. (2002). Cosmogonias e cosmologia no Egito Antigo. In B. E. Shafer (Org.), *As religiões no Egito Antigo: deuses, mitos e rituais domésticos*. São Paulo: Nova Alexandria.

Machado, R. P. T. (2006). *Esporte e religião no imaginário da Grécia Antiga*. Dissertação de Mestrado, Escola de Educação Física e Esportes da Universidade de São Paulo, Universidade de São Paulo, São Paulo.

Massey, M. (1988). *Women in Ancient Greece and Rome*. Cambridge: Cambridge University Press.

Müller, N. (2000). *Pierre de Coubertin (1863–1937): Olympism – selected writings*. Lausanne: International Olympic Committee.

Otte, M. (2003). *La Préhistoire*. Paris: De Boeck Université.

Polignac, F. (1984). *La naissance de la cite grecque: cultes, espace et société VIII-VII siécles avant J.-C*. Paris: La Découverte.

Rawson, B. (1995). From 'daily life' to 'demography'. In R. Hawley, & B. Levick (Org.), *Women in Antiquity*. London: Routledge.

**A Grande Mãe**

Reese, A. C., & Rickerson, I. V. (2000). *Ancient Greek women athletes*. Athens: Ideotheatron.

Rodrigues, J. C. (1989). *Antropologia e comunicação: princípios radicais*. Rio de Janeiro: Espaço e Tempo.

Rodrigues, A. M. (2005). A Eneida virgiliana entre a vivência e a narração. In Virgilio, *A Eneida* (pp. 9-29). Campinas: Editora da Unicamp.

Shafer, B, E. (Org.). (2002). *As religiões no Egito Antigo: deuses, mitos e rituais domésticos*. São Paulo: Nova Alexandria.

Vialou, D. (n./d.). *Images Préhistoriques* (pp. 63-82).

Vialou, D. (2000). Territoires et cultures préhistoriques: fonctions identitaires de l'arte rupestre. In A. A. Kern (Org.), *Sociedades Ibero-Americanas: reflexões e pesquisas recentes*. Porto Alegre: EDIPUCRS.

Vialou, D, & Vialou, A. V. (2005). Modernité cérébrale – Modernité comportamentale de *Homo Sapiens*. *Anthropologie*. *43*(2-3), 241-247.

Vivante. B. (Org.). (1999). *Women's role in ancient civilization: a reference guide*. London: Greenwood Press.

Watterson, B. (1998). *Women in Ancient Egypt*. Gloucestershire: Wrens Park.

Yanguas, N. S. (1977). *Textos para la historia antigua de Roma*. Madrid, Cátedra.

# Desenvolvimento motor e cultura de movimento na formação da mulher atleta brasileira

*Aline Toffoli*
*Thiago Arruda*

O apelo mais freqüente à exibição
pública está
vinculado à diferença entre os
gêneros: a
experiência de homens e mulheres é
fundamentalmente distinta
(Schpun, 2002)

## Introdução

Para fazer uma relação entre mulher e repertório motor decorrente da prática de atividades físicas, é necessário entender a ligação entre cultura de movimento, a construção da identidade do corpo feminino a partir da concepção social do que viria a ser a corporeidade deste gênero e o que esses pressupostos implicam na configuração de sua prática esportiva e seu papel social no cenário brasileiro.

Não faremos uma reflexão acerca do conceito de cultura[1], por não ser o objetivo central deste texto. Discutiremos os sistemas de valores inseridos no âmbito da cultura de movimento entendendo-a

---

[1] O conceito de cultura aqui apresentado baseia-se em Geertz, Hatch e Williams (Honderich, 1995, p. 172), cuja área de estudo compete às humanidades, e tem o principal objetivo é interpretar e transmitir às futuras gerações o sistema de valores os quais os indivíduos de determinada sociedade encontram propósito. A cultura deve ser pensada como um agente causal que afeta o processo evolutivo por atos unicamente humanos, permitindo a autoavaliação das possibilidades humanas a luz de um sistema de valores que reflete as ideias sobre como a vida deveria ser. Já para Boner (1958, p. 152) cultura é definida como "a transferência de informações por meios comportamentais para enfatizar sua diferença com a mudança genética que envolve a transmissão de informações pelos genes", também aceita por esse texto.

### As Mulheres e o Esporte Olímpico Brasileiro

em sentido amplo, como algo que descreve aspectos que caracterizam uma forma de vida particular dos seres humanos e os sistemas de valores inseridos neles (Honderich, 1995, p. 172).

Fazendo uma rápida reflexão sobre estes tópicos, quão significativo é o reflexo deste processo de construção cultural do corpo no universo feminino? De acordo com Schild, citado por Schpun (1999), a linguagem, os costumes, as leis, as religiões, as instituições sociais e o aperfeiçoamento motor, elementos formadores do que seria entendido por cultura, desenvolvem-se através da relação do ser humano com o meio ambiente em que vive.

Até aqui, sabemos que, se esse meio ambiente impossibilita a aquisição de um repertório motor amplo para as mulheres, como em uma sociedade predominantemente urbana e patriarcal, semelhante à nossa sociedade do início do século passado, como esse corpo feminino será formado ou, melhor, como essa mulher estará inserida no mundo esportivo anos mais tarde, já madura?

Muito já se ouviu referente à determinação de uma condição feminina, atribuindo às mulheres características como fragilidade, vaidade, emotividade, recato e maternidade, pressupostos, estes, que acabaram por embasar um discurso de que a mulher não possuía condições para adentrar no mundo dos esportes. Estas características, durante muito tempo, foram justificativas para que muitas mulheres fossem proibidas de praticar atividades físicas, como se essas atividades fossem alheias à sua condição e prejudiciais à sua formação, como podemos ver no parecer de n. 224 sobre a Reforma Leôncio de Carvalho, de 1882, em que Rui Barbosa sintetiza as medidas necessárias para a integração da ginástica nos currículos escolares, deixando clara a visão da mulher já naquela época e que, com certeza, influenciou os séculos seguintes:

> Art 2° – Extensão obrigatória da ginástica a ambos os sexos na formação do professorado e nas escolas primárias de todos os graus, tendo em vista, em relação à mulher a harmonia das formas feminis e as exigências da maternidade futura.

## Desenvolvimento motor e cultura de movimento na formação da mulher atleta brasileira

As questões com que nos deparamos neste ponto é: como se dá a relação entre repertório motor e aspectos político-sociais na formação da mulher atleta brasileira? Como esta mulher é influenciada em sua prática motora a partir de imposições sociais de como deveria ser um corpo feminino? E, ainda, como elas refletem o cenário esportivo nacional feminino da época em que a mulher "não era feita" para o esporte? E, por fim, como estas condições refletem o mesmo cenário na atualidade? Nossa intenção não é responder questões sobre a importância da natureza e da experiência no desenvolvimento humano, temas já amplamente discutidos, mas fazer uma análise teórica sobre a influência do contexto cultural no desenvolvimento especificamente das atletas brasileiras.

Marcel Mauss (1935) afirma que é no corpo que o ser humano se materializa, sendo o corpo simbólico diferente do anatômico, o que tornaria enriquecedor, por exemplo, o contato com outras culturas. Para ele, ". . . as técnicas corporais estão relacionadas com o modo como os homens, de acordo com a sociedade, se servem do seu corpo", sendo este corpo o primeiro e mais natural instrumento humano.

Este capítulo pretende apresentar discussões de duas distintas abordagens sobre o estudo humano, a biológica e a cultural, mas que possuem argumentos que se completam a partir do olhar que se pretende dar ao fenômeno. A partir dos domínios da psicologia social e do desenvolvimento motor é possível traçar o perfil da prática esportiva feminina durante o tempo e suas atuais condições. Desta forma, muito poderá ser esclarecido quanto à profunda influência do que é adquirido através do meio em que se vive, do ponto de vista da cultura dos povos na formação da mulher atleta brasileira.

## Aprendizagem e desenvolvimento motor: uma visão desenvolvimentista

Tratamos aqui de oferecer uma breve contextualização de pontos que nos interessam sobre o estudo da aprendizagem, do controle e do desenvolvimento motor, contribuindo também para um maior entendimento de conceitos e formulações deste campo do conhecimento para que seja possível a relação com a corporeidade no contexto que desejamos investigar.

Magill (1980, p. 14) afirma que a aprendizagem pode ser definida como uma mudança interna no indivíduo que acontece através da prática, avaliada a partir de melhoras permanentes em seu desempenho. De acordo com Vasconcelos (2001), a aprendizagem motora originou-se a partir de duas áreas distintas de estudo, a área da neurofisiologia e a área da psicologia, que, durante muito tempo, permaneceram com investigações próprias. A primeira dedicou-se aos estudos dos processos do sistema nervoso que tivessem ligação com o movimento, e a segunda debruçou-se, em princípio, sobre as habilidades de alto nível, com pouca atenção aos processos nervosos.

De acordo com Tani (1989), o objetivo específico de aprendizagem de novas habilidades motoras localiza-se dentro de um processo mais longo, denominado desenvolvimento. "É um processo contínuo e demorado e altamente relacionado às experiências que a criança terá nos seus primeiros anos e ao longo do tempo e caracteriza-se por suas mudanças comportamentais durante um ciclo de vida" (Tani et al., 1988, p. 65). Pensando em termos mais biológicos, o desenvolvimento, em sentido mais amplo, refere-se "... às mudanças no nível de funcionamento dos indivíduos . . . [ao] aparecimento e ampliação das capacidades das crianças de funcionar num certo nível mais alto" (Gallahue, 2005, p. 3). Para Bronfenbrenner (1987, p. 23), ". . . o desenvolvimento é uma troca perdurável de modo que uma pessoa percebe seu ambiente e se relaciona com ele". Dessa forma, com uma visão de aprendizagem integrativa entre indivíduo e ambiente, o ser humano é entendido como capaz de processar informações advindas do meio ambiente, interagindo com o mesmo e sendo capaz de entender como é feita a armazenagem dessas informações relativas ao movimento.

Duas teorias sobre aprendizagem motora são as mais conhecidas, a *Teoria do Circuito Fechado*, de Adams e Schmidt (1982) e a *Teoria do Esquema*, de Schmidt (1975). A *Teoria do Circuito Fechado*

(Adams & Schmidt, 1982) refere-se a um processo de retroalimentação (*feedback*) sensorial na aprendizagem do movimento. O aspecto mais importante da Teoria de Adams e Schmidt são os processos de circuito fechado no controle motor. Nesse processo, o *feedback* sensorial é utilizado para a produção contínua de movimento habilidoso. A ideia central é, na aprendizagem motora, comparar o *feedback* sensorial do movimento dentro do sistema nervoso com a memória armazenada do movimento pretendido (Woollacott & Shumway-Cook, 2003). A teoria também propõe que dois tipos distintos de memória eram importantes nesse processo:

a) o primeiro chamado de traço da memória era utilizado na seleção e na iniciação do movimento.

b) o segundo, denominado traço perceptivo, construído durante um período de prática, tornava-se a referência interna da exatidão.

Adams e Schimidt (1982) propuseram que, após o movimento ser iniciado pelo traço da memória, o traço perceptivo assume e executa um movimento, detectando também os erros. Ela sugere que os alunos, quando estão aprendendo uma nova habilidade, como pegar uma bola, desenvolvem gradualmente com a prática um traço perceptível para o movimento que serve de guia para movimentos posteriores. Quanto mais o aluno praticar o movimento específico, mais forte se torna o traço perceptivo.

A *Teoria do Esquema*, de Schmidt (1975, citado por Magill, 2002) enfatiza os processos do controle de circuito aberto e o conceito do programa motor generalizado. Propõem que os programas motores não contém normas específicas dos movimentos, mas normas gerais para uma classe específica de movimentos. Ele presumiu que, durante o aprendizado de um novo programa motor, o indivíduo aprende uma série geral de normas que podem ser aplicadas a uma variedade de contextos. No centro dessa teoria de aprendizagem motora está o conceito de *esquema*. O termo, originalmente, referia-se a uma representação

###### As Mulheres e o Esporte Olímpico Brasileiro

abstrata, armazenada na memória após apresentações múltiplas de uma classe de objetos. Por exemplo, já se propôs que, após observar muitos tipos de cães, começamos a armazenar no nosso cérebro uma série de normas abstratas para as qualidades caninas gerais; assim, sempre que vemos um novo cão, independentemente do tamanho, da cor ou do formato, podemos identificá-lo como sendo um cão. A *Teoria do Esquema* da aprendizagem motora é equivalente à *Teoria da Programação Motora* do controle motor. No centro de ambas está o programa motor generalizado, a respeito do qual se acredita possuir as normas para criar os padrões espaciais e temporais da atividade muscular, necessários para executar determinado movimento. Schmidt (1988) propôs que, após um indivíduo executar um movimento, quatro aspectos são armazenados na memória:

a) as condições iniciais do movimento, como a posição do corpo e o peso do objeto manipulado;

b) os parâmetros utilizados no Programa Motor Generalizado (PMG);

c) o efeito do movimento em termos de Conhecimento dos Resultados (CR);

d) as consequências sensoriais do movimento, isto é, qual era o seu som, sua aparência e quais sensações ele produzia.

Essas informações são abstratas e armazenadas na forma de um esquema de lembrança (motor) e um esquema de reconhecimento (sensorial), componentes do esquema da resposta motora.

Foquemos na década de 1970, quando houve uma grande revolução no campo da aprendizagem motora, sendo que a teoria behaviorista de estímulo-resposta (S-R), que dizia que respostas seguidas de uma recompensa tendiam a repetir-se, fora ultrapassada pela *Teoria do Processamento de Informação*, influenciada pela psicologia cognitiva, e que transitou de uma preocupação orientada para a tarefa para uma preocupação orientada para o processo, ou seja, a

**Desenvolvimento motor e cultura de movimento na formação da mulher atleta brasileira**

ênfase deixa de ser no efeito das variáveis sobre a performance de determinadas tarefas motoras para uma visão focada nos processos mentais que suportam ou produzem os movimentos.

Já no início da década de 1980, surgiu em contrapartida à *Teoria de Processamento da Informação*, com ênfase *ecológica*, partindo do princípio que o nosso sistema motor foi estruturado a partir de evoluções e interações com as características físicas do mundo em que vivemos. Este enfoque ecológico afirmava que o que mais afeta o desenvolvimento de uma pessoa são as atividades em que há a participação de outras pessoas ou simplesmente a observação de outrem. Isso porque a intervenção ativa ao que os outros fazem ou meramente o fato de observar estas ações com alguma frequência inspira a pessoa a realizar os mesmos feitos por própria vontade (Bronfenbrenner, 1987).

Assim, podemos dizer que as vivências sociais, ditadas pela cultura de um grupo, têm papel primordial na aquisição de habilidades motoras e aprendizagem de novos esquemas. De acordo com esta nova perspectiva, surgem as noções de que a percepção e a ação são funcionalmente inseparáveis, e de que o entendimento do sistema motor depende tanto do conhecimento dos aspectos físicos quanto da forma como eles interagem com as funções biológicas e psicológicas (Vasconcelos, 2001).

Para a teoria de Bonfenbrenner (1987), sobre a ecologia do desenvolvimento humano, os componentes fundamentais que se referem ao aspecto ambiental são bem conhecidos no campo das ciências sociais, sendo estes as atividades prazerosas, a dualidade, a função ou papel do indivíduo, o ambiente, a rede social, a instituição, a subcultura e a cultura. Porém, a novidade é o modo como estes componentes se relacionam entre si e com a trajetória do desenvolvimento.

A partir de então e para o foco deste trabalho, importa-nos considerar o desenvolvimento ". . . como uma função do capital individual inato, da intensidade e continuidade das estimulações ambientais e aquisições sucessivas, alimentando-se das experiências e relações permitidas pelo ambiente e modificando-se com a experiência"

(Portugal, 1997, citado por Stefanello, 2001). O contexto em que um indivíduo se encontra e realiza experiências têm importantes efeitos na satisfação, aprendizagem e desenvolvimento do mesmo (Stefanello, 2001). Este ambiente, assim, influencia seu comportamento, diferenciando suas possibilidades de prática. Atualmente, como afirma Vasconcelos (2001), há uma interligação entre as áreas de desenvolvimento motor e aprendizagem motora, uma vez que os modelos teóricos do domínio da aprendizagem procuram embasar os processos de desenvolvimento motor e, por sua vez, o desenvolvimento motor tenta enriquecer os domínios da aprendizagem, do controle motor e do processamento de informação através de seus princípios de universalidade e intransitividade.

É muito importante, também, pensar sobre padrões motores quando tratamos da questão da mulher no esporte e sua histórica limitação na prática esportiva, como trataremos mas adiante neste texto. O estudo de Seefeldt e Haubenstricker (1982) sobre o desenvolvimento das sequências de habilidades mostra que o sucesso da ação pode ser reduzido por muitas razões, sendo, por eles, divididas em três categorias:

a) a de antecedentes críticos;

b) novas situações;

c) condições limitantes.

Com relação ao último item, concluem que crianças portadoras de um pobre repertório motor, compreendido por pouca aprendizagem de tarefas motoras, terão dificuldade de prosseguir em uma sequência intratarefa, pensando em aprendizagem de tarefas mais complexas.

Já é de conhecimento geral que a aprendizagem do movimento envolve mudanças internas no indivíduo e que podem ser permanentes, decorrentes da prática e do *feedback* positivo. Mas falta atenção ao fato de que há necessidade de constante atualização do que foi aprendido, sendo isso muito relevante, uma vez que a interação indivíduo-ambiente é dinâmica, o que exige frequentemente

**Desenvolvimento motor e cultura de movimento na formação da mulher atleta brasileira**

novas respostas motoras para o mesmo problema motor (Manoel, 2001). De acordo com Schmidt (1975, citado por Magill, 2002), o repertório motor amplo está diretamente ligado às formulações dos esquemas motores específicos, que são melhor estruturados quando há variabilidade de prática. Este é o ponto que queremos abordar neste texto. Como veremos a partir do tópico seguinte, as últimas gerações de mulheres sofreram rigorosas imposições quanto à prática não só do esporte, mas do movimento em geral, entendendo-se por movimento ". . . o deslocamento do corpo e membros produzido como uma consequência do padrão espacial e temporal da contração muscular" (Newell, 1978).

Assim, como se dá a tradução de todas estas questões biológicas de desenvolvimento e aprendizagem no contexto social e político das décadas passadas? As linhas abaixo têm o objetivo de expor o universo feminino durante algumas décadas que achamos mais importantes para analisar a situação das mulheres no Brasil relacionadas ao movimento, a fim de que, juntamente ao exposto acima, possamos relacionar as duas áreas em um objetivo comum: a política social como principal fator da marginalidade esportiva feminina.

## Inserção esportiva feminina na década de 1920

Embora esta análise não seja feita de forma detalhada, devido à ampla abordagem do tema em capítulos anteriores, faz-se necessária uma breve contextualização histórica para que possamos analisar as raízes que influenciaram a visão do corpo da mulher brasileira, que perdura, em certos aspectos, até os dias atuais, em uma sociedade urbanizada e com resquícios da hierarquia patriarcal. Como ponto de partida, apontamos especificamente para o início do século XX, por ser um momento particular na história da cidade de São Paulo, conforme afirma Schpun (1999), o que influenciaria outros grandes centros urbanos, como a capital, na época, Rio de Janeiro e, assim, consequentemente, todo o Brasil. Como visto em capítulos anteriores, esse momento particular se dá tanto do ponto de vista social, cultural e político que nos interessa quanto do ponto de vista das transformações

## As Mulheres e o Esporte Olímpico Brasileiro

paisagísticas, físicas e simbólicas pelas quais a cidade estava passando, o que resultaria em um ambiente predominantemente urbano.

A mudança do ambiente rural para as cidades gera a necessidade de que a oligarquia cafeeira mantenha seus papéis sociais patriarcais, criando-se, então, um *código de diferenciação física* entre os gêneros. As práticas e os discursos de então disciplinaram e separaram as experiências corporais masculina e feminina. Além disso, instituiu-se um imaginário social específico que as envolvia no contexto urbano em questão, tornando o papel feminino bem determinado (Schpun,1999).

Até a década de 1920, o esporte ainda era visto como uma instituição masculina, o que invalidava a experiência atlética feminina e "... excluídas das pistas e dos estádios, das competições, dos esportes que exigiam o domínio de técnicas e de regras cada vez mais elaboradas, às mulheres restavam as práticas corporais que não as distanciavam dos contornos ideais de feminilidade" (Mathias, 2006).

Para o universo masculino, o esporte é um elemento fundamental na constituição da identidade coletiva deste gênero (Schpun, 1999). Ao envolver aglomerações de torcedores, a paixão pelo esporte, assim como a prática de diferentes modalidades, constitui formas privilegiadas de expressão social da masculinidade (Schpun, 1999). As mulheres neste momento ocupam espaço menor no esporte que os homens, a ponto de terem leis que proíbam a prática de algumas modalidades por elas. Práticas esportivas ou até a atividade física regular que não procurassem garantir uma "futura boa progenitora" eram consideradas antinaturais, pois, neste contexto, a corporeidade feminina definia-se em função da suposta missão como reprodutoras (Adelman, 2003), não fazendo parte do *habitus*[2] feminino na prática esportiva.

---

[2] As raízes do *habitus* encontram-se na noção aristotélica de *hexis*, elaborada na sua doutrina sobre a virtude, significando um estado adquirido e firmemente estabelecido de caráter moral que orienta os nossos sentimentos e desejos em uma situação e, como tal, a nossa conduta. No século XIII o termo foi traduzido para o latim *habitus* (particípio passado do verbo *habere*, ter ou possuir) por Tomás de Aquino, na sua *Summa theologiae*, em que adquiriu o sentido acrescentado de capacidade para crescer por meio da atividade. Mais tarde, Husserl (1947-1973) também usou como cognato conceitual o termo *habitualitat*, noção que se assemelha à de hábito,

**Desenvolvimento motor e cultura de movimento na formação da mulher atleta brasileira**

No entanto, quando se tratava de práticas especificamente femininas na cultura corporal urbana, em especial das questões ligadas à apresentação física e à beleza das mais novas personagens desta cena urbana, as mulheres das camadas dominantes, necessitava-se de um aprendizado, uma pedagogia da exibição pública de si que era evidenciada pela introdução da ginástica alemã nas escolas. Ainda assim, a inserção da mulher no esporte não trata somente de códigos de divisão de gênero, mas também de formas de distinção e de afirmação das identidades sociais urbanas. As mulheres urbanas da classe dominante tinham uma postura atlética, eram esbeltas, tinham a pela branca, sem muitas marcas do sol, e praticavam alguma modalidade esportiva nas suas horas de lazer. Por outro lado, as demais não tinham o mesmo perfil, o que era, em parte, resultado do trabalho que exerciam neste mundo urbano (Goellner, 2004).

Assim, segundo essa lógica, espera-se que uma jovem não siga uma carreira esportiva profissional e não participe dos acontecimentos organizados nos estádios, mas que tenha uma preparação física feminina em que um dos objetivos centrais é o da produção de efeitos corporais ditos estéticos e encantadores. Para isso, o enfoque principal no treinamento deste gênero são exercícios que aumentam a flexibilidade e o controle corporal fino[3] (Goellner, 2004). De fato, a cultura dos corpos femininos na época passa sempre por este critério de beleza: a exibição cada vez mais frequente dos corpos das mulheres exige uma disciplina física civilizadora[4], no sentido de

---

generalizada por Maurice Merlau-Ponty (1945, citado por Wacquant, 2008) em sua análise sobre o "corpo vivido" como um impulsor silencioso do comportamento social. Durkheim utilizou o termo no livro *A evolução pedagógica* para designar um estado geral interior e profundo dos indivíduos que orienta suas ações de forma duradoura (Setton, 2002). Bourdieu (1983, citado por Setton, 2002) classificou-o como um sistema de disposições duráveis e transponíveis que integra experiências passadas, gerando uma matriz de percepções.

[3] Controle corporal fino designa o controle neural de movimentos que envolvem poucas ações musculares, tornando-o mais preciso (Teixeira, 2006).

[4] Disciplina física civilizadora é aquela que permite a "educação" do corpo que passa a se enquadrar no conceito de civilização abordado por Norbert Elias. É o estágio da cultura social e da civilidade de um agrupamento humano caracterizado pelo progresso social, científico, político, econômico e artístico. Quanto maior a civilidade e mais evoluída uma nação, maior

As Mulheres e o Esporte Olímpico Brasileiro

assegurar que essa visibilidade mais marcada siga códigos sociais de elaboração, gestão da apresentação e do comportamento corporal adequado. Nesse sentido, é sintomática a insistência sobre a graça da locomoção feminina, elemento que deveria ser desenvolvido pela Educação Física. Pelo que já foi visto, somos capazes de inferir o quanto estes aspectos limitavam a aprendizagem motora feminina a movimentos de destreza e flexibilidade em atividades que eram socialmente aceitas, como danças, ginásticas, natação e tênis, sendo, ainda, restritas a mulheres jovens e solteiras (Adelman, 2003). Este *habitus* feminino, que era aceito e reproduzido no Brasil, formou uma geração com um repertório motor extremamente restrito. Quando se trata de esporte competitivo de alto nível o que faz a diferença são os padrões específicos do movimento – detalhes que quanto mais refinados resultam em um melhor desempenho (que, no caso das mulheres, tornou-se pouco diversificado devido à falta da prática motora). Isso possibilita a formação de um esquema motor pouco diversificado e, consequentemente, programas motores ineficientes.

Os argumentos acima foram responsáveis por fundamentar o discurso masculino de que mulheres não foram feitas para a prática de certas habilidades motoras. Havia, ainda, investimentos históricos na "fragilidade feminina", uma vez que demonstravam a longa construção ao longo de décadas de noções de corporeidade feminina, onde as características de diversidade física eram colocadas como uma forma para demarcar as relações de classe, raça e gênero até o final do século XX. Estas formas de controle "invisível" que foram incentivadas por profissionais de diversas áreas, principalmente da medicina e da educação, juntando-se à imprensa no esforço de "educar as mulheres" como guardiãs do lar (D'incão, 1997), proporcionaram a internalizarão destes valores pelas próprias mulheres. Mães e esposas, especialmente da classe média e da elite, que se dedicavam em tempo integral aos afazeres domésticos, foram as que mais internalizaram

---

é o seu grau de civilização. O vocábulo deriva do latim *civita* que designava *cidade* e *civile* (civil) o seu habitante (Chartier, 1990).

Desenvolvimento motor e cultura de movimento na formação da mulher atleta brasileira

os valores da época, tornando-se extremamente limitadas em termos de outras oportunidades motoras.

## 1940-1960: "A nova mulher"

Além de serem de famílias com alto poder aquisitivo, as primeiras mulheres esportistas geralmente eram descendentes de imigrantes, principalmente europeus, uma vez que o *habitus* desta população o possibilita a realização de esportes de forma mais variada, conseguindo, assim, expandir seus repertórios motores. Contudo, persiste um cenário em que o desenvolvimento industrial e o surgimento de novas tecnologias, a urbanização e a mão de obra imigrante, além do fortalecimento do Estado e das manifestações operárias e grevistas formam o tecido das novas demandas sociais. Circulam, portanto, valores conservadores e revolucionários, paradoxo que tanto promove a legitimação do já instituído como procuram a experimentação de novas possibilidades culturais para as mulheres em relação ao mundo dos esportes (Goellner, 2003).

Nesta época, entre as décadas de 1940 e 1960 as mulheres começaram a ter um pouco mais de espaço, podendo participar de algumas competições e praticar modalidades esportivas selecionadas, o que, provavelmente, foi influenciado pela noção de *nova mulher* – ativa, independente e autônoma –, que ganhava terreno nos Estados Unidos e na Europa. Além disso, as mulheres brasileiras foram conquistando uma presença no mundo público como trabalhadoras, profissionais, participantes de movimentos sociais e da vida fora de casa em geral (Adelman, 2003). Neste novo contexto, ainda que opressor e limitante, a prática corporal começa a fazer parte da vida de algumas mulheres, aumentando a variabilidade das experiências, melhorando, assim, seu repertório motor. Contudo havia uma tentativa política de barrar o desenvolvimento das mulheres no ambiente público, o que limitava sua possibilidade de movimento, o que resultaria na dificuldade de inclusão no mundo do esporte, o que pode ser evidenciado pela saída do Decreto-Lei 3.199 em 14 de abril de 1941 que diz:

Art. 54. Às mulheres não se permitirá a prática de desportos incompatíveis com as condições de sua natureza, devendo, para este efeito, o Conselho Nacional de Desportos baixar as necessárias instruções às entidades desportivas do país.

Com este decreto-lei, que durou até meados 1975, a mulher estava limitada às práticas que o Conselho Nacional permitia – que não eram muitas – e, com isso, estavam tornando-se especializadas em algumas modalidades de movimento, escolhidas pelo poder político e masculino da época, sofrendo, portanto, a redução de aquisições importantes que enriqueceriam seu repertório motor.

A elaboração deste mecanismo de controle por parte da instância política poderia ser interpretada como um indicativo de que as mulheres estavam ganhando espaço no contexto do esporte, o que, em certa medida, estava incomodando as pessoas. Disciplina física civilizadora é aquela que permite a "educação" do corpo que passa a se enquadrar no conceito de civilização abordado por Norbert Elias (apud Chartier, 1990). É o estágio da cultura social e da civilidade de um agrupamento humano caracterizado pelo progresso social, científico, político, econômico e artístico. Quanto maior a civilidade e mais evoluída uma nação, maior é o seu grau de civilização. O vocábulo deriva do latim *civita*, que designava *cidade*, e *civile*, civil, o seu habitante (Chartier, 1990). Isso se reflete na luta da mulher desta época que se dá no setor público, com principal objetivo de melhorar sua vida privada "dentro de casa".

## Contemporaneidade e a mulher atleta

A partir da década de 1980, a corporeidade feminina ganhou uma significação nunca antes alcançada, em termos de visibilidade e espaço na vida social, uma vez que as mulheres foram entrando no mercado de trabalho e proclamando seu direito à cidadania, denunciando as múltiplas formas de preconceito e discriminação.

Segundo o IBGE (2011), entre 2002 e 2010, a porcentagem de mulheres economicamente ativas que são as principais responsáveis

**Desenvolvimento motor e cultura de movimento na formação da mulher atleta brasileira**

pela gestão do lar cresceu de 17% para 19,8%. De acordo com dados citados por Perelli (2008), do total de 48,2 milhões de famílias existentes no país, 26,7% estão sob a responsabilidade de uma mulher, sendo que o crescimento de famílias chefiadas por mulheres pode ser explicado principalmente por dois fatores: a elevada expectativa de vida, de, aproximadamente, oito anos maior que a dos homens, e a sua maior autonomia econômica adquirida nas duas últimas décadas. Neste novo cenário, as práticas físicas passaram a ser mais regulares e cotidianas, o que é expresso pela proliferação das academias de ginástica pelos centros urbanos, bem como na adequação dos espaços públicos de atividade física, que em grande parte revela uma contraposição às gerações anteriores. Como Castro (2004) coloca, as mulheres das gerações passadas não detinham espaços femininos dentro dos clubes, nem sequer vestiários ou banheiros, que as inserissem de forma adequada ao mundo público da época. Isso se refletiu no esporte competitivo com um aumento considerável no número de atletas profissionais. Exemplificando, nos Jogos que aconteceram na cidade de Paris em 1900 participaram apenas 22 mulheres de todo o mundo, por outro lado, nos últimos Jogos os registros mostram a participação de mais de 130 mulheres só da delegação brasileira (COB, 2009).

Juntamente com estas transformações, surgiram pesquisadoras como Adelman (2003), Schpun (1999), Goellner (2003) e Figueira (2008), que abordavam a questão do corpo e a subversão de normas culturais de conduta. Acompanhando-se a análise de Figueira (2002, p. 12), pode-se observar que a maneira como questionava os paradigmas que relacionava o corpo e a forma de como era observado pela sociedade, propõem uma nova óptica do mesmo, que podemos perceber neste fragmento de seu texto:

> Pensar o corpo feminino assim é pensá-lo como um constructo cultural; é enfim, compreendê-lo situado no tempo onde vive. É percebê-lo não apenas vinculado à sua natureza biológica, mas construído, também, na e pela cultura. É perceber sua provisoriedade e as infinitas possibilidades de modificá-lo, aperfeiçoá-lo, significá-lo e ressignificá-lo.

###### As Mulheres e o Esporte Olímpico Brasileiro

É, sobretudo, entender que sua construção é constantemente atravessada por diferentes marcadores sociais como, por exemplo, raça, gênero, geração, classe social e sexualidade.

Isso, de certa forma, estava sendo construído, aos poucos, no interior das mulheres, sendo mais um fator importante na entrada das mesmas ao mundo esportivo. Além disso, como bem coloca Figueira (2002, p. 30):

> Não podemos esquecer que o corpo está sempre mergulhado em campo político onde as relações de poder têm alcance imediato sobre ele, elas o investem, o marcam, o dirigem, o suplicam, sujeitam-no a trabalhos, obrigam-no a cerimônias, exigem-lhes sinais. Há aqui um saber sobre o corpo que não é exatamente a ciência de seu funcionamento, mas do controle de suas forças e este saber constitui o que se poderia chamar a tecnologia política do corpo (FOUCAULT, 1988) e em diferentes instituições da vida cotidiana, "educando" o corpo: seu jeito de ser, se comportar, vestir, andar, aparentar, etc.

Assume-se, a partir do exposto, que o corpo da mulher foi em nossa cultura, desde muitas décadas atrás e, quem sabe desde que momento histórico, fruto da sociedade em que esteve inserido e das práticas motoras que lhe foram permitidas, sendo moldado e construído pelo poder sociocultural que o envolve constantemente.

## Conclusões

Os fenômenos da cultura e do desenvolvimento humano são perfeitamente relacionáveis quando se analisa a situação inferior em que a mulher é vista no meio esportivo, ainda nos dias de hoje. A dicotomia entre os fenômenos influenciados pela sociedade ou pela biologia, no que diz respeito à noção de corporeidade feminina e à prática de atividades físicas, parece, então, não ser oposição de conceitos que só podem ser analisados a partir de pontos de vista distintos.

**Desenvolvimento motor e cultura de movimento na formação da mulher atleta brasileira**

A partir da visão ecológica de aprendizagem motora, o desenvolvimento é algo que depende da relação que o indivíduo cria com o ambiente no qual se encontra, sendo, assim, capaz de motivar-se e realizar atividades que transmitam as características deste ambiente que o apoia e reestrutura. Como seria, então, a motivação, o processo de criação de uma atleta que vem de um contexto limitante como o apresentado?

Assumindo que a natureza e o indivíduo mantêm relações de reciprocidade no que diz respeito aos movimentos, aprender novas habilidades, como um golpe de arte marcial, polêmico quando se trata desta aquisição por parte das mulheres, por exemplo, não está somente associada a predisposições genéticas de fragilidade, como já foi proclamado, principalmente por parte do universo masculino, mas, sem sombra de dúvidas, naturalmente arraigada ao seu conteúdo cultural. Este tema já foi amplamente discutido, interessando-nos, então, relacionar os fatos ao real contexto no qual estas mulheres estão inseridas em decorrência dos fatores ambientais e culturais dos quais participam. Para isso, um dos principais exemplos é o caso das lutas e artes marciais olímpicas. Basta perguntarmo-nos quantas competições destas modalidades incluem categorias femininas e, a partir daí, pensar quantas mulheres estão inseridas em modalidades deste tipo. Será que há alguma relação com o contexto político e social de sua realidade?

Como foi visto, muitas gerações, desde a citada década de 1920, sofreram pela impossibilidade de adentrar no mundo esportivo da mesma maneira como fizeram os homens, pois a mulher desta época estava em um meio termo complicado, de forma que ela não era do campo, e por isso não experimentava práticas motoras diversificadas, mas também não era das camadas dominantes da população, que tinha acesso à cultura importada.

Através da fala de duas atletas olímpicas selecionadas para esta discussão, podemos enfatizar as relações de diferença entre práticas corporais entre homens e mulheres e sua influência na formação destas atletas, além de podermos perceber, além de discussões teóricas, a importância que estas atletas referem às práticas corporais que tiveram na infância e a relação com sua formação profissional, em suas palavras:

> É... aprendi muito rápido, enfim, já tinha aquela coisa da competição desde pequenininha, das brincadeiras, só gostava de brincar com os meninos... com as meninas era muito fácil... brincar de pega-pega era fácil porque ninguém me pegava, e quando era a minha vez eu pegava rápido, não tinha graça, então eu comecei a brincar com os meninos... não gostava de brincar de boneca, gostava de jogar bola... enfim... mais ou menos, resumindo, assim, foi isso. (Hortência, atleta de basquetebol)

> E antes disso o que me colocava para cima era me divertir, eu me divertia de estar no meio... jogando, brincando de esconde-esconde, pega-pega, nadar no rio... é... brincar de, de... fazer um estilingue para caçar pardal... Enfim... eram brincadeiras de homens... qual o problema? (Hortência, atleta de basquetebol)

> Eu vim de uma família de atletas, meu pai sempre foi nadador, meus tios são nadadores até hoje. Meu pai foi campeão mundial de natação, então, assim, eu sempre tive esse incentivo dentro de casa e praticamente nasci nadando né. E sempre gostei muito de esporte, sempre fui muito ativa. Gostava muito de . . ., tive uma infância, que hoje não acontece isso, que foi uma infância de rua, sempre gostei muito de brincar, de correr, de pular... (Mariana Ohata, atleta de triatlo)

> É, nasci aqui em Brasília. Sempre vivi e morei aqui. E sempre fui muito competitiva, então brincava muito com os meninos, de andar de bicicleta, de correr, de saltar e vai prum lado e vai pro outro, sempre gostei de praticar esporte. (Mariana Ohata, atleta de triatlo)

**Desenvolvimento motor e cultura de movimento na formação da mulher atleta brasileira**

A partir do que foi exposto, entende-se que não foi concedido às mulheres o direito de aprofundar-se no universo esportivo de uma forma justa e igualitária ao público masculino, não só pelo sistema político e social vigente, mas pela própria cultura e sua forma de compreender o corpo feminino. A elas foi negada, durante muito tempo, a possibilidade de prática de forma igualitária aos homens, o que reflete, hoje, o menor engajamento por um número considerável de mulheres, resultando em uma pobre apropriação do universo olímpico e, relacionado a isso, pouca variabilidade de padrões motores de qualidade para que fossem capazes de competir em representatividade de forma justa ao lado do gênero masculino.

Que questões fisiológicas estão em jogo, todos sabemos, mas há muito mais do que genética para definir que tipo de habilidade motora a mulher é capaz de realizar ou não, e, durante muito tempo, a cultura e o referido *habitus*, interferindo em sua possibilidade de aprendizagem, foram os principais responsáveis pela marginalização feminina no esporte, suportado pela retórica de um famoso *"gene frágil"*.

## Referências bibliográficas

Adelman, M. (julho-dezembro de 2003). Mulheres atletas: re-significações da corporalidade feminina. *Revista Estudos Feministas*, Florianópolis, *11*(2), 445-466.

Bronfenbrenner, U. (1987). *La ecología del desarrollo humano: experimentos em entornos naturales y diseñados*. Barcelona: Ediciones Paidós.

Castro, A. L. (2004). *Culto ao corpo: Identidades e estilos de vida*. São Paulo: Ed. Annablume.

Chartier, R. (1990). Formação social e "habitus": uma leitura de Norbert Elias. In: *A História Cultural: entre práticas e representações* (pp. 91-119). Rio de Janeiro: Bertrand Brasil.

Comitê Olímpico Brasileiro. (2009). Dados oficiais da Confederação Brasileira. Recuperado em 08 de março de 2009 de http://www.cob.org.br/jogos_olimpicos/paris1900.asp.

#### As Mulheres e o Esporte Olímpico Brasileiro

Daolio, J. (1997). A construção cultural do corpo feminino ou o risco de transformar meninas em "antas". In: *Cultura, educação física e futebol*. Campinas: Ed. Unicamp.

Decreto-Lei nº 3.199 de abril de 1941. Recuperado em 21 de outubro de 2008 em http://www6.senado.gov.br/legislacao/ListaPublicacoes. action?id=152593.

D'Incão, M. A. (1997). Mulher e família burguesa. In: M. Del Priori & C. Bassanezi (Orgs.), *História das mulheres no Brasil* (pp. 223-240). São Paulo: Contexto/UNESP.

Featherstone, M. (1995). *Cultura de consumo e pós-modernismo*. São Paulo: Studio Nobel.

Figueira, M. L. (2002). *Representações de corpo adolescente feminino na Revista Capricho: saúde, beleza e moda*. Dissertação. Mestrado em em Ciências do Movimento Humano, Escola de Educação Física, Universidade Federal do Rio Grande do Sul, Porto Alegre.

Gallahue, D. L., & Ozmun, J. C. (2005). *Compreendendo o desenvolvimento motor: bebês, crianças, adolescentes e adultos*. São Paulo: Phorte Editora.

Goellner, S. V. (2003). *Bela, maternal e feminina: imagens da mulher na Revista Educação Physica*. Ijuí: Ed. Unijuí.

Goellner, S. V. (2004). O espetáculo do corpo: mulheres e exercitação física no início do século XX. In M. J. S. Carvalho & C. M. F. Rocha (Orgs.), *Produzindo gênero* (pp. 161-171). Porto Alegre: Sulina.

Honderich, T. (1995). (Ed.). Culture. In: OXFORD UNIVERSITY PRESS (Org.). *The Oxford Companion to Philosophy* (p. 172). Nova Iorque: Oxford University Press.

IBGE. Séries estatísticas e séries históricas. Recuperado em 05 de maio de 2011 em http://seriesestatisticas.ibge.gov.br/series. aspx?vcodigo=PE337&t=mulheres-economicamente-ativas-desocupadas-por-condicao-no-domicilio.

Magill, R. A. (1980). *Motor learning, concepts and applications*. Dubuque: Wm. C. Brown.

Magill, R. A. (2002). *Motor learning: concepts and applications*. Louisiana: Edgard Blucher Ltda.

Manoel, E. J. (2001). O diálogo no processo de aquisição de habilidades motoras. In M. G. S. Guedes (Org.), *Aprendizagem Motora: problemas e contextos*. Lisboa: Ed. Lisboa.

**Desenvolvimento motor e cultura de movimento na formação da mulher atleta brasileira**

Mathias, M. B. (2006). *Ela e sua janela: mulher e práticas corporais na São Paulo dos anos 20*. Monografia de Conclusão de Curso De Educação Física, Escola de Educação Física e Esporte, Universidade de São Paulo, São Paulo.

Mauss, M. (1935). *Sociologie et Antropologie*. Paris: Quadrige/PUF.

Oliveira, N. A. S. (2002). Reseña de "Beleza em Jogo: Corpos na cidade: cultura física e comportamento em São Paulo nos anos 20" de Mônica Raisa Schpun. *Revista Estudos Feministas*, 10, 1.

Perelli, M. T. (2008). Mulheres em ocupações tradicionalmente masculinas: sentidos do trabalho. In M. C. S. Lago et al. (Org.), *Gênero e pesquisa em psicologia social* (pp. 261-271). São Paulo: Casa do Psicólogo.

Regulamento nº. 7 de Educação Física (1934). Recuperado em 08 de março de 2009 de http://www.we3m.com.br/cev/regulamento /fla01.htm.

Schmidt, R. A. (1988). *Motor control and learning*. Champaign: Human Kinetics.

Schpun, M. R. (1999). *Beleza em jogo: cultura física e comportamento em São Paulo nos anos*. São Paulo: Ed.SENAC/Boitempo editorial.

Seefeldt, V., & Haubenstricker, J. (1982). Patterns, phases and stages: na analitic model for the study of developmental movement. In J. A. Kelso & J. E. Clark (Eds), *The development of control and coordination* (pp. 309-318). New York: Wiley and Sons.

Setton, M. G. J. (2002). A teoria do *habitus* em Pierre Boudieu: uma leitura contemporânea. *Revista Brasileira de Educação*, São Paulo, 20, 60-70.

Stefanello, J. M. F. (2001). A aprendizagem motora e a ecologia do desenvolvimento humano. In M. G. S. Guedes. *Aprendizagem motora: problemas e contextos*. Lisboa: Ed. Lisboa.

Tani, G. (1989). Aprendizagem motora. Anais do II Simpósio Paulista de Educação Física, UNESP, Rio Claro.

Teixeira, L. A. (2006). *Controle motor*. Barueri: Ed. Manole.

Vasconcelos, O. M. (2001). Abordagem histórica da aprendizagem motora. In M. G. S. Guedes, *Aprendizagem motora: problemas e contextos*. Lisboa: Ed. Lisboa.

Wacquant, L. (2008). *Esclarecer o habitus*. Recuperado em 5 de abril de 2008, de http://www.sociology.berkerly.edu/faculty/wacquant.

Woollacott, M. H., & Shumway-Cook, A. (2003). *Controle Motor: teoria e aplicações práticas*. Barueri: Ed. Manole.

**impressão acabamento**

rua 1822 n° 341
04216-000 são paulo sp
**T** 55 11 3385 8500
**F** 55 11 2063 4275
**www.loyola.com.br**